贸易格局重构背景下贸易结构转型升级研究

廖 佳 ◎著

——基于经济政策不确定性的视角

Research on the Transformation and Upgrading of

CHINA'S
TRADE STRUCTURE

Under the Background of Global Trade Pattern Reconstruction:
From the Perspective of Economic Policy Uncertainty

中国财经出版传媒集团

经济科学出版社
Economic Science Press

图书在版编目（CIP）数据

全球贸易格局重构背景下中国贸易结构转型升级研究：
基于经济政策不确定性的视角／廖佳著. —北京：经济
科学出版社，2021.11
ISBN 978 - 7 - 5218 - 3118 - 4

Ⅰ.①全…　Ⅱ.①廖…　Ⅲ.①对外贸易 - 贸易结构 -
研究 - 中国　Ⅳ.①F752

中国版本图书馆 CIP 数据核字（2021）第 240784 号

责任编辑：杨　洋　赵　岩　程　铭
责任校对：刘　昕
责任印制：王世伟

全球贸易格局重构背景下中国贸易结构转型升级研究
——基于经济政策不确定性的视角
廖　佳　著

经济科学出版社出版、发行　新华书店经销
社址：北京市海淀区阜成路甲 28 号　邮编：100142
总编部电话：010 - 88191217　发行部电话：010 - 88191540
网址：www.esp.com.cn
电子邮箱：esp@esp.com.cn
天猫网店：经济科学出版社旗舰店
网址：http://jjkxcbs.tmall.com
北京季蜂印刷有限公司印装
710×1000　16 开　14 印张　270000 字
2021 年 12 月第 1 版　2021 年 12 月第 1 次印刷
ISBN 978 - 7 - 5218 - 3118 - 4　定价：56.00 元

本书是教育部人文社科基金青年项目"全球贸易格局重构背景下中国贸易结构转型升级研究——基于经济政策不确定性的视角"的研究成果,项目编号:19YJCGJW007。

序

　　进入 21 世纪以来，世界经济先后经历了全球金融危机、"逆全球化"、重大公共卫生事件冲击和地缘政治冲突等"黑天鹅"事件，全球经济治理体系和多边贸易体制面临瓦解和重构，世界经济不确定性因素日益增多，不稳定性上升。与此同时，世界不同经济体的力量对比变化对现有全球经济贸易治理格局提出挑战，一方面，以美国为首的发达国家为巩固其霸权地位和国际规则制定权，逐步从全球多边机制的倡导者转变为"俱乐部"联盟机制的倡导者；另一方面，以中国为代表的新兴市场力量和发展中国家基于自身经济实力和内在发展要求，参与全球经济治理的意愿日益强烈。中国作为世界第二大经济体和第一大贸易国，已经从全球经济治理的"跟随者"和"边缘参与者"向"核心参与者"乃至"规则制定者"转变。两种力量在全球经济治理中的博弈日趋复杂化。因此现阶段，全球经济秩序正处于新旧动能、新旧格局的转换时期，全球经济的不确定性显著增强。

　　改革开放下的中国"聚精会神搞建设，一心一意谋发展"，积极参与全球化分工与合作。经过 40 多年的高速发展，已成为世界第二大经济体和第一大贸易国，被誉为"世界工厂"。然而，我国传统模式下经济与贸易高速发展带来的弊端也不断显露，如长期依靠出口低成本、低附加值的劳动力密集型产品面临"低端锁定"的风险，核心零部件依赖进口，关键技术领域缺乏创新，自主竞争力有待加强，整体经济贸易结构亟待转型升级。近年来，学界关于经济政策不确定性的研究很多，但是系统论述经济政策不确定对贸易结构影响的研究尚不多见。廖佳副教授撰写的《全球贸易格局重构背景下中国贸易结构转型升级研究——基于经济政策不确定性的视角》一书以教育部课题结题报告为基础，从理论分析和实证检验两个维度，对全球和中国经济政策不确定性及其对中国贸易结构转型升级的影响，进行了全面深入的研究，系统深化了学界对这一主题的认识。廖佳副教授的新著为经济政策不确定性研究作出了新的拓展，具有显著的学术创新价值，并为今后进一步深化经济政策不确定性研究作了坚实的铺垫。令读者感到开卷有益，掩卷有思。同时，该研究对当前复杂国际环境下中国贸易结构转型升级实践也具有创新的指导意义。

希望本书的出版能够为学界关于贸易结构转型升级的研究提供启发，同时为有关部门和企业提供决策依据。我们期待作者在后续研究中能够进一步丰富主题内涵、深化研究，形成系列研究成果，为我国贸易结构成功转型、经济持续高质量发展提供更具创新和指导作用的政策建议。

黄建忠

2021 年 12 月 31 日于上海对外经贸大学

前　言

　　近年来，全球经济政策不确定性居高不下。自 2019 年获教育部课题立项以来，这三年又发生了很多重大事件，其中最重大的莫过于延续至今的新冠肺炎疫情。疫情的反复，对全球产业链、供应链造成了冲击，使本已复苏缓慢的全球经济雪上加霜，不确定性上升。各国开展政策选择的难度加大，且涉及多方面的挑战，包括就业增长疲软、通货膨胀上升、粮食安全问题、人力资本积累倒退、气候变化等。同时，由于疫情对接触密集型行业造成了干扰，大多数国家的劳动力市场复苏明显滞后于产出复苏。疫苗接种和政策支持的差异导致各国复苏前景呈现分化趋势。俄乌冲突、大国博弈等导致地缘政治风险加剧，以美国为首的西方发达国家大搞价值观外交，在芯片等高科技领域对中国频频发难，企图围堵遏制中国的发展，我国面临的内外部环境趋于严峻。

　　本书围绕中国目前面临的现实问题，即全球经济政策不确定与中国贸易结构亟需转型升级展开，全面分析梳理了 1997 年亚洲金融危机以来中国及世界各国所经历的历次重大经济政策不确定性事件以及中国贸易结构的发展历程，梳理两者相关关系的特征事实。在此基础上，从宏观、中观和微观三个层面实证分析中国和目的国经济政策不确定性对中国贸易结构的影响，并检验目的国经济政策不确定性对中国贸易结构影响的国别效应和门槛效应，以期得出有针对性的结论和政策建议，为政策制定者提供更为丰富的决策依据。同时，为我国目前正在实施的自由贸易区战略和"一带一路"倡议提供重要的理论依据和实证支撑。

　　本书在写作过程中得到了很多人的支持和帮助。感谢上海对外经贸大学国际经贸学院提供出版经费支持，感谢黄建忠院长作序，感谢尚宇红副院长和高运胜副院长等专家的评阅意见。上海对外经贸大学硕士研究生刘策、段立蓉、王沙沙、赵灿蒙帮助我进行了资料的收集整理和数据处理工作，在此一并感谢。虽然已进行多次审读，但书中可能仍存在不足之处，恳请读者不吝批评指正。

                                                                廖　佳

目录

CONTENTS

导　论

第一节　研究背景和研究意义

一、研究背景

当今世界正经历百年未有之大变局。当前，新冠肺炎疫情全球大流行使这个大变局加速变化，保护主义、单边主义上升，世界经济低迷，全球产业链供应链因非经济因素而面临冲击，国际经济、科技、文化、安全、政治等格局都在发生深刻调整，世界进入动荡变革期。对于已经深度融入全球分工体系的中国经济而言，这场"逆全球化风波"对中国经济增长的冲击显而易见，加剧了中国企业面临世界经济政策环境不确定性的经营风险与潜在冲击。"逆全球化"对经济政策制定的重要影响加剧了政策的不确定性，第二次世界大战后建立起来的多边贸易体制面临前所未有的挑战。新兴国家面临一些自身的问题，政局不稳，内忧外患，全球贸易格局面临重构。与此同时，世界已经形成一个基于全球价值链分工的生产网络，各国形成"一荣俱荣，一损俱损"的局面，"牵一发而动全身"。中国在 2001 年加入世界贸易组织（WTO）后，迅速融入国际生产分工体系，对外贸易增长迅速，已成为全球第二大经济体、第一大货物贸易国。然而多年高速增长带来的一些深度弊端也正在日益加剧，严重影响了出口贸易的可持续增长，如长期依靠出口低成本、低附加值的劳动力密集型产品面临"低端锁定"的风险；出口产品质量偏低、过度依赖价格竞争、出口企业之间过度集聚形成了市场拥挤等（Amiti & Freund，2010；李坤望，2014；叶宁华，2014）。随着劳动力成本上升、人口红利下降以及土地等生产要素成本的上升，中国的出口面临来自越南等其他发展中国家的冲击以及发达国家"再工业化"政策的双重挤压，传统的低附加值、低成本的贸易模式难以为继。

在此背景下，中国适时提出要"加快构建以国内大循环为主体，国内国际双循环相互促进的新发展格局①"，一方面以扩大内需、畅通国民经济循环为主构建新发展格局；另一方面加强全球抗疫合作，同时推动中国积极参与到全球产业链重构当中，充分发挥中国在全球产业链供应链中的重要作用。"双循环"经济发展格局下，中国在全球价值链上的国际分工地位必将发生变化，那么在全球贸易格局面临重构的背景下，全球经济政策不确定性增强对中国对外贸易的发展影响如何？给中国贸易结构的调整将带来哪些机遇和挑战？中国贸易结构转型升级和可持续发展的路径如何？这正是本书试图解决的问题。

二、研究意义

本书的研究既具有很强的现实意义，又有重要的理论意义。

从现实来看，自 20 世纪 50 年代以来，全球生产结构发生了深刻变化，突出表现为发达国家制造业"逆向回流"和发展中国家制造业"高端跃升"并存。与此同时，全球价值链成为构建国际分工体系的新方式。新冠肺炎疫情（以下简称"疫情"）进一步催化产业链的逆全球化和内向化发展。全球产业链在疫情的冲击下表现出较大脆弱性，其中，对外依存度高的产业链环节受到较大冲击，诱发全球产业链回缩和布局调整转移，部分国家支持重要、关键产业回流本国。新冠肺炎疫情使得国际供应链和市场

① 资料来源：党的十九届五中全会通过的《中共中央关于制定国民经济和社会发展第十四个五年规划和二○三五年远景目标的建议》。

供需收缩，叠加世界经济宏观调控矛盾和国家间利益博弈影响，全球产业链出现阻隔甚至断裂风险。

从供给角度来看，德国和美国作为欧洲和北美洲两大区域生产网络的中心，均受到新冠肺炎疫情的严重影响，多条国际物流通道关闭，导致全球供应链、产业链和价值链出现断裂风险。产业链危机由供给端扩散至需求端，新冠肺炎疫情造成的劳动收入减少引发需求萎缩，最终形成供需两端同时萎缩的局面，进一步冲击产业链。全球价值链体系出现断裂、萎缩乃至价值贬值现象。新冠肺炎疫情对全球产业链形成冲击，尤其对汽车、电子和机械设备等全球价值链融合程度较高的行业影响更为明显。新冠肺炎疫情使得一些产品的跨国生产、流通、储备、分配、消费等环节出现障碍，导致全球性价值创造及价值实现能力下降，全球公共福利水平受到损害。

中国在新冠肺炎疫情初期也受到较大影响，但是由于采取了上下一致的强有力抗疫措施，中国经济率先走出疫情的影响。而欧美发达国家仍深陷疫情泥潭，此外，非洲、拉丁美洲和印度等国家的疫情仍然十分严峻，全球产业链恢复尚待时日。在此背景下，世界各国的经济政策不确定性上升。本书围绕中国目前面临的现实问题，即全球经济政策不确定与中国贸易结构亟须转型升级展开，全面分析梳理了1997 年亚洲金融危机以来中国以及世界各国所经历的历次重大经济政策不确定性事件，以及中国贸易结构的发展。通过事实梳理以及数据实证分析等方式，细致考察了中国和目的国经济政策不确定性对中国贸易结构的影响，并检验经济政策不确定性对中国贸易结构影响的国别效应和门槛效应，以期得出更有针对性的结论，从而为政策制定者提供更为丰富的决策依据，具有重要的实际应用价值。本书的研究还为中国目前正在实施的自由贸易区战略和"一带一路"倡议提供了重要的理论依据和实证支撑。

在理论方面，本书系统梳理了经济政策不确定性影响国际贸易的理论机制，将经济政策不确定性纳入国际贸易的影响因素中，探讨经济政策不确定性影响中国出口贸易结构的理论机制，是对现有经济政策不确定性影响机制的扩展和补充，具有一定的理论创新价值。

第二节　研究对象和研究框架

一、研究对象和相关概念

（一）研究对象

本书主要探讨在目前全球贸易格局面临重构、各国经济政策不确定性加剧的背景下，经济政策不确定性对中国对外贸易的发展以及贸易结构的转型升级影响，并对中国贸易结构转型升级和可持续发展路径提出相应政策建议。研究不确定性对贸易影响的文献近年来逐渐增多，本书主要研究经济政策不确定性对中国贸易结构转型升级的影响，为增强结果的稳健性，个别章节也会涉及宏观经济不确定以及贸易政策不确定等。

本书将从以下四个方面展开研究：

（1）按照时间顺序梳理自亚洲金融危机以来，全球经济政策不确定（economic policy uncertainty，EPU）指数变化以及中国 EPU 指数变化所对应的历史事件（见图 1 - 1），并分析其与中国对外贸易发展的相关关系；分析中国在各个时期的出口商品贸易结构及其发展趋势，包括要素结构、

图 1 - 1　基于加权 PPP 调整的全球 EPU 指数变化及相应事件对应状况
资料来源：经济政策不确定性网站。

技术结构及经济用途结构等；分析中国贸易发展的困境以及贸易结构转型升级的必要性。

（2）从理论上梳理经济政策不确定性影响国际贸易的理论机制。本书认为，第一，EPU主要通过沉没成本渠道影响边际企业的进入，从而缩小国际贸易的扩展边际。第二，通过投资者的风险规避情绪和预期机制，影响现有出口企业的投资规模，从而缩小国际贸易的集约边际。第三，通过优胜劣汰的倒逼机制，迫使现有企业增加研发支出，提高产品竞争力，带动企业创新和生产率的提高。前两个机制对企业的研发和创新具有抑制作用，从而可能恶化贸易结构。第四，第三个机制对企业的研发和创新具有积极作用，有利于贸易结构的优化。因而，经济政策不确定性对贸易结构的影响取决于这两种力量的对比。

（3）在传统引力模型的基础上，引入经济政策不确定性指标EPU，以出口贸易二元边际结构、出口贸易产品结构、出口产品质量和出口技术复杂度等为被解释变量，实证研究经济政策不确定性对商品贸易结构的影响。参考安德森和范·温科普（Anderson & Van Wincoop，2003）的研究，我们在模型中引入进口国、出口国和时间固定效应，作为多边阻力项的简单近似（Head & Mayer，2014；Fally，2015；Hei & Larch，2016）。时间上尽可能选取较长的时间段，考察1997年亚洲金融危机以来中国EPU和出口目的国EPU变动的贸易结构效应。在此基础上，检验EPU对中国贸易结构影响的国别效应和门槛效应，以期得出更有针对性的结论。

（4）结合理论分析和实证检验结果，提出中国贸易结构转型升级的路径及政策建议。提出在目前国际贸易环境趋于严峻的形势下，结合双循环的新发展格局，中国应充分处理好三个关系，一是政府与市场的关系；二是对内改革和对外开放的关系；三是内需和外需的关系。①政府应充分发挥市场的主导作用，让优胜劣汰机制发挥作用，同时对于政策不确定性导致的企业研发成本提高，产生抑制研发支出的负面效应，政府可以通过有针对性的研发补贴，鼓励企业研发创新，提高竞争力，实现在价值链上的攀升。②同时应对内进行制度改革，释放新的制度红利，提高制度供给质量，优化国内贸易和投资环境。对外继续扩大对外开放，积极签订双边和区域贸易协定，充分发挥现行《区域全面经济伙伴关系协定》（RCEP）的积极作用，同时积极推进中欧投资协定的达成。③推动与"一带一路"沿线国家的经贸合作，积极与沿线国家商签建立自由贸易区，推动高技术含量、高附加值产品的出口，通过贸易结构的优化，创造贸易增长的新动力。抓住传统产业链重塑可能形成的亚洲新雁阵模式对中国在全球价值链地位攀升可能带来的新机遇。④此外，还要处理好内需与外需的关系，目前中国的经贸发展过多偏向于外需，对内需挖掘不足。中国有着将近14亿人口的潜在市场规模，市场潜力巨大，只有内外需共同发展、良性互动，才能在不断提高产品科技含量与治理水平的基础上，实现对外贸易结构的转型升级。这也是当前中国提出"加快构建以国内大循环为主体、国内国际双循环相互促进的新发展格局"的题中应有之义。

（二）相关概念的界定

本书所研究的贸易结构主要是指商品贸易结构。不同学者根据不同的商品结构分类方法，对商品贸易结构转型升级的定义也有所不同。一些学者从贸易方式角度入手，认为对外贸易结构的转型就是从加工贸易向一般贸易转变；升级则包括产业升级、价值链升级、企业网络地位升级（刘德学等，2006；隆国强，2008；赵晓晨，2011；曾贵，2011；汤碧，2012）。刑雯等（2016）将中间产品由进口转变为出口视为中国对外贸易结构转型升级，认为可以通过出口补贴和研发补贴政策，促使中国中间品进口转变为出口，从而实现出口转型升级。陈俊聪（2014）和杨成玉（2016）从中国的对外直接投资角度研究其对出口贸易结构转型升级的影响，前者用"机械和运输设备"及"零部件"等中间产品占中国出口的比重来衡量中国贸易结构，后者则是用豪斯曼等（2007）的方法测度中国出口产品的技术复杂度来度量中国贸易结构。吴飞飞和邱斌（2015）将工业制成品和高技术产业的出口比重作为衡量出口结构的指标；逯宇铎和孙博宇（2012）基于各国 GDP 和细分出口数据的产品技术附加值方法对出口结构进行衡量；陈怡和孙文远（2015）把高新技术产品出口占总出口额的比重视为贸易技术结构指标。然而，这些方法都只衡量了出口产品结构的某一方面，面对当今错综复杂的出口产品，依靠单一方法，难以全面展示出口贸易结构的特点。本书综合前人的研究成果，主要采用出口的二元边际结构、技术结构、产品质量和产品技术复杂度等作为出口产品结构转型升级的度量指标，以使研究结论更加丰富和全面。

对于不确定性的度量也有很多，有学者采用股市波动率（volatility index，VIX）来衡量经济不确定性（Bloom，2009），然而股市波动并不能完全反映经济整体的不确定性。也有一些学者采用选举时间这一外生变量来衡量政治不确定性，（Julio & Yook，2016；Gulen & Ion，2015；Jens，2017；Cao et al.，2019），然而，由于选举变量属于离散指标，缺乏连续性和时变性，无法衡量非选举年份的不确定性。也有学者用关税的变化来衡量贸易政策不确定性（Handley & Limão，2015；Handley & Limão，2017；Feng et al.，2017），一般主要是基于某一时间点前后的关税变化来衡量，如中国加入WTO 前后所带来的贸易政策不确定性的下降。本书主要采用贝克等（2016）基于新闻文本分析构建的经济政策不确定性指数（EPU）来进行分析。根据贝克等（2016）对 EPU 指数构建的解释，EPU 由财政政策、货币政策、健康、国家安全、管制、主权债务及货币危机、福利计划和贸易政策 8 部分的政策不确定性组成。与其他不确定性指数相比，该指标具有覆盖面更广、更有连续性的优点，便于我们作时间序列和跨国面板数据分析，能满足本书的研究目的。另外作为稳健性检验，本书也在部分章节考虑了宏观经济不确定性和贸易政策不确定性的影响。

二、研究框架

本书根据国内外主要学者现有成果提出自己的综合性分析框架，按照提出问题—分析问题—解决问题的思路展开。首先通过文献梳理和政策背景分析，引出要研究的问题。其次遵循时间脉络，定性分析中国在各个时期出口商品结构及其发展趋势、贸易发展的困境及贸易结构转型升级的必要性。最后通过理论机制分析和实证研究，得出经济政策不确定性对中国出口商品贸易结构的影响结论，并根据研究结论对中国出口贸易结构转型升级提出相应政策建议。

除本章外，本书还有六章的分析，具体结构安排如下：

第二章对不确定性与贸易相关的文献进行了梳理。第一节归纳了逆全球化与全球贸易格局重构相关研究；第二节归纳了中国出口贸易结构转型升级的相关研究；第三节对经济政策不确定性的相关研究进行了梳理，最后对文献进行了评述，并提出了本书的研究问题。

第三章梳理了亚洲金融危机以来，全球 EPU 指数变化及中国 EPU 指数变化所对应的历史事件及发展趋势，并分析其与中国对外贸易发展的相关关系。分析了亚洲金融危机以来，中国对外贸易发展情况，特别是对中国加入 WTO 后以及 2008 年全球金融危机以来，中国对外贸易发展的结构特征、增长的二元边际等特征事实进行了描述。并基于国家层面实证分析了经济政策不确定对出口贸易的影响。

第四章分析中国在各个时期出口商品贸易结构及其发展趋势，包括要素结构、技术结构及经济用途结构等。分析目前中国在面临全球经济政策不确定性加剧、多边贸易体制举步维艰、全球贸易格局面临重构背景下，贸易发展的困境以及贸易结构转型升级的必要性，并对经济政策不确定与中国贸易结构的变化作了相关性分析。

第五章从理论上梳理经济政策不确定性影响贸易结构的理论机制。参考迪克西特和平狄克（Dixit & Pindyck，1994）构建经典实物期权模型，探讨经济政策不确定性对贸易的影响机制，并主要从沉没成本渠道、贸易融资渠道、预期理论和竞争机制等角度分析 EPU 对国际贸易二元边际、产品结构和企业研发创新等的影响和作用机制。

第六章在传统引力模型的基础上，引入经济政策不确定性（EPU），实证研究经济政策不确定对中国贸易结构的影响。包括用各指标度量的中国出口贸易产品结构、企业出口产品质量以及企业出口技术复杂度。除了考察了经济政策不确定性的影响，我们还考察了贸易政策不确定性 TPU 的影响，以期得出更为稳健和更有针对性的建议。

第七章在考察经济政策不确定和贸易政策不确定对中国出口贸易结构影响的基础上，进一步考察了宏观经济不确定性对出口的影响，分析了进口国宏观经济不确定的贸易转移效应，并控制了经济政策不确定性的影响。

第八章结合理论分析和实证检验的结果，提出中国贸易结构转型升级的路径及政策建议。

本书的研究框架结构如图1-2所示。

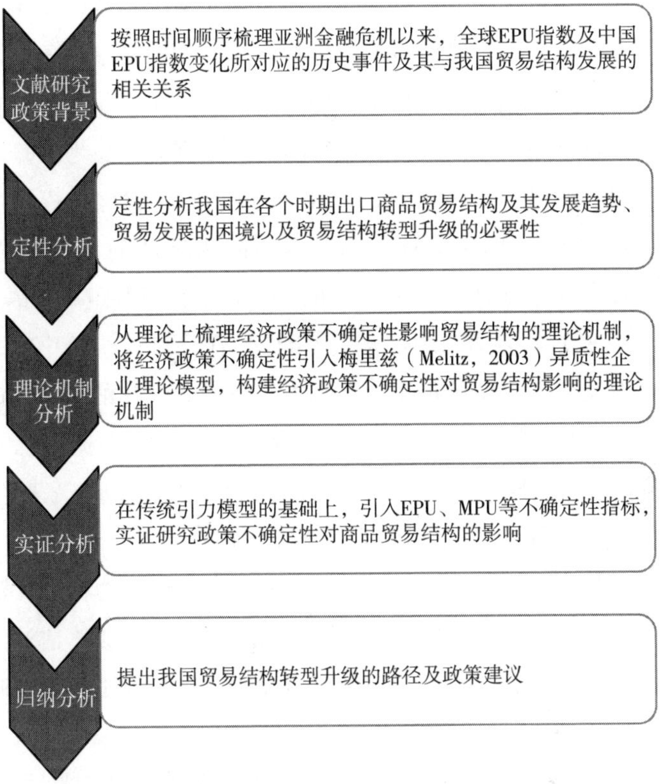

图 1-2　本书的研究框架结构

第三节　研究方法和创新之处

一、研究方法

本书综合运用系统方法研究经济政策不确定性对中国贸易结构转型升级的影响，并提出相应的对策建议。运用定性分析和定量分析相结合的方法、理论模型和实证研究相结合的方法，并辅以文献研究和经济思想史中的历史研究方法，分析中国贸易结构形成的历史成因、发展趋势及变化，使研究内容更有深度和厚度。

实证研究方法主要采用贸易引力模型，该模型对影响两国贸易流动的因素具有较强的解释力，并在许多应用中取得了较大成功。本书在经典引力模型的基础上，引入经济政策不确定性变量，同时考虑中国的经济政策不确定性和出口目的国的经济政策不确定性。为减少变量之间的内生性问题，本书将经济政策不确定性指数进行滞后一期回归。参考安德森和范·温科普（Anderson & Van Wincoop，2003）的研究，我们在模型中引入进口国、出口国和时间固定效应，作为多边阻力项的简单近似（Head & Mayer，2014；Fally，2015；Hei & Larch，2016），且保留距离、语言等不随时间变化的项来处理多边阻力因素（MRT）。在稳健性检验中，采用配对固定效应的方法，但不保留距离、语言等不随时间变化的项。同时，针对希尔瓦和特内雷罗（Silva & Tenreyro，2006）指出的，根据詹森（Jensen）不等式 $[E(\ln y) \neq \ln E(y)]$，在采用对数线性引力模型进行贸易实证分析时，即使控制出口国、进口国及时间效应，异方差性（heteroscedasticity）也会导致估计是有偏的。除此之外，传统的对数线性引力模型无法处理贸易量为零的情况，因此，许多文献建议使用泊松伪最大似然估计（PPML）方法来克服这些问题。本书也在部分章节使用 PPML 方法对经济政策不确定性影响国际贸易进行稳健性检验。

定性分析方面，本书主要基于时间轴，对全球以及中国经济政策不确定性事件和趋势进行梳理，并分析其与中国对外贸易发展的相关关系。通过统计分析描述了中国近 20 多年来的贸易发展阶段特征和贸易结构演变趋势。对经济政策不确定与中国贸易结构的变化进行了相关性分析。另外，还采用经济政策学的分析方法并结合定量分析结果提出了相应的对策建议。

二、创新之处

本书的创新之处主要有以下三个方面：

（1）将经济政策不确定性纳入国际贸易的影响因素中，探讨经济政策不确定性影响中国出口贸易结构的理论机制，是对现有经济政策不确定性影响机制的扩展和补充，具有一定的理论创新价值。

（2）通过扩展引力模型，运用不同的贸易结构指标对上述理论机制进行实证检验，细致考察了中国和出口目的国经济政策不确定性对中国贸易结构的影响，并检验经济政策不确定性对中国贸易结构影响的国别效应和门槛效应，以期得出更有针对性的结论，从而为决策制定者提供更为丰富的决策依据，具有重要的实际应用价值。

（3）从构建双循环新发展格局出发，全面系统地提出了在全球贸易格局重构背景下，中国贸易结构转型升级的路径和政策建议，为政府和企业提供了贸易结构优化升级的具体可操作性政策措施。

第二章

文献综述

第一节　逆全球化与全球贸易格局重构相关研究

2008 年全球经济危机爆发至今，世界经济复苏前景依然不明朗，全球进入一个充满动荡和不确定性的时代，尤其是过去引领和主导经济全球化的发达经济体出现了诸多新变化——如英国脱欧公投、美国开启"特朗普时代"后采取保障"美国优先"的一系列保护主义措施、意大利公投失败，等等。当代西方资本主义国家出现的新变化是否意味着全球经济将面临逆全球化的严重冲击，逆全球化是否会成为未来全球经济发展的"新常态"，拜登政府上台后美国贸易保护主义走向及对华经济和政治政策如何，这是当前很多学者关注和讨论的重要话题。本节将从经济全球化的定义出发，研究目前学者们对当前全球化是否逆转及全球贸易格局是否重构等不同观点。

一、当前全球化研究

要研究当前全球化是否逆转，首先要明确其定义及表现，长期以来学界对全球化的含义进行了广泛的讨论，但并不存在一个十分统一的定义。赫尔曼·戴利（Herman E. Daly, 1999）认为全球化是指"通过自由贸易、资本自由流动，以及较少或完全不受限制的劳动力自由流动使世界各国经济向一个全球经济的整合"。廖晓明和刘晓锋（2018）认为全球化作为当今世界最能体现动态化的一个发展运动，所表现出来的是一个不断深入发展的动态过程，并且其内涵不仅仅局限于经济领域。他们认为全球化至少应具有以下特点：第一，全球化是一个全球性问题，因为无论是经济还是文化等其他内容，都促进了国家间的不断融合及交流，全球化使得各国趋于统一，联系密切；第二，在全球化运动中存在中心力量，而且与国家实力对比是紧密相连的；第三，以资本的力量进行经济扩张，全球化最重要的是经济全球化，世界市场形成且在逐步完善。

关于以往全球化阶段的划分，学界存在不同的看法，主要观点集中在两阶段和三阶段的讨论上。佟家栋（2018）认为全球化可以概括为两次浪潮：第一次浪潮发端于1820年前后，基本的标志是大宗商品的国际统一价格已经接近形成，结束于第一次世界大战的开端，有实力的欧洲大国争夺势力范围，以便控制更大的市场和工业原材料来源地，带来了全球化的中断。第二次经济全球化浪潮发端于第二次世界大战以后的1950年，新的国际经济、国际贸易、国际金融，乃至协调各国关系的组织系统已经建立起来。国际贸易，乃至国际投资、国际资本流动已经成为国际经济中的重要标志。跨国公司成为推动商品流动、资本流动和劳动力流动的重要动力；跨国公司根据全球地理、资源、劳动力成本、市场便利程度以及市场需求规模和潜力的标准，将整个生产阶段布局到全球的各个国家和地区。陈伟光和蔡伟宏（2017）按照赫尔曼·戴利对全球化是以独立的国家经济实体融合到一个整体的世界经济体系中的定义，他们认为，迄今为止，以世界经济一体化为目标的全球化经历三个阶段：1870～1945年英国主导的放任自由主义的全球化及其逆转时期；1945～1980年美国主导的内嵌的自由主义全球化及其陷入困境的时期；从1980年开始美国主导的新自由主义全球化到当前逆全球化思潮兴起时期。万广华（2020）也认为全球化有三个阶段，但不同于主流三阶段观点，他指出最早有记录的全球化始于中国的汉朝，以张骞出使西域并最终开辟丝绸之路为起点。

关于经济全球化的动因，学界的观点基本是统一的：经济全球化是资本追求高额利润的结果。佟家栋（2018）认为20世纪末至21世纪初所发生的经济全球化，从根本上说是发达国家的跨国公司将企业或公司内部的生产按照成本最小化原则，布局到全球各个存在潜在成本优势或竞争优势的国家或地区的结果。而由此带来的所谓的实体经济部门在发达国家"空心化"的根本原因在于，随着发达国家经济的发展，劳动力的工资水平上升，从而失去了生产制成品的成本优势，迫使跨国公司在国外投资的经济（预期利润率高、市场潜力或规模大等）、政治（欢迎外资进入、社会环境比较安定）等环境相对较好的情况下，将一些产业部门迁往国外，从而形成了产业的"空心化"。因此，以美国为代表的发达国家在经济全球化背景下就业机会的减少，在很大程度上是跨国公司追逐最大限度利润的结果，而产业结构的调整以及制造业的"空心化"是这种调整的表现形式。

二、逆全球化的萌发及推进

2016 年，逆全球化现象开始集中显现，英国脱欧，美国特朗普当选，意大利修宪公投失败、总理辞职，德国、法国、意大利、奥地利、荷兰等西方国家的民粹主义政治力量纷纷登场，无一不高举反对全球化和一体化大旗。

对于逆全球化的概念，国内学者并未作出一致明确的界定，不同学者因知识背景、研究领域、关注焦点等的差异，对逆全球化概念给予了不同的见解。佟家栋（2015）等认为作为经济全球化进程对立面的"逆全球化"，特指在经济全球化进展到一定阶段后所出现的不同程度和形式的市场再分割现象。包含了由全面开放退回到有条件开放、甚至封闭的过程，体现为在国际间对商品、资本和劳动力等要素流动设置的各种显性及隐性障碍。逆全球化不仅表现为一国政策对多边开放立场的反转，也表现为对区域一体化的逆转。郑春荣（2017）以现代化输家理论为依据，指出逆全球化又称去全球化，与以资本、生产和市场在全球层面加速一体化的全球化进程背道而驰，是指重新赋权于地方和国家层面。唐解云（2017）以马克思、恩格斯人性论为理论基础，提出逆全球化是全球化进程中的"失语"，是人性发展在多维度中的阶段性特征。而孙伊然（2017）从国际政治经济学角度，认为逆全球化同时包含了两个层面的含义：第一，它指向纯粹经济意义上的、生产要素跨国流动的停滞或倒退；第二，它还指向阻碍或禁止生产要素跨国流动的政治过程。简言之，逆全球化既是经济现象，也是政治进程。

国内学者通过对反全球化、去全球化等相关术语的对比探讨，更加清晰、丰富、有逻辑地展现了逆全球化的内涵与外延，折射出广义和狭义逆全球化的认识视角。任剑涛（2020）对全球化、反全球化、逆全球化三者的关系进行了梳理，认为反全球化、逆全球化与全球化是紧密联系在一起的：反全球化主要是一种思想运动和社会抗议行动，逆全球化可以说是倒转全球化的国家化蜕变。陈伟光等（2017）对反全球、去全球化、逆全球化的内涵进行了对比分析：反全球化强调社会运动，去全球化强调政策和规则，逆全球化强调结果和效应。反全球化是对全球化过程中出现的负面效应的集中反映，主要表现形式是通过游行示威、集会结社、论坛会议来要求扭转和纠正全球化的不利影响；去全球化是指有关国家通过制定相关规则和制度来限制全球化进一步扩张的行为，更多地强调通过政策手段来实现对全球化的遏制，往往是政府迫于民众反全球化的舆论压力，而将民众对全球化的负面情绪上升为国家政策；逆全球化是指反全球化的舆论压力和去全球化政策的作用影响各行为主体的选择性行为，最终导致衡量全球化的主要指标发生重大变化，如贸易、投资、移民等指标的显著降低。逆全球化的发展演变存在一个逻辑演绎过程，表现为从反全球化的运动过渡到去全球化的政策，最终发展演变为全面逆全球化。

逆全球化的萌发和推进是多方面共同作用的结果。任晓聪和和军（2019）基于马克思、恩格斯政治经济学理论对经济全球化的现象、形成机制和产生原因的分析，发现逆经济全球化本质上是资本主义国家的政策制定者维护自身利益的措施，其根源是资本主义发展弊端。在高杨（2019）看来，逆全球化产生的实质是追逐经济利益、实施政治掌控、转嫁社会矛盾。郑春荣（2017）基于现代化输家的理论，提出逆全球化思潮产生的原因在于全球化进程导致西方产生一种新的结构性分歧，即全球化赢家与输家之间的对立。廖晓明和刘晓锋（2018）认为2008年经济危机爆发以来，世界经济发展呈现停滞状态，为了尽早摆脱困境，发达资本主义国家率先祭起了贸易保护主义的大旗，从而拉开了逆全球化的大幕。谢长安和丁晓钦

（2017）提出，资本追求无限增值的本性，导致当前资本积累在全球范围扩张、垄断的进程加快，随着资本主义迈入金融资本阶段，对社会财富不公平的攫取便进一步加剧，使得生产力与生产关系等各种社会关系、社会结构的矛盾进一步积累，并被彻底激化，从而产生逆转现象。陈伟光和蔡伟宏（2017）基于波拉尼"双向运动"的理论视角，通过构建研究框架，指出逆经济全球化是市场力量释放和社会冲突累积"双向运动"的结果。高柏（2016）基于组织生态学视角，揭示出组织内部的强大惯性是逆经济全球化因果机制的重要根源，面对当前日新月异的经济全球化的市场环境，组织内部结构具有强大的路径依赖性，且人们对旧方法的强烈依赖使得政治、经济等各种维度的政策调整难以为继，从根源上造成了逆经济全球化现象的阶段性存在。姜少敏（2017）认为此轮逆全球化既有国际政治经济环境的变化，也有发达国家内部的原因。首先，一些经济体经济复苏缓慢，世界经济增长乏力。其次，局部冲突和纷争不断，极端宗教主义势力兴起，世界政治格局动荡不安。最后，部分发达国家内部的收入分配差距在扩大，使发达国家反对全球化具有一定的民众基础。

总的看来，当前逆全球化或者说是全球化的逆转趋势主要是由发达国家，尤以美国和欧盟所主导，其表现形式主要集中在三方面：政治上回归孤立自守，经济上诉诸新型贸易保护主义政策，社会文化上耽于排外封闭。2001 年中国加入 WTO 标志着世界经济全球一体化走向一个新的纪元，仅过 7 年，2008 年的美国次贷危机席卷全球，各国经济都陷入低增长甚至负增长的泥潭，也就在此时，一些国家悄悄地拉开了逆全球化的大幕。廖晓明和刘晓锋（2018）认为，贸易保护主义的抬头、全民公投事件的频发、欧洲难民潮下涌动的民粹主义倾向以及特朗普的当选助长逆全球化思潮，四者之间互相关联甚至起到了相互促进的作用。在郑春荣（2017）看来，在欧盟内可以观察到的逆全球化现象有三个，即右翼民粹政党的普遍崛起、英国脱欧公投以及欧盟贸易保护主义势力的抬头。

在此轮全球化是否会因此终结的问题上，学者们较为统一地认为当前全球化趋势是不可逆转的，在他们看来，当前显现的经济全球化逆转，只是经济全球化调整过程中的重构。姜少敏（2019）以经济呈周期性变化为视角，认为虽然反全球化甚至逆全球化使世界经济发展中的不确定因素增加，但全球化的大趋势仍不可逆转：全球价值链的形成是经济全球化并不会被完全逆转的内在机制，外部风险和压力需要全球合作是全球化不会被完全逆转的外在原因。庄宗明（2018）从世界贸易出现良好增长势头、全球宏观经济基本面好转促进国际直接投资和金融全球化三方面得出当前经济全球化发展趋势没有改变的结论。他认为当前美国的反自由贸易政策已受到各国普遍质疑和反对，在世界各国的共同努力下，当前出现的一些反全球化现象不可能改变经济全球化的发展趋势，经济全球化不可能逆转。

佟家栋（2018）指出，美国退出跨太平洋伙伴关系协定，重新谈判北美自由贸易区，搁置或重谈跨大西洋贸易与投资伙伴关系，仅仅是经济全球化过程中收入分配两极分化的背景下，经济全球化发展大趋势中的调整，通过这种调整缓解美国各生产要素、各阶层利益关系的对立。他认为支持和推动全球化已经成为全球多数国家的共识，尽管出现了"英国脱欧"，但欧洲团结一致致力于区域经济一体化和支持全球合作的意向是明确的。发展中国家在经济全球化的过程中收获颇丰，他们从全球化中得到了工业的发展、就业机会的增加、经济总体实力的增长以及收入水平的提高，所以支持经济全球化。

然而，也有少部分学者认为此轮全球化将走向终结。万广华和朱美化（2020）基于全球化不是帕累托改进而是卡尔多—希克斯改进的观点认为，本轮逆全球化表现为全球贸易、投资和移民流动的减弱，其根本诱因在于，全球化红利的分配问题不是一天形成的，是随着全球化的深入而越发严重的，而不可阻挡的第四次技术革命（尤其是机器人的投资使用成本下降、质量上升）通过降低劳动占比和劳动阶层的谈判议价能力，将在中短期进一步恶化收入分配，使已经处于低位的劳动占比进一步下降，并在长期终结本轮全球化。

三、逆全球化背景下的全球贸易格局重构

发达资本主义国家开启的逆全球化以损害他国利益为代价，转嫁本国社会矛盾，这种行为是难以延续且难以起到真正缓和阶级矛盾的作用的。2008年金融危机以来，西方统治阶层为缓和不断增加的阶级矛盾，试图以

逆全球化方式进行调整，将产业从海外转移到国内，以保护社会底层群众利益为借口推行逆全球化。高扬（2019）认为，这种在资本主义推动下的逆全球化在短期内的确可以改善国内就业状况和底层生存状态，但是从长远看，这种行为与社会发展进程不符，并不能完全解决问题。其政策为了利益朝令夕改，采用增加关税、发动贸易战的形式，不能彻底改善社会底层民众生活，反而容易增加民众生活压力，引发更大的经济危机。

受逆全球化影响，当前的全球贸易格局正在发生调整转型，美国正在经历一个在国际贸易格局中地位衰败的过程，而以中国为代表的经济体将在全球贸易格局中起到更为重要的作用。佟家栋等（2017）认为，当前我们已进入了一个没有美国作为主导者和维护者的国际经济秩序的探索期和磨合期。中国虽然还不具备取代美国地位的实力，但伴随综合国力的不断提升、供给侧结构性改革的实施、"一带一路"倡议、人民币国际化以及人类命运共同体的推广，作为负责任的发展中大国，中国在国际经济新秩序中将扮演更加重要的推动者、维护者、主导者的角色，承担更多更大的国际责任。陈伟光（2017）认为，2008年全球金融危机是对美国主导的新自由主义全球化体系的致命打击。在美国退隐、全球新秩序尚未建立的过渡阶段，全球化将不可避免地退潮。当然，这将会恶化国际生产、贸易和投资环境，不利于全球资源的有效配置。

逆全球化究竟会走多远，取决于新的全球化替代性方案实现的条件何时成熟。廖晓明和刘晓锋（2018）认为逆全球化与全球化都将继续存在，并且在长时间内会形成一个博弈格局。陈伟光（2017）认为，在国家权力主导下，未来新一轮全球化可能的理念和制度规则有三种：第一种是构建全新的、以世界主义民主为基础的、充分考虑全球公民社会意愿的全球经济治理框架；第二种是构建第二次世界大战后确立的市场扩张和社会保护并重的"内嵌的自由主义"全球化体系的现代升级版；第三种则是构建以中国为代表的新兴经济体主导的全球化新模式和全球治理的新秩序。彭刚和胡晓涛（2019）提到，美国贸易开放政策的转向是建立在对国家层面利益的考虑之上的。对美国而言，存在在现有体系基础上进行规则调整或是排除中国另起炉灶两种调整方案，显然后者更符合美国的长期利益，但国际经济体系的调整方向不仅仅取决于霸权国的偏好，更大程度上取决于体系内其他国家的整体利益选择。

综上所述，当前在政治、经济和社会文化等方面出现的全球化逆转趋势，其成因是多方面的，并且已经对现行的以发达国家为中心的全球贸易结构产生了深刻影响。新冠肺炎疫情的全球蔓延加速了全球贸易格局的重构，以区域一体化为中心的贸易格局在加速形成。可以肯定的是，中国作为新兴经济体的代表，在美国地位日渐衰弱的全球贸易格局中，其力量对比和角色位置发生了转变，这要求中国在崛起的同时，联合广大发展中国家一起实现共赢。

佟家栋（2017）认为，中国在国际经济新秩序中将扮演更加重要的推动者、维护者、主导者的角色，挑起在国际经济新秩序中的大国担当。一是通过供给侧结构性改革深化经济金融体制改革，打造中国特色的社会主义市场经济；二是通过"一带一路"向沿线国家提供国际公共产品，打造国际贸易新秩序；三是通过人民币国际化建立多元化国际货币体系，重塑国际金融新秩序；四是通过人类命运共同体建设打造相互尊重、公平正义、合作共赢的新型国际关系。姜少敏（2017）认为未来的全球贸易格局需要进行综合治理，使全球化成为包容性的、平衡的全球化，中国提出并正在实践的"一带一路"倡议为全球治理提供了新的思路，从而有效地推进全球化的进程。陈伟光认为（2017），中国倡导构建的开放、包容、普惠、共享的新型全球化模式和全球经济治理新秩序，实际是"内嵌的自由主义"全球化体系的现代升级版。正是在全球贸易格局重构这一大背景下，本书展开经济政策不确定性对中国贸易结构转型升级的影响研究。

第二节　关于中国出口贸易结构转型升级的相关研究

贸易结构有广义和狭义之分，中共中央国务院《关于推进贸易高质量发展的指导意见》提出"优化贸易结构，提高贸易发展质量和效益"，包括优化国际市场布局、优化国内区域布局、优化经营主体、优化商品结构、优化贸易方式，这是广义的贸易结构（裴长洪和刘洪愧，2020）。狭义的贸易结构主要指商品贸易结构。对于商品结构的分类，根据不同的分类标准可以有不同的分类方法。基于要素结构可以将贸易商品分为资源密集型、劳动密集型和资本密集型产品；基于技术结构可以将商品分为低科技含量产品、中等科技含量产品和高科技含量产品；基于经济用途结构可以将贸易商品分为消费品、中间品、资本品和广泛用途类产品。因而对商品贸易结构转型升级的定义也有所不同，一般认为，如果一国出口产品中资源密集型和劳动密集型产品比重下降，资本密集型产品比重上升；中低技术含量产品比重下降，高技术含量产品比重上升；消费品比重下降，中间品和资本品的比重上升，则贸易结构是优化的。也有一些学者从贸易方式角度出发，认为对外贸易结构的转型就是从加工贸易向一般贸易转变；升级则包括产业升级、价值链升级、企业网络地位升级等（刘德学等，2006；隆国强，2008；赵晓晨，2011；汤碧，2012；辛娜和袁红林，2019；张其仔和许明，2020）。

　　目前学者关于中国贸易结构转型升级方面的研究已积累了较多的成果，主要集中于：贸易结构与产业结构优化的研究、制造业要素结构优化与贸易结构升级的研究、FDI同产业结构优化的研究、OFDI与对外贸易转型升级的研究、自贸区促进产业结构转型升级的研究、"一带一路"与对外贸易转型升级研究、新常态下中国对外贸易转型升级研究等。本节主要从出口贸易结构转型升级衡量指标、出口贸易结构的影响因素、出口贸易结构存在的问题及研究方向等方面进行综述。

一、出口贸易结构转型升级衡量指标

　　本书所研究的对象主要是商品贸易结构转型升级。不同学者根据不同的商品结构分类方法，对商品贸易结构转型升级的定义也有所不同。邢斐等（2016）将中间产品由进口转变为出口视为中国对外贸易结构转型升级，认为可以通过出口补贴和研发补贴政策，促使中国中间品进口转变为出口，从而实现出口转型升级。陈俊聪（2014）和杨成玉（2016）从中国的对外直接投资角度研究其对出口贸易结构转型升级的影响，前者用"机械和运输设备"及"零部件"等中间产品占中国出口的比重来衡量中国贸易结构，后者则是用豪斯曼等（2007）的方法测度中国出口产品的技术复杂度来度量中国贸易结构。吴飞飞和邱斌（2015）以工业制成品和高技术产业的出口比重作为衡量出口结构的指标；逯宇铎和孙博宇（2012）基于各国 GDP 和细分出口数据的产品技术附加值方法对出口结构进行衡量；陈怡和孙文远（2015）把高新技术产品出口占总出口额的比重视为贸易技术结构指标。罗德里克（Rodrik，2006）把中国出口产品的技术含量高低视作出口结构的决定因素；殷宝庆等（2016）采用产品质量、产业高度指数与出口部门碳生产率三个指标分别进行无纲量化处理和相应的权重计算后，加总得到贸易绿色转型升级水平；吕小明等（2017）认为产业结构转型升级是产业发展与经济各要素的增长协调，从而增进各产业的核心竞争力，提升产业的国际分工地位，实现产业的可持续发展。

然而，这些方法均只是衡量出口产品结构的某一方面，面对当今错综复杂的出口产品，依靠单一方法难以全面展示出口贸易结构的特点。

二、出口贸易结构的影响因素

基于出口贸易结构影响因素，既有文献的研究视角大致可以分为：比较优势、技术进步、外商直接投资、汇率变动、贸易政策。

江小娟（2007）和鞠建东、林毅夫和王勇（2004）从比较优势的角度考察了中国贸易结构的成因，前者分析了中国贸易结构的成因后，得出国内市场、比较优势以及参与国际分工的程度是决定出口贸易结构的重要因素；后者指出，比较优势是各国进行贸易的最初原因，同时，比较优势、要素禀赋和技术差异共同组成了决定国际分工的重要因素。尹翔硕（2007）和逯宇铎、孙博宇（2012）从技术进步的角度考察了中国贸易结构的成因，前者认为与要素投入相比，技术进步对技术附加值不同的各行业出口的促进效用更大；后者主要论证了技术进步可以节约劳动力，使劳动报酬降低，进而促使发达国家将劳动密集行业转移到发展中国家，最终造成发展中国家主要从事劳动密集型生产。冼国明等（2003）和龚艳萍、周维（2005）从外商直接投资的角度考察了中国贸易结构的成因，前者认为外商直接投资和中国出口贸易之间存在长期的相关性，并采用格兰杰因果、单位根等检验和 VEC 模型等研究方法对其进行实证分析；后者则从四个方面分析了外商直接投资和中国出口贸易结构的关系，得出外商直接投资可以正向促进中国出口贸易结构的结论。曾铮和张亚斌（2007）、胡均民（2006）和沈丹红、寿志敏（2007）从汇率变动的角度考察了中国贸易结构的成因，前者通过计算实际汇率对劳动、资本密集型产品出口的弹性发现，与资本密集型产品相比，劳动密集型产品的出口对实际汇率升值更加敏感，这对推动中国贸易结构优化具有重大作用；后者研究发现要素禀赋的改善可以通过人民币的适度升值来实现，而要素禀赋的改善部分代表了贸易结构的升级，因此人民币的适当升值有利于推动中国贸易结构的优化。张少辉（2008）和何春燕（2006）从贸易政策的角度考察了中国贸易结构的成因，前者分析了工业制成品和初级产品的数据，发现出口退税政策的调整优化对中国出口贸易结构升级有正向影响；后者认为在影响贸易结构的因素中，贸易政策和比较优势同等重要，在发挥比较优势的同时，建立适度的贸易保护政策可以进一步推进中国出口贸易结构的升级。

三、出口贸易结构存在的问题

现阶段中国出口贸易结构存在的问题大致表现在三个方面：商品结构、方式结构、国别结构。

（1）出口贸易商品结构方面。郑后建（2008）分析后发现，虽然中国工业制成品的出口比重呈逐年上升的趋势，但其中高新技术产品所占比重仍处于较低的水平。谭文华（2013）主要从技术含量、出口附加值和服务贸易三个方面进行分析，总结得到以下四个观点：①对于劳动密集型产业来说，这类技术含量不高的产品仍为主要的出口商品。②工业制成品虽然占比高但技术含量低，而且缺乏自己的品牌。③占中国对外贸易半壁江山的加工贸易普遍附加值较低。④被称作"无烟工业"的服务贸易出口占比小且技术含量不高。王玉和刘媛媛（2019）认为中国出口商品结构偏低级化是由技术含量不高的劳动密集型产品占比较高、服务贸易占比太小且竞争力弱等因素造成的。

（2）出口贸易方式结构方面。宋勇超和徐东燕（2019）从全局角度出发，指出低端加工贸易在对外贸易中占比较大是贸易方式结构方面存在的主要问题。李旭鹏和蒋丽华（2005）则更细致地指出了中国加工贸易方面存在的问题，如：①加工过程短、深度浅且关联度不高；②从事加工贸易的企业中占比最大的是三资企业，对中国技术进步推动有限；③加工贸易中存在走私现象，管理模式和监管方式不匹配。

（3）出口贸易国别结构方面。魏浩（2007）指出，中国的出口市场主要集中在美国、欧盟、日本等国家和地区，出口区域过于集中会造成市场结构失衡，贸易摩擦频繁，同时经济危机连锁效应的加强会使国内市场风险加大。

四、出口贸易结构的研究方向

随着全球经济一体化的进一步发展，外部环境对中国出口的影响越来越重要，出口产品的数量和种类也会因国际市场需求的变化而波动明显，这使得广大专家学者开始怀疑以出口为导向促进经济增长的方式究竟能不能长久，并由此展开了经济增长与出口贸易结构的广泛研究。该方面的研究主要围绕进出口关系和贸易结构优化两个方向展开：

第一个方向是从进出口各自的作用、两者的关系角度展开研究。林毅夫和李永军（2001）认为，出口不仅有利于投资和消费，而且能够对进口产生正向影响。祁飞（2011）通过研究发现，扩大内需和拉动出口均能刺激经济增长，在此基础上可以推动出口贸易结构的优化。第二个方向是从服务和加工贸易等出发，对贸易结构优化进行分析。如陈俊聪和黄繁华（2014）通过引力模型研究中国对外直接投资与出口贸易结构优化的关系，检验结果表明 OFDI 显著促进了中间产品出口的增长，同时，对中国出口贸易的发展具有明显的出口创造效应。吴飞飞和邱斌（2015）将高技术产品的出口比重作为出口贸易结构的衡量指标，同时运用省级面板数据实证检验了外商投资和金融成长对中国出口贸易结构的影响，最终得出金融成长和外商投资均可以通过缓解高技术产品行业的融资约束来促进出口贸易结构优化的结论，且两者均存在明显的地区差异；除此之外，FDI 还可以通过改善高技术产业的空间布局来推动区域出口结构的优化。

陈怡和孙文远（2015）用高新技术产品出口额占全部出口额的比重来

衡量出口商品结构，进而研究出口商品结构的变动对中国城镇居民收入差距的影响。结果表明出口商品结构的升级对全国城镇居民收入水平的提高具有显著的促进作用，但其显著性主要表现在对沿海城镇居民收入水平的提升，而对内陆城镇居民收入水平的促进作用并不明显；相反，出口商品结构的改善是造成内陆城镇居民收入差异的主要原因，而对沿海城镇居民收入差异的影响并不明显。

第三节　关于经济政策不确定性的相关研究

一、经济政策不确定性指数的测度

经济政策不确定性是反映市场主体对经济的预期和现实状况不一致程度的一项重要经济指标，由于经济不确定性与大量的经济活动相关，因此，针对经济政策不确定性的研究可以反映市场运行规律，并提出有效的政策建议。同时，经济政策不确定性本身是一个比较抽象的概念，如何对其进行测度则成为相关研究的重点和难点。

当前学者对经济政策不确定性的有效计算方法可以分为三类：第一类，代理指标法。即选取易测量的、合适的、能一定程度反映经济政策不确定性的代理指标作为替代。布鲁姆（Bloom，2009）将处理过的股票市场波动序列作为经济政策不确定的代理指标进行研究。布鲁姆等（2014）将公司、行业层级的收入波动离散处理后的指标作为经济政策不确定性的代理指标，分析两者间的关系。贝克等（2016）将"经济""政策""不确定性"作为关键字，测算包含此类关键字的文章在销量排名靠前的报纸上出现的频率，将它当作经济政策不确定性的代理指标进行相关研究。第二类，定义法。邦伯格（Bomberger，1996）最早提出用经济主体对一些经济指标的预期和现实的差异数据来衡量经济政策不确定性指数。此后的学者分别从样本公司利润的标准差、样本公司销售增长率截面数据的标准差、预期通货膨胀率的偏差等方面对其进行扩充（Bloom，2009；Schaal，2012；Giodano，2003；Mankiw，2004）。第三类，估计法。即选取适当的观测量，并找到其与经济政策不确定性间的映射关系，最终估计出经济政策不确定性，阿鲁巴（Aruoba，2009）和谢恩（Scheen，2016）均采用混合频率对经济政策不确定性进行测度。考虑到数据可得性、操作便捷性以及方法实用性，代理指标法是目前应用最为广泛的测度经济政策不确定性的方法。因此，本书采用贝克等（2016）编制的包含全球 20 个主要经济体的不确定性指数作为经济政策不确定性的代理指标，从理论和实证两方面分析了贸易伙伴国经济政策不确定性对中国出口贸易结构优化的影响。

二、经济政策不确定性的研究方向

现有文献针对经济政策不确定性的研究方向大致分为以下四个方面：

（一）对宏观经济的影响

黄宁和郭平（2015）采用 PVAR 模型从经济增长、投资、消费和价格水平 4 个方面分析了经济政策不确定性对中国宏观经济的影响，最终发现经济政策不确定性对其均产生短期的负向影响，长期负面影响逐渐消失。同时发现，投资和消费受经济政策不确定性影响的表现程度也各不相同。许志伟和王文甫（2018）首先从劳动力市场理论出发，分析了经济政策不确定性影响宏观经济的理论机制，结果表明经济政策不确定性主要通过价格刚性引起的内生成本加成进行传导，最终表现为一个负的需求冲击；随后又采用最大份额法从实证角度对其进行了验证，结果显示非常稳健。

朱孟楠和闫帅（2015）实证研究发现人民币汇率对中国、美国、欧元区和日本的经济政策不确定性表现为净溢出，且在四个国家和地区的溢出效应中，中国成为除美国外的第二大经济政策不确定性的净溢出国。吴芳（2020）通过贝克编制的经济政策不确定性指数对 17 个国家的面板数据进行分析，发现经济政策不确定性对一国资本的流入有明显的抑制作用，在此过程中，利率影响机制有效，而汇率影响机制受阻，即相对于汇率而言，利率的提升对一国资本流入的抑制作用更加明显。尼尤韦尔堡和维尔德坎普（Nieuwerburgh & Veldkamp，2006）研究发现，经济稳定时期的经济政策不确定性更低，主要是因为稳定时期信息的传递更加迅速、有效；

而萧条时期由于信息传递受阻，使得经济政策不确定程度加深。

（二） 对金融市场的影响

陈国进等（2017）通过实证研究发现经济政策不确定性与股票市场显著负相关，且两者在短期内存在双向溢出效应，长期内经济不确定性对股市的溢出效应则逐渐消失。张宗新等（2020）从股票和债券市场流动性关系的角度出发，分析了经济政策不确定性对中国金融市场的影响，发现经济政策不确定性对股票市场流动性的波动有抑制作用，不确定性的上升会使股票市场和债券市场的流动性加强，在进一步引入经济周期后，发现经济政策不确定性在周期拐点区间和拐点处的影响具有非对称性；在拐点区间内，经济政策不确定性会降低两市的相关性，在拐点处，会增强两市的相关性。翟晓英和杨严钧（2020）选取G7和"金砖国家"共11个国家的面板数据实证研究了经济政策不确定性和股票市场收益之间的关系，全样本的回归结果显示经济政策不确定性和股票市场收益显著反向相关，且二者互为格兰杰原因。在G7国家为子样本的回归中，显示两者均存在格兰杰因果关系；而在金砖国家的样本中，两者只有单向因果关系，即只有经济政策不确定性是股票市场收益的格兰杰原因，反之不成立。

李佳（2020）基于贝克编制的经济政策不确定性指数和银行业的样本数据进行实证研究，证明了经济政策不确定性对银行资产证券化具有显著的正向影响，在考虑内生性后结果依然稳健；同时，规模较小的银行由于缺少足够的调整措施，在经济政策不确定的背景下更倾向于发展资产证券化。周长锋和孙苗（2020）运用DCC–GARCH模型实证研究了美国经济政策不确定性对以资本、货币、外汇和大宗商品等市场为代表的中国金融市场的影响，发现股票市场受美国经济政策不确定性的影响最大，债券市场与美国经济政策不确定呈显著的负相关，其他两个市场则受影响最小。

（三） 对企业投资的影响

胡里奥等（Julio et al., 2012）运用经济政策不确定性指数（EPU）和企业投资数据，研究发现经济政策不确定性显著抑制企业的投资行为，主要是因为企业投资往往具有不可逆性或撤销成本较高的特点，经济政策不确定性的提升加大了外部风险，使得企业对自身投资行为采取更加谨慎的态度。李凤羽和杨墨竹（2015）使用芝加哥大学和斯坦福大学共同发布的中国经济政策不确定性指数，研究经济政策不确定性对中国企业投资行为的影响，结论显示经济政策不确定性的提升对企业的投资行为具有十分显著的抑制作用，同时企业的所有权性质、学习能力、股权集中度等会对该抑制作用产生刺激。

陈国进（2016）通过理论建模研究经济政策不确定性可能对企业投资行为方面传导机制产生的影响，结果表明经济政策不确定性通过增加资金成本的抑制作用和削弱资本边际收益率的促进作用而减少企业的投资行为，同时经济政策不确定性的两个影响渠道均呈现逆周期性。饶品贵等（2017）分析经济政策不确定性与企业投资、投资成效的关系后发现，经济政策不确定性的提高会对企业的投资行为产生十分显著的削弱作用，而对企业的投资效率则具有显著的促进作用。孟庆斌和师倩（2017）通过研究发现经济政策不确定性的提高能够促进企业增加研发投入，提升自身的竞争力，越易受影响的企业，这种促进作用就越明显。

（四）对企业出口的影响

随着针对经济政策不确定性的研究从宏观转向微观，从投资转向出口，越来越多的学者开始关注其对国家宏观层面和企业微观层面出口贸易各方面的影响。马洛尼和阿泽维多（Maloney & Azevedo，1995）主要研究在贸易政策改革的背景下，墨西哥经济政策的不确定性会对本国的出口造成什么影响，结果表明，前者会对后者产生显著的负向影响。企业的沉没成本会随经济政策不确定性的上升而增加，这会使企业在出口时保持更加谨慎态度，最终使出口贸易减少（Handley et al.，2011），当经济政策不确定性下降时，市场沉没成本也会随之下降，企业会更愿意从事出口（Brandt et al.，2012）。汉德利和利马奥（Handley & Limão，2017）分别以葡萄牙加入欧共体、中国加入世界贸易组织为自然实验，研究经济政策不确定降低是否对国际贸易具有促进作用。研究认为两国出口贸易的增长均可以从经济政策不确定性降低的角度来解释。汉德利（2014）分析了澳大利亚1993～2001年产品层面的进口贸易数据，发现与实施WTO成立后的关税承诺相比，不实施承诺会导致出口到澳大利亚的企业数量和产品种类明显下降；同时，若澳大利亚推行零约束关税，会使经济政策的不确定性降到最低，从而会使进口到澳大利亚的产品增加50%以上。

目前，对经济政策不确定性对中国出口影响的研究多集中在经济政策不确定性对贸易价格和质量、贸易产品创新、企业出口的产品附加值的影响。如张夏等（2019）运用十分精细化的微观企业数据实证分析了经济政策不确定性对中国出口贸易的影响，进口国经济政策不确定性通过提高出口企业的生产率阈值，降低出口企业数量；通过倒逼出口企业进行高端贸易，提高企业的出口产品规模和产品质量。施炳展和曾祥菲（2015）基于海关微观数据，首次测算了中国企业进口产品质量，为后续有关贸易结构及企业进出口产品质量相关研究（李秀芳和施炳展，2016；施炳展和张雅睿，2016；张莹和朱小明，2018）提供了较为典型的测算方法。徐卫章与李胜旗（2016）利用中国海关统计数据，研究了贸易政策不确定性对中国企业出口加成定价的影响，最后发现政策不确定性越低，企业出口加成定价越高。

佟家栋与李胜旗（2015）从企业创新产品的角度分析了贸易政策不确定性可能带来的影响，并从企业所有制、贸易方式、进入退出、时间差异等角度进行了考察。其结果表明，中国加入WTO带来的政策不确定性降低，会使中国企业产品创新显著提高，这一影响对外资企业、加工贸易和进入企业的影响较大。张平南、徐阳、徐小聪和段艳艳（2018）研究了贸易政策不确定性对企业出口国内附加值的影响。他们基于中国工业企业数据、中国海关统计数据、美国的进口关税数据，测算了中国企业出口时的国内附加值率，并利用倍差法分析了2001年中国加入WTO带来的贸易政策不确定性降低会对中国企业出口的国内附加值造成什么影响，其主要发现为企业出口国内附加值与贸易政策不确定性成正比。

第四节　文献述评

综合上述文献可以发现，学者们对于当今世界是否处于逆全球化、以及逆全球化的起因和效应等尚未有统一的结论。虽然对逆全球化将带来全球贸易格局的重构基本达成共识，但是如何重构却是一个不确定性很大的问题。中国在这个不确定的外部环境下，如何发挥引领作用，推动构建开放共享、互利共赢的新发展格局，是我们需要深入思考的问题。

当前学界针对经济政策不确定性和出口贸易结构各自展开研究的文献已十分丰富，但将经济政策不确定性和出口贸易结构结合起来进行研究的文献较少，更缺乏对经济政策不确定性影响中国贸易结构的系统性研究。本研究将从宏观、中观和微观层面研究经济政策不确定性对中国出口贸易的影响。宏观层面将研究中国和出口目的国经济政策不确定对中国出口贸易额的影响，并分析经济政策不确定性的转移效应；中观层面分析经济政策不确定性对中国出口产品二元边际、要素结构、技术结构和经济用途结构的影响；微观层面则从企业层面分析经济政策不确定性对中国企业出口产品质量和出口技术复杂度的影响，并考察了贸易政策不确定和宏观经济不确定的影响，以及宏观经济不确定与经济政策不确定性的交叉影响，以期得出更有针对性的政策建议。

第三章

亚洲金融危机以来全球及中国经济政策不确定性重大事件梳理与中国对外贸易的发展

第一节　亚洲金融危机以来全球及中国经济政策不确定性事件梳理

1997 年 7 月，一场全球性的亚洲金融危机首先在泰国爆发，随后波及马来西亚、新加坡、菲律宾等，这场危机的爆发使世界经济的增速放缓，全球经济低迷，中国的对外贸易发展也受到了重大影响。在随后的 10 年里，随着经济全球化的不断深化，世界经济发展迅速。然而，2008 年在美国爆发的次贷危机又一次给世界经济带来了重大的打击，自美国金融危机爆发以来，全球经济增长乏力，全球贸易呈低速增长的状态。在全球贸易增速减缓的情况下，中国出口压力增加，中国对外贸易也进入了低速增长时期。与此同时，各种"黑天鹅"事件频发，如欧债危机、英国脱欧、中美贸易战等事件加剧了全球经济的不确定性，减缓了全球经济复苏的步伐。为了应对世界经济发生的各种波动，各国政府不断推出各项新的经济政策，使得全球经济政策不确定性程度大幅提高。

根据贝克等（2020）编制的中国月度经济政策不确定性指数（economic policy uncertainty index，EPU）趋势图（见图 3－1）可以发现，从整

体上来看，自亚洲金融危机爆发以来，中国的经济政策不确定性指数在
1997～2015 年较为稳定，中间主要经历了 3 次较大幅度的正向波动，主要
表现为：（1）2001 年中国加入世界贸易组织，为了适应国际上的法规和标
准，中国政府采取了积极的措施来调整原有的经济政策，加大了经济政策
的不确定性；另外，在美国发生"9·11"恐怖袭击事件后，美国和全球
经济陷入衰退，使中国的出口贸易受阻，为了降低该事件对中国经济产生
的负面影响，央行采取了宽松的财政政策和货币政策，这又进一步提高了
中国经济政策的不确定性。（2）2008 年全球金融危机的爆发使全球经济增
速明显减缓，全球消费需求降低。在国内外经济不景气的情况下，中国政
府面临着经济衰退和通货膨胀的两难选择，为了应对金融危机给中国经济
带来的冲击，政府不断调整其经济政策，从而使得中国经济政策不确定性
有所增加。（3）继 2008 年的次贷危机后，2012 年发生的欧债危机又进一
步加剧了世界经济的不确定性，阻碍了世界经济复苏的步伐，欧盟作为中
国的第一大贸易伙伴国，这一危机的爆发势必会影响到中国的经济发展，
给中国产品出口带来风险，为了降低欧债危机给中国经济带来的负面影
响，政府不得不调整国内的经济政策。与此同时，中国正值政府换届时
期，执政风格也会有所改变。

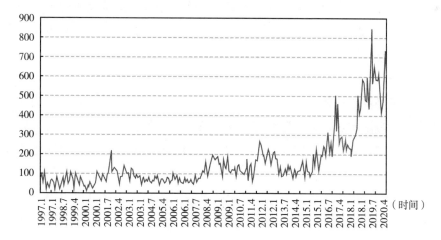

图 3 - 1　1997～2020 年中国经济政策不确定性指数的演变趋势
资料来源：经济政策不确定性官方网站。

另外，从图 3 - 1 中的数据我们可以发现，与 2015 年前的平稳浮动相

比，由于英国脱欧和美国总统大选等重大事件的发生，2016 年中国的经济政策不确定性指数出现了较大幅度的波动，表明中国经济政策的不确定性大幅上升。另外，近年来中美之间的贸易摩擦不断升级，为了应对这些贸易摩擦，中国政府不断提出新的经济政策，使得中国经济政策的不确定性又进一步升高，尤其是 2019 年中美贸易战的发生，中国的经济政策不确定性指数在中美双方的较量下再创新高。2020 年 1 月，新冠肺炎疫情暴发，并迅速蔓延至全球，随之而来的停工停产等限制措施，使全球和中国经济政策不确定性上升。疫情导致全球经济陷入严重的衰退期，进一步激化中美矛盾，多边贸易体制脆弱性凸显。

一、亚洲金融危机以来国际上发生的导致经济政策不确定性事件

（一）"9·11"恐怖袭击事件（2001 年）

2001 年 9 月 11 日，三架被恐怖分子劫持的民航飞机分别撞向美国纽约世贸中心和美国华盛顿五角大楼，三座大楼在遭到攻击后相继坍塌。这次恐怖事件的发生使美国经济一度陷入瘫痪之中，给美国造成的直接经济损失至少 2000 亿美元，对许多产业的发展都造成了直接或间接的经济损失，沉重打击了美国的航空、保险、金融和旅游等行业，如果再算上一系列后续影响，给世界造成的经济损失甚至高达 1 万亿美元①。

由于经济全球化的发展，"9·11"事件的发生通过国际贸易、国际资本流动、金融市场等渠道影响着全球经济，中国作为世界上第一大发展中国家和美国重要的贸易伙伴，"9·11"事件对中国经济造成的影响也不容乐观。

首先，美国作为中国最大的贸易伙伴之一，是中国产品出口的主要市场，美国经济的衰退会直接造成中国出口的下降。2000 年，中国出口到美国的产品占中国总出口额的 1/5，美国经济的衰退使得美国国内市场对中

---

① 杨顺. 动用武力反对恐怖主义的国际法问题研究 [J]. 世界经济与政治论坛, 2015 (6): 39 – 51.

国产品的需求下降，尤其是高技术产品。据统计，2001 年第一季度中国对美出口的增长幅度为 11%，与 2000 年同期相比，增幅下降了超过两成①。除此之外，美国经济的衰退还会引发世界经济的衰退，造成其他国家经济也随之下滑，进一步恶化中国产品的出口环境。

其次，"9·11"事件的发生使得人们对美国经济的信心不足，纷纷在金融市场上抛售美元买入其他国家货币，造成了美元的贬值，自当日起，美元已经表现出兑欧元、日元、法郎等货币的贬值。显然，美元的贬值会给人民币造成升值的压力，这会促进国内进口的增加和出口的减少，给中国出口企业带来更大的压力。另外，中国外汇储备以美元为主，美元的贬值无疑会给中国的外汇储备造成损失。

最后，"9·11"事件发生之后，国际石油价格上涨，原油价格上涨至每桶 31 美元。石油价格的上涨，会对世界经济产生不利的影响，对中国经济的增长也会造成较大的负面影响。中国属于石油短缺国家，每年从其他国家进口的石油将近 1/3，石油成本的上升不利于中国工业化产业的发展，会制约中国国内经济的发展②。另外，石油价格的上涨还会影响到其他国家经济复苏的进程，从而间接影响到中国经济的发展进程。

（二）全球金融危机（2008 年）

2008 年美国次贷危机的爆发引发了全球性的金融危机，美国、欧盟、日本等经济体在金融危机的影响下经济增长缓慢，在银行倒闭、股票下跌的情况下，各国的实体经济也受到了不同程度的冲击。从金融业到实体经济，这场危机已经严重影响了全球经济的健康发展。与此同时，美国量化宽松政策的实施导致美元进一步贬值，使得亚洲国家尤其是中国经济面临的风险增加，给经济增长带来较大的负面影响。

受国际金融危机的影响，世界经济的增速明显放缓。世界银行的相关数据显示，2008 年第一、第二季度，世界经济的增长速度同比增长 4.4% 和 3.9%，与 2007 年同期相比，分别下降了 0.04% 和 0.46%，美国、

---

① 资料来源：中华人民共和国商务部网站。
② 陈丽丽. 浅析"911"恐怖事件对中国经济的影响 [J]. 西南金融，2001（12）：35-37.

日本、欧洲等发达国家和地区经济体的经济也都出现了不同程度的负增长[①]。在国际贸易方面，由于世界经济的衰退，全球需求下降，全球贸易增速也不断下降。世界贸易组织 2008 年 5 月的报告显示，2008 年世界贸易量的增长速度由 2007 年的 5.5% 降至 4.5%，其中发达国家的增速只有 1.1%[②]。

　　在全球经济增速放缓、国际金融危机的影响不断加深的情况下，中国的经济也受到了一定程度的影响。全球金融危机对中国经济的影响主要体现在以下三个方面：一是全球经济衰退。作为中国出口产品的主要市场，美国、日本、欧洲等发达国家和地区的经济增长放缓，对中国出口产品的消费需求降低，再加上人民币对外升值，导致中国出口产品的国际竞争力降低，直接导致中国对外贸易量的下降。二是中国对外汇的管理较为严格，使得国际金融危机对中国金融业的影响不大。但是美元作为中国外汇储备的主要货币，美元的贬值使得中国外汇储备大幅贬值，据统计，截至 2008 年 9 月，中国外汇储备的损失额已经达到 360 亿美元[③]。三是国际金融危机的发生使得市场上的不确定性和风险增加，投资者的投资信心不足，投资意愿降低，导致中国企业利用外资的增速降低。

（三）欧债危机（2010～2012 年）

　　2008 年金融危机的爆发引发了全球经济的衰退，使欧元区统一的货币政策的内在缺陷逐渐暴露出来。欧元区的国家无法利用货币政策进行宏观调控，在发生金融危机后，只能通过实施扩张性的财政政策来刺激经济，使得欧元区国家的财政赤字和对外债务不断增加。在赤字增加和出口下降的恶性循环下，国家的主权信用不断下降，最终爆发了主权债务危机。这一债务危机通过国际资本流动、国际金融市场和国际贸易等渠道逐步向全球蔓延，阻碍了全球经济的复苏。

---

① 世界银行，2008 年全球经济展望，2008.
② WTO，World Trade Report 2008——Trade in a Globalizing World，2008.
③ 焦方义，刘立娜. 全球金融危机下的中国经济走势分析 [J]. 理论探讨，2009（1）：79-83.

欧债危机发生后，全球经济增长乏力，经济复苏的进程缓慢，导致全球贸易和投资的规模不断降低，失业率增加。在欧债危机的影响下，全球经济增速在 2010～2012 年下降了 0.65 个百分点，全球失业率则提高了 1.81 个百分点[①]。与此同时，欧债危机还引起了全球金融市场的动荡，在汇率上造成欧元的贬值，给全球的银行业也带来了巨大的冲击。

作为中国重要的贸易伙伴，欧元区的经济衰退必然会给中国经济带来挑战。2012 年，中国出口到欧盟市场的产品在出口总产品中约占 20%，欧盟超越美国成为中国的第一大出口市场[②]。欧债危机的发生使得欧元区国家对中国产品的需求下降，中国出口降低，给中国实体经济的发展带来一定程度的负面影响，导致失业率增加。另外，欧元的贬值和欧元区国家贸易保护主义抬头也降低了中国产品的出口竞争力，给中国出口企业带来了压力。受欧债危机的影响，与 2011 年相比，2012 年中国对欧出口下降了 4.05%[③]。

（四）英国脱欧（2016 年）

2016 年 6 月 23 日，英国民众就"英国是否脱离欧盟"这一问题举行了一场全民公投，结果显示有 51.9% 的英国民众选择脱离欧盟[④]。经过 3 年的拉锯战，终于在 2020 年 1 月 31 日正式完成脱欧，结束其长达 47 年的欧盟成员国身份。英国脱欧这一"黑天鹅"事件的发生不仅会影响到其国内经济的发展，还会影响到欧盟和全球经济的发展，中英贸易、中欧贸易也会发生一定的改变。

首先，欧盟作为英国的第一大贸易伙伴国，英国对欧盟的出口和进口均在 50% 左右[⑤]。一方面，英国脱欧后，英国就无法享受到欧盟内部的零关税等优惠政策，其与欧盟其他国家的贸易必定会受到影响。另一方面，受不确定性因素影响，英国的金融市场会受到一定的冲击，外汇和汇率

---

①③ 《欧洲主权债务危机对全球经济与国际金融体系的影响研究》课题组. 欧洲主权债务危机对全球经济与全球金融市场的影响分析 [J]. 金融发展评论，2013 (6)：24-37.

② 资料来源：中华人民共和国商务部网站.

④ 丛文君. 浅析英国脱欧对全球以及中国经济的影响 [J]. 对外经贸，2020 (4)：10-11.

⑤ 《欧洲主权债务危机对全球经济与国际金融体系的影响研究》课题组. 欧洲主权债务危机对全球经济与全球金融市场的影响分析 [J]. 金融发展评论，2013 (6)：24-37.

贬值，会降低欧盟其他国家到英国的投资，给英国的经济增长带来负面影响。

其次，英国作为欧盟的第二大经济体，英国脱欧后，欧盟的国际影响力和国际地位都会有所下降，欧元区内的经济结构也在一定程度上受到了破坏，欧洲一体化的进程也会受到影响。从全球的角度来看，英国脱欧给英镑和欧元带来了贬值的压力，美元、日元等货币趋于升值，影响国际资本的流动。另外，英国脱欧还会引起去全球化的潮流，影响全球政治经济格局。

最后，对于中国来说，英国脱欧对中国经济的影响有利有弊。其弊端在于，投资在英国的中国企业无法享受到欧盟内部的优惠政策，投资风险变大。而且英国脱欧会造成欧洲市场经济的下滑，不利于中国企业的出口。其好处在于，在离开欧盟后，英国与欧盟之间的贸易规模下降，这会推动中英贸易关系的发展，加强中英之间的经贸关系。另外，中国可以借此机会，积极与英国和欧盟进行经贸合作，促进中英、中欧关系的友好发展。

（五）美国总统大选（2016 年）

2016 年 11 月 9 日，美国总统大选的结果揭晓，特朗普战胜希拉里成为美国第 45 任总统。与上一任总统奥巴马的执政风格不同，在政治上特朗普更倾向于保守主义，其本人的行事风格也更加激进。自特朗普上任后，全球政治、经济的不确定性大大增加。

特朗普的对内政策以减税为核心，通过减税来促进国内经济增长。在货币政策方面，特朗普主张紧缩性的货币政策，一方面，特朗普批评低利率政策。但另一方面，特朗普又承认低利率有利于长期融资，刺激国内经济的发展，并表示同意美联储加息。在对外经济政策方面，特朗普主张贸易保护主义，反对《跨太平洋伙伴关系协定》和《北美自由贸易协定》等贸易协定。

特朗普上台后实施的各项政策加大了全球政治、经济的不稳定性，对于中国而言，主要存在以下三方面的影响：一是特朗普的减税政策会影响全球资本流动的方向，使资金从国内流出，加大了中国经济下行的压力。

二是美联储加息措施使得中国利率对外来资本的吸引力下降，不利于中国国内经济的发展。三是特朗普对中国实施贸易保护主义，加大关税的征收，推动中国国内产品价格的上涨，使中国国内的贸易环境恶化。

（六）新冠肺炎疫情（2020 年）

2020 年初暴发的全球新冠肺炎疫情给世界经济政策带来了很大的不确定性。各国不同程度地采取停工停产、封锁边境等措施遏制病毒传播，导致商品、劳动力、资本、技术等生产要素的自由流动受阻。而自 20 世纪 50 年代以来，全球生产结构发生了深刻变化，突出表现为发达国家制造业逆向回流和发展中国家制造业高端跃升并存。与此同时，全球价值链成为构建国际分工体系的新方式。新冠肺炎疫情进一步催化产业链的逆全球化和内向化发展。全球产业链在疫情的冲击下表现出较大脆弱性，其中，对外依存度高的产业链环节受到较大冲击，诱发全球产业链回缩和布局调整转移，部分国家支持重要、关键产业回流本国。疫情使得国际供应链和市场供需收缩，叠加世界经济宏观调控矛盾和国家间利益博弈影响，全球产业链出现阻隔甚至断裂风险。

从供给角度来看，德国和美国作为欧洲和北美洲两大区域生产网络的中心均受到疫情的严重影响，多条国际物流通道关闭，导致全球供应链、产业链和价值链出现断裂风险。产业链危机由供给端扩散至需求端，新冠肺炎疫情造成的劳动收入减少引发需求萎缩，最终形成供需两端同时萎缩的局面，进一步冲击产业链。全球价值链体系出现断裂、萎缩乃至价值贬值现象。疫情对全球产业链形成冲击，尤其对汽车、电子和机械设备等全球价值链融合程度较高的行业，影响更为明显。新冠肺炎疫情使得一些产品的跨国生产、流通、储备、分配、消费等环节出现障碍，导致全球性价值创造及价值实现能力下降，全球公共福利水平受到损害。

疫情暴发至今已 2 年有余，面对尚未完全结束的新冠肺炎疫情，以及尚处于疫情不同控制阶段的国家，如何重建疫后世界经济秩序、如何采取政策措施恢复世界经济发展，是摆在各国领导人面前的一道难题，同时也是各国企业所要面对的一个巨大的不确定性。

二、亚洲金融危机以来中国发生的经济政策不确定性事件

(一) 中国加入世界贸易组织 (2001 年)

2001 年 12 月 11 日，中国正式加入世界贸易组织，成为其第 143 位成员[①]。中国加入世界贸易组织标志着中国对外开放进入了一个新的阶段，是中国参与经济全球化进程的重要举措。作为世贸组织成员，中国必须遵守世贸组织规则，健全国际经贸规则，不断加大开放程度，构建符合多边贸易体制的市场经济体制。

在全球经济环境不景气的情况下，中国在加入世界贸易组织后，其 GDP 增长速度虽然有所下降，但与世界上大部分的国家相比，中国仍处于快速发展阶段。对于中国来说，加入 WTO 既是一次机遇，也是一场挑战。

首先，世界贸易组织是一个国际性的大型组织，共有 146 个成员方，非歧视性原则是 WTO 最基本的原则之一，中国加入 WTO 后可为国内企业提供良好的国际经贸环境，有利于促进中国与其他国家之间经贸关系的良好发展[②]。其次，加入 WTO 有利于中国加快改革的步伐。加入 WTO 后，中国必须遵守 WTO 制定的国际惯例和规则，这就要求中国必须尽快完善其市场经济体制，调整相应的法律法规和经济政策，从而推动中国的改革进程。最后，加入 WTO 可以给中国带来许多经济利益。一方面，中国经济环境的改善有利于吸引外国投资，促进国内的经济发展，给国内带来新的就业机会；另一方面，加入 WTO 要求中国降低关税并开放市场，有利于促进中国进出口贸易的快速增长。

当然，加入世界贸易组织也给中国带来了很多挑战。其一，中国的市场经济体制还不成熟，许多法律法规还不完善，与发达国家相比还存在很多差距，在进行国际经贸往来的过程中很有可能会因为体制的不同而发生贸易摩擦。其二，市场的逐步开放使得国内企业面临更大的竞争，许多企业和产品

---

① 逄锦聚. 加入 WTO 后的中国经济 [J]. 经济学家，2003 (1)：12 – 18.
② 《欧洲主权债务危机对全球经济与国际金融体系的影响研究》课题组. 欧洲主权债务危机对全球经济与全球金融市场的影响分析 [J]. 金融发展评论，2013 (6)：24 – 37.

将会受到国外企业和产品的冲击，尤其是技术密集型和资本密集型产品。

（二）"四万亿"经济刺激计划（2008年）

在2008年国际金融危机的冲击下，中国经济快速回落。到第三季度为止，中国进出口增速有所减缓，但其总量仍在增加，到2008年末，中国进出口开始出现负增长的情况，中国经济的增长速度在第四季度下降了4个百分点。为了降低全球金融危机对中国经济产生的影响，中国政府提出投资"四万亿"来扩大内需、促进经济增长的计划，即"四万亿"经济刺激计划①。

在全球经济萧条的背景下，中央政府实施的经济刺激计划取得了明显的成效。通过扩大内需来刺激消费，对增加社会总投资、促进经济发展起到了重要作用。经过一年的努力，2009年前三个季度社会总投资增长33.4%，与2008年同期相比增加了6.4%，全年国内GDP总值达335353亿元，与上年相比增长了8.7%②。在拉动内需的同时，中央政府还通过调整宏观经济政策来促进经济结构和发展方式的转变。加强基础设施建设，鼓励技术创新和战略性产业的发展，既要解决当前面临的经济危机，也要为以后的长足发展考虑，促进中国经济的可持续性发展。

这一经济刺激计划在短期内能起到拉动需求、促进经济增长的作用，但随后会给国内经济带来通胀的压力，使物价上涨，给房地产和金融市场带来泡沫威胁。短期内银行信贷的增加带来了货币供应量的快速增加，许多资产价格尤其是房地产行业的价格不断提高，并且逐步扩散至全国范围内，在一定程度上促进了资产泡沫的形成，而且过度的投资还容易造成生产力过剩，给国内经济带来负面影响。为此，中央政府需要根据宏观经济的现状，在合适的时机下退出经济刺激政策，选择更为稳健的财政政策和货币政策来促进经济的健康发展。

（三）中美贸易战（2018～2019年）

自特朗普上任以来，贸易保护主义一直是特朗普政府对外贸易的态

---

① 戴艳军，崔彦峰，杨利兵. 四万亿经济刺激计划对中国经济的影响 [J]. 当代经济，2010 (7)：60－61.

② 中国人民银行调查统计司、2009年三季度宏观经济形势分析 [R]. 2009.

度，并对多个贸易伙伴实施贸易限制的有关措施。作为美国最重要的贸易伙伴之一，中国一直是特朗普政府重点关注的对象。近年来，随着中美之间的经贸往来越来越密集，中美之间贸易摩擦频发。在此背景下，特朗普政府为了实现其经济目标和政治目标，对华发动贸易战。面对美方如此强势的贸易政策，中方为了维护自身利益，不得不采取了相应的反制措施，双方不断对对方的产品加征关税，贸易战愈演愈烈，中美之间的经贸关系也不断遭受着沉重的打击。

一直以来，美国都是中国最重要的贸易伙伴之一，美国对中国产品不断加税，会引起中国商品价格的上涨，造成中国对美出口乏力，给中国企业带来经济损失。根据中国海关总署公布的数据，2019 年上半年，中美贸易总额为 1.64 万亿元人民币，与上年同期相比下降了 6.6 个百分点，其中，对美出口额为 1.25 万亿元，同比下降 8.1 个百分点，自美进口额 3956.2 亿元，同比下降 1.5 个百分点，贸易顺差 8517.4 亿元，减少 10.8%。通过以上数据可以发现，在贸易战的影响之下，中美之间的贸易总额显著下降，中国对美国的外贸依存度也不断降低。

从行业来看，在此次中美贸易战中，美国有意遏制中国高新技术产业的发展，其征税对象主要为中国的电子产业、信息及通信技术等高新技术产业。长期以来，美国在中国高新技术产业贸易中一直占据重要地位，美国不断对其加税，会削弱中国产品的市场竞争力，长此以往，势必会影响到中国高新技术产业的发展，给中国产业结构转型带来不利影响。

第二节　亚洲金融危机以来中国对外贸易发展情况

一、亚洲金融危机以来中国对外贸易发展历程

自 1997 年亚洲金融危机以来，中国对外贸易发展迅速，贸易总额不断增加，经济总量稳居世界第二，对全球经济的贡献高达 30% 以上。如图 3-2 所示，中国进出口总额从 1997 年的 3252 亿美元上升至 2018 年的 46292 亿美元，年均增长 14.4%，占全球贸易总额的 11.75%，赶超美国，

成为全球第一大货物贸易国。其中，出口额由 1828 亿美元增长至 24942 亿美元，年均增长 14%；进口额由 1424 亿美元上升至 21350 亿美元，年均增长 14.8%；贸易差额由 404 亿美元增加至 3592 亿美元，货物贸易顺差有所扩大。

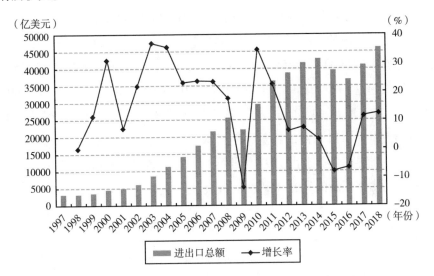

图 3 - 2　1997 ~ 2018 年中国进出口年度统计
资料来源：笔者根据联合国商品贸易统计数据库整理。

如图 3 - 2 所示，纵观亚洲金融危机以来中国对外贸易发展历程，在进入 21 世纪前，由于受到亚洲金融危机的影响，中国对外贸易发展呈缓慢增长态势。自 2001 年加入世界贸易组织后，中国对外贸易的发展进入了高速增长阶段，2001 ~ 2007 年这 7 年间，进出口贸易总额由 5097 亿美元增加至 21762 亿美元，年均增速达 24.7%，仅次于美国、德国，成为世界排名第三的贸易大国。但 2008 年发生全球金融危机后，全球经济增速放缓，中国经济政策的不确定性增加，在此后的 10 年里，中国虽然已超越美国、德国，成为全球第一大贸易国，但对外贸易进出口总额年均增速仅为 8%，增速明显放缓，其中，2014 ~ 2016 年这 3 年间的进出口总额还呈现负增长的状态，对外贸易波动明显。

（一）1997 ~ 2000 年：中国对外贸易处于稳步增长阶段

1997 ~ 2000 年，在这一期间中国对外贸易发展所面临的国内外环境有所变化。从国际上看，许多西方国家开始进入经济衰退期，亚洲金融危机的爆发后世界经济进入调整期，世界经济格局出现了一些新的特征。从国内来看，为了应对亚洲金融危机给中国对外贸易造成的影响，相关部门出台一系列的政策措施来稳定出口，促进经济的平稳发展。

在复杂多变的国内外经济环境下，中国外贸出口环境有所恶化，但在一系列政策措施的推动下，对外贸易规模仍在不断扩大。1997 年，中国进出口总额突破 3000 亿美元大关，达 3252 亿美元，2000 年为 4743 亿美元，年均增长超过 14%。其中，出口规模由 1997 年的 1828 亿美元上升至 2000 年的 2492 亿美元，年均增长 11.5%，与世界出口总额相比，中国外贸出口总额占世界出口总额的比重不断扩大，4 年间共增加了 0.6 个百分点，出口额在世界的排名也由 1997 年的第 10 名上升至 2000 年的第 7 名，中国对外贸易实现了新的发展（见表 3 - 1）。

表 3 - 1　　　　　　　　1997 ~ 2000 年中国对外贸易发展情况

年份	中国进出口总额（亿美元）	中国进口总额（亿美元）	中国出口总额（亿美元）	世界出口总额（亿美元）	中国出口总额占世界出口总额的比重（%）
1997	3252	1424	1828	55923	3.27
1998	3240	1402	1838	55031	3.34
1999	3606	1657	1949	57194	3.41
2000	4743	2251	2492	64540	3.86

资料来源：世界贸易组织数据库。

（二）2001 ~ 2007 年：中国对外贸易进入发展迅速阶段

经过 15 年的努力[①]，中国终于在 2001 年 12 月 11 日加入了世界贸易组织，这标志着中国进入了全面对外开放的新阶段。在这一时期，中国与世界经济的联系更为紧密，国民经济总量持续增加，对外开放水平进一步提高。在国际贸易领域，为了尽快与国际经济规则接轨，中国政府不断深化改革国内的外贸体制建设，积极转变外贸发展方式，促进中国对外贸易的

————————

① 1986 年 7 月 10 日，中国正式提出关于恢复在关贸总协定缔约方地位的申请；2001 年 12 月 11 日，中国正式加入世界贸易组织，成为 WTO 的第 143 个正式成员。

持续高速增长。

　　加入世界贸易组织之后，中国对外贸易进入快速发展阶段，出口潜力进一步扩大，随着国内市场的不断开放和贸易壁垒的降低，进口规模也有所增加。截至 2007 年，中国进出口总额突破 2 万亿美元，出口总额也迈上了万亿美元的台阶，成功跻身世界排名前三的"贸易大国"行列。与 2001 年相比，2007 年中国的进出口总额为 21762 万亿美元，进出口贸易规模扩大了 4.27 倍，其中，出口总额由 2661 亿美元上升至 12201 亿美元，出口规模年均增速达 25.8%，中国出口额占世界出口总额的比重超过 8%，世界排名跃居第二。进口总额由 2436 亿美元上升至 9561 亿美元，进口规模年均增速达 23.4%，中国进口额在世界进口总额中的比重也提高到 6.7%，世界排名第三（见表 3 - 2）。

表 3 - 2　　　　　　　　2001 ~ 2007 年中国对外贸易发展情况

年份	中国进出口总额（亿美元）	中国进口总额（亿美元）	中国出口总额（亿美元）	世界出口总额（亿美元）	中国出口总额占世界出口总额的比重（%）
2001	5097	2436	2661	61964	4.29
2002	6208	2952	3256	65007	5.01
2003	8510	4128	4382	75908	5.77
2004	11545	5612	5933	92226	6.43
2005	14220	6600	7620	105103	7.25
2006	17604	7915	9689	121314	7.99
2007	21762	9561	12201	140313	8.70

　　资料来源：世界贸易组织数据库。

（三）2008 年至今：中国对外贸易发展进入新常态

　　2008 年在全球范围内爆发的国际金融危机使得世界经济进入大变革、大调整时期，国际经济格局发生重大变化。在这一阶段，由于受到危机的冲击，世界经济增长速度缓慢，全球贸易保护主义抬头，国内外经济环境复杂多变，各种不确定性、不稳定性因素增加，中国对外贸易发展面临着严峻的挑战。在这种不利的经济形势下，国内外市场需求疲软，进出口贸易增速降低，中国对外贸易发展进入新常态，从高速增长阶段进入中低速增长阶段，从追求贸易规模和增速转变为注重外贸发展的质量和效益。

在国际金融危机的冲击下，2009 年，中国进出口贸易从 25633 亿美元下降至 22072 亿美元，降幅深达 13.89%，而后的一年里，中国的进出口贸易额又大幅反弹至 29738 亿美元，增幅高达 34.73%，自 2012 年开始，中国进出口贸易增速明显放缓，由两位数快速增长下降至个位数低速增长，2015 年和 2016 年甚至出现了负增长的状态。随着世界经济的逐渐好转，中国面临的经济形势不断改善，2017 年后，中国对外贸易发展稳中向好，增速明显回升。这一时期，在全球经济整体下滑的情况下，中国对外贸易发展的情况要明显优于其他国家，在全球的贸易份额不降反升，到 2018 年，中国已经成为全球第一货物贸易国（见表 3 - 3）。

表 3 - 3　　　　　　　　2008 ~ 2018 年中国对外贸易发展情况

年份	进出口		进口		出口	
	贸易额（亿美元）	增速（%）	贸易额（亿美元）	增速（%）	贸易额（亿美元）	增速（%）
2008	25633	17.79	11326	18.46	14307	17.26
2009	22072	- 13.89	10056	- 11.21	12016	- 16.01
2010	29738	34.73	13960	38.82	15778	31.31
2011	36418	22.46	17434	24.89	18984	20.32
2012	38670	6.18	18182	4.29	20488	7.92
2013	41590	7.55	19500	7.25	22090	7.82
2014	43015	3.43	19592	0.47	23423	6.03
2015	39531	- 8.10	16796	- 14.27	22735	- 2.94
2016	36855	- 6.77	15879	- 5.46	20976	- 7.74
2017	41072	11.44	18438	16.12	22634	7.90
2018	46292	12.71	21350	15.79	24942	10.20

资料来源：世界贸易组织数据库。

二、经济政策不确定与中国贸易总额增长的关系

为了更直观地反映经济政策不确定与中国贸易增长之间的关系，图 3 - 3、图 3 - 4 分别刻画了中国进出口贸易总额与全球 EPU 指数和中国 EPU 指数的趋势对比。

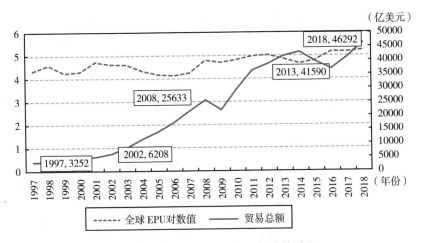

图 3 - 3　贸易总额与全球 EPU 趋势对比

资料来源：世界贸易组织数据库。

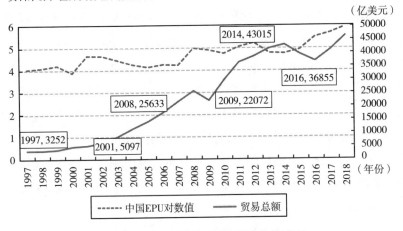

图 3 - 4　贸易总额与中国 EPU 趋势对比

资料来源：世界贸易组织数据库。

图 3 - 3 显示，当全球经济政策不确定性指数处于下降趋势时，中国出口贸易总额呈上升趋势，但存在一定的时滞性，如全球 EPU 指数的对数值在 2001 ~ 2007 年从 4.727 下降至 4.246，与之相反，中国进出口贸易总额则从 2002 年的 6208 亿美元上升至 2008 年的 25633 亿美元，当全球 EPU 指数在 2008 年有所上升时，中国的进出口贸易总额在 2009 年反而有所下降，说明全球经济政策不确定性与中国贸易总额呈负相关关系。

图 3 - 4 显示了中国 EPU 指数与中国进出口贸易总额的趋势对比，与图 3 - 3 结果类似，中国的经济政策不确定性指数与中国对外贸易呈明显的

负相关关系。除个别年份外，当中国 EPU 指数下降时，贸易总额上升；当中国 EPU 指数上升时，贸易总额下降，同样也存在着一定的时滞性。

接下来我们从贸易增长的二元边际角度，分析亚洲金融危机以来中国贸易增长的二元边际结构，并进一步分析经济政策不确定性与中国贸易增长二元边际的相关关系。

第三节　亚洲金融危机以来中国贸易增长的二元边际

一、二元边际分析模型

贸易增长的二元边际模型源于以梅丽兹（2003）为代表的新新贸易理论，该理论把一个国家的出口贸易增长划分为扩展边际（extensive margin）和集约边际（intensive margin），扩展边际即产品多元化，是指因出口产品种类增加而引起的总出口额的增长；集约边际即出口专业化，是指已出口产品在数量上的增长而引起的总出口额的增长。不同的贸易边际会给一国的经济增长带来不同的经济效益，如果一国的贸易增长主要是沿着集约边际的方向实现的，那么该国的对外贸易会更容易受到外部冲击的影响；但如果一国的贸易增长主要是沿着集约边际的方向实现的，说明该国的出口结构更加多样化，抵抗外部冲击的能力更强。

目前，国际上对扩展边际和集约边际的定义不一，由于不同的学者所采取的测量方法和数据来源的不同，研究结果也不尽相同。胡梅尔斯和克莱诺（Hummels & Klenow，2005）在费恩斯特拉（Feenstra，1994）的研究基础上，对 1995 年 126 个国家向 59 个国家出口的贸易数据进行分析研究后发现，在较大的经济体中，扩展边际对该国出口增长率的贡献度达 60% 以上。而另外一些学者如贝塞德斯和普吕萨（Besedes & Prusa，2011）等从国家—产品层面来定义二元边际，得出的结论却刚好相反，他们认为集约边际对一国出口增长的贸易贡献度更大。就中国的出口增长问题，钱学锋和熊平（2010）通过对 1995 ~ 2005 年中国对 11 个贸易伙伴国的贸易数据进行分析发现，中国的出口增长主要是通过集约边际来实现的，扩展边际对中国出口增长的贡献度很小。

本书借鉴胡梅尔斯和克莱诺（2005）的方法，从产品的层面来分解一国贸易增长的二元边际，其中，扩展边际 EM 定义为对方进口市场中双边贸易品种所占的市场份额，具体等式为：

$$EM_{jk} = \frac{\sum_{i \in I_{jk}} M_{wk}^i}{M_{wk}} \qquad (3-1)$$

在式（3-1）中，j 为出口国，k 为进口国，EM_{jk} 表示出口国 j 向进口国 k 出口的扩展边际，I_{jk} 为出口国 j 向进口国 k 出口的贸易品种集合，M_{wk}^i 为进口国 k 在世界进口产品 i 的贸易额，M_{wk} 为进口国 k 在世界进口的贸易总额。EM 值越大，说明 j 国与世界出口到 k 国重叠商品贸易量占世界出口总额的比重越大，从而说明 j 国在更多产品上实现了出口。

集约边际 IM 定义为双边贸易额占对方在双边贸易品种上的进口总额比重，具体等式为：

$$IM_{jk} = \frac{M_{jk}}{\sum_{i \in I_{jk}} M_{wk}^i} \qquad (3-2)$$

在式（3-2）中，IM_{jk} 表示出口国 j 向进口国 k 出口的集约边际，M_{jk} 为进口国 k 进口 j 国产品的贸易总额。IM 值越大，说明在与世界出口相同产品时 j 国实现了更多的出口。

将扩展边际与集约边际相乘就得到了 j 国出口总额占世界出口总额的比重，即：

$$EM_{jk} \times IM_{jk} = \frac{M_{jk}}{M_{wk}} \qquad (3-3)$$

式（3-3）表明，j 国出口总额占世界出口总额的比重是扩展边际和集约边际相互作用的结果，不论是扩展边际发生变动还是集约边际发生变动都会引起 j 国出口总额与世界出口总额之比的变化。

为了进一步分析一国贸易方式的整体情况和贸易增长方式，需要将该国在不同市场上的各项边际进行加总：

$$EM_j = \prod_{k \in M_{-j}} [EM_{jk}]^{\alpha_{jk}}, IM_j = \prod_{k \in M_{-j}} [IM_{jk}]^{\alpha_{jk}} \qquad (3-4)$$

其中，α_{jk} 表示对 k 国出口占 j 国总出口的比重。

根据上述定义，本书选取了 EPU 指数中的 25 个重要市场①作为贸易伙伴，利用联合国商品贸易统计数据库中 1997～2018 年 HS96-6 位数的国际贸易数据，可以得出亚洲金融危机以来中国与世界和其他出口市场的贸易增长情况及贸易增长模式。

二、整体分析

在发生亚洲金融危机的 20 年里，中国对外贸易发展迅速，从图 3-5 中的数据可知，1997～2008 年，中国对外出口总额呈不断增长的状态，年均增速达 21.1%，与 1997 年相比增长了 7.8 倍，其数值达到了 14307 亿美元。但在 2009 年，由于受到 2008 年国际金融危机的影响，中国出口出现了较大幅度的下降，随后在 2010 年，中国对外贸易迅速回升，实现了 31.3% 的增长率。在世界整体经济下滑的情况下，虽然中国出口贸易增速有所减缓，但出口额仍在不断增长，自 2010 年以来，中国出口年均增长率达 9%，在此期间，除了 2015 年和 2016 年这两年的出口额发生了连续下滑的情况，其他年份的出口额均呈缓慢增长态势。

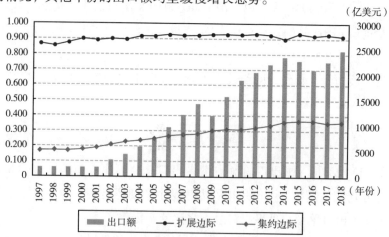

图 3-5 1997～2018 年中国出口增长及二元边际结构
资料来源：根据联合国商品贸易统计数据库整理。

① 本书选择的出口市场包括美国、日本、韩国、英国、法国、德国、墨西哥、澳大利亚、比利时、巴西、加拿大、智利、哥伦比亚、克罗地亚、希腊、印度、爱尔兰、意大利、荷兰、巴基斯坦、俄罗斯、新加坡、西班牙、瑞典、中国香港地区。

从二元边际结构来看,中国出口贸易的扩展边际要明显高于集约边际,自1997年以来,中国出口贸易的扩展边际始终保持在0.85以上,而集约边际最高只有0.369。但从增长率来看,近20年来,中国出口的扩展边际年均增长率只有0.28个百分点,而集约边际的年均增长率达3.67个百分点,可见,自亚洲金融危机以来中国出口贸易增长主要沿着集约边际增长。

具体来看,就扩展边际而言,在进入21世纪之前,中国出口的扩展边际略有增长,但增长幅度很小,始终没有超过0.9。自从中国加入了世界贸易组织后,中国出口的扩展边际开始出现了小幅的增长,从2001年的0.894增长至2008年的0.924,达到了自1997年以来的历史最高值,增长幅度为5个百分点。在2008年全球金融危机的冲击下,中国出口贸易的扩展边际有所下滑,在2014年下降至最低值,仅为0.898,与中国刚加入WTO时的水平相当,2015年又反弹至0.935,增加了4个百分点。在随后几年里,中国出口贸易的扩展边际略有下降,但幅度很小。

与扩展边际不同,中国出口贸易的集约边际在1997~2008年基本上一直处于增长状态。在加入WTO前,中国出口的集约边际变化不大,一直保持在0.17的水平上。在加入WTO后,中国出口贸易的集约边际出现了较大幅度的增长,2008年的集约边际值达到了0.28,年均增长率达6.13%,说明在这期间,中国出口产品在世界市场的市场份额在不断扩大。全球金融危机的发生使得中国出口的扩展边际有所下降,但与此相反,集约边际不降反升,在2015年达到峰值。在此期间中国对外贸易出口额也在增加,说明在全球金融危机发生后,中国经济的复苏主要是通过集约边际的增长来实现的。但值得注意的是,通过集约边际来拉动中国经济增长的模式不利于中国经济的持续健康发展,这种模式很有可能会使得中国对外贸易在面临外部冲击时出现更大的波动性。

三、主要出口市场分析

在双边层次上,本书主要考察了中国对5个主要出口市场的二元边际结构,包括美国、日本、韩国、德国以及中国香港地区。根据表3-4中的数据，我们发现在 1997～2018 年，中国对其他 5 个国家或地区的出口贸易主要是沿着集约边际实现的。

具体来看，自亚洲金融危机以来，中国对美出口的扩展边际始终保持在 0.8 以上的水平，其发展趋势表现为先升后降的特点，在 2012 年达到峰值 0.960，在 2018 年又下降至 0.899，年均增长率仅为 0.28%。而中国对美出口的集约边际在此期间却上升很快，从 0.085 上升到 0.240，增加了两倍，年均增长率达 5.3%。从绝对值来看，中国对美出口的扩展边际要明显高于集约边际，这意味着未来中国对美出口仍会沿着集约边际发展。中国对韩出口与对美出口的二元边际结构类似，在扩展边际和集约边际两个边际上都有所上升，其中，扩展边际发展比较稳定，由 0.804 上升至 0.929，上升了 15.5%；集约边际发展较为迅速，由 0.087 上升至 0.214，上升了 1.46 倍。与美国市场和韩国市场不同，中国对日本出口的扩展边际不升反降，集约边际上升幅度也相对有限。在 2008 年国际金融危机发生前，中国对日出口的扩展边际基本上呈上升趋势，在 2005 年达到峰值 0.901，到 2008 年之后中国对日出口的扩展边际便不断下降，2018 年该指标值仅为 0.761，甚至还要低于 1997 年的水平。与此同时，中国对日出口的集约边际则呈缓慢上升趋势，从 1997 年的 0.144 上升至 2018 年的 0.305，年均增长率达 3.99%。从这一数据上来看，中国应当进一步增加向日本市场出口的产品种类，通过提高中国对日出口的扩展边际来拉动中国和日本之间的双边贸易。与其他四个中国出口的主要市场相比，中国对德国出口的扩展边际和集约边际基本上一直处于最后一位，但该出口市场的增长率是最快的，亚洲金融危机以来，中国出口德国的扩展边际的年均增长率达 1.35%，集约边际的年均增长率达 5.08%。由此可知，中国出口产品在德国市场上所占的市场份额还有进一步发展的空间，未来中国若想在德国市场上实现可持续发展，不仅要提高出口产品的数量，更重要的是增加出口产品的种类。另外，从表 3-4 中我们还可以注意到，一方面，中国香港地区的扩展边际一直处于较高的水平而且相对比较稳定，其值始终保持在 0.98 的水平之上，进一步增长的可能性较小。另一方面，集约边际也呈缓慢增长的状态，而且其值要明显高于其他四个出口市场，如果未来中国还要继续增加在中国香港地区的市场份额，主要还应沿着集约边际增加的方向发展（见表3-4）。

表3-4　　　　　　1997~2018年中国对主要出口市场出口的二元边际结构

年份	美国		日本		韩国		德国		中国香港地区	
	EM	IM	EM	IM	EM	IM	EM	IM	EM	IM
1997	0.862	0.085	0.859	0.144	0.804	0.087	0.670	0.041	0.988	0.373
1998	0.849	0.094	0.845	0.156	0.777	0.086	0.703	0.039	0.980	0.410
1999	0.912	0.091	0.848	0.163	0.846	0.087	0.719	0.043	0.988	0.439
2000	0.924	0.089	0.868	0.167	0.892	0.089	0.781	0.043	0.995	0.431
2001	0.914	0.098	0.873	0.190	0.900	0.105	0.798	0.046	0.989	0.438
2002	0.926	0.120	0.866	0.211	0.902	0.127	0.803	0.051	0.990	0.447
2003	0.879	0.143	0.883	0.223	0.903	0.136	0.810	0.058	0.992	0.437
2004	0.933	0.148	0.900	0.230	0.894	0.147	0.826	0.068	0.995	0.434
2005	0.928	0.161	0.901	0.233	0.917	0.161	0.814	0.079	0.994	0.452
2006	0.941	0.169	0.899	0.228	0.914	0.172	0.838	0.081	0.996	0.459
2007	0.945	0.178	0.892	0.230	0.918	0.192	0.841	0.084	0.997	0.462
2008	0.939	0.175	0.899	0.209	0.911	0.194	0.823	0.092	0.996	0.463
2009	0.941	0.205	0.888	0.250	0.920	0.183	0.846	0.101	0.994	0.460
2010	0.950	0.205	0.889	0.248	0.925	0.182	0.842	0.116	0.995	0.449
2011	0.954	0.193	0.863	0.249	0.913	0.180	0.825	0.108	0.992	0.435
2012	0.960	0.198	0.846	0.252	0.911	0.171	0.828	0.106	0.993	0.459
2013	0.953	0.207	0.851	0.255	0.904	0.178	0.824	0.102	0.992	0.433
2014	0.847	0.238	0.684	0.326	0.906	0.189	0.855	0.104	0.994	0.450
2015	0.895	0.243	0.853	0.301	0.908	0.228	0.874	0.112	0.995	0.469
2016	0.910	0.235	0.779	0.331	0.950	0.225	0.897	0.111	0.994	0.462
2017	0.954	0.229	0.781	0.314	0.958	0.213	0.887	0.112	0.994	0.448
2018	0.899	0.240	0.761	0.305	0.929	0.214	0.883	0.111	0.996	0.450

资料来源：根据联合国商品贸易统计数据库整理。

四、经济政策不确定对中国出口二元边际的影响分析

图3-6和图3-7分别显示了中国出口扩展边际和集约边际与全球EPU指数和中国EPU指数的趋势对比图。

从扩展边际的结果来看，除个别年份外，当中国 EPU 指数呈下降趋势时，扩展边际呈上升趋势，如图中 2001 ~ 2007 年中国 EPU 的对数值从 4.657 下降至 4.242，而扩展边际则从 0.894 上升至 0.923；当中国 EPU 呈上升趋势时，扩展边际呈下降趋势，如图中 2014 ~ 2018 年的数据。同样的关系也适用于扩展边际与全球 EPU 指数之间，因此，从总体上来看，中国 EPU 和全球 EPU 均与中国出口贸易的扩展边际呈负相关关系。

从集约边际的结果来看，虽然有时存在一定的时滞性，但总体上当中国 EPU 和全球 EPU 指数下降时，中国出口贸易的集约边际上升；当中国 EPU 和全球 EPU 指数上升时，中国出口贸易的集约边际下降，说明中国 EPU 和全球 EPU 均与中国出口贸易的集约边际呈负相关关系。

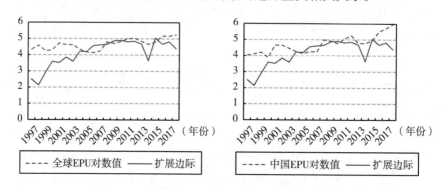

图 3 - 6　扩展边际与中国 EPU 和全球 EPU 趋势对比
资料来源：根据联合国商品贸易统计数据库整理。

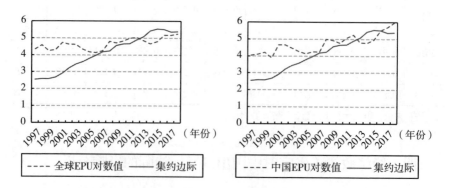

图 3 - 7　集约边际与中国 EPU 和全球 EPU 趋势对比
资料来源：根据联合国商品贸易统计数据库整理。

第四节　本章小结

自 1997 年亚洲金融危机以来，中国国内经济政策先后经历了几次较大的正向波动，对外贸易发展也先后经历了稳步增长阶段、高速发展阶段以及低速发展阶段。尤其是在 2008 年金融危机后，全球经济萎靡，经济增长缓慢，各国政府为了刺激本国的经济复苏不断调整其经济政策，使得全球经济政策不确定性明显增强。政府通过调整国内的经济政策来干预国内经济的发展，不论是国内经济政策不确定性还是国外经济政策不确定性，都会给中国出口贸易带来负面影响，而且，与国内经济政策不确定性指标相比，国外经济政策不确定性对中国出口贸易的影响程度更大。2008 年国际金融危机发生前后，国内外经济政策不确定性对中国出口贸易的影响也不尽相同。与金融危机前相比，金融危机后国内外经济政策不确定性对中国出口贸易的负面影响更为显著，说明在全球经济发生重大变革时期，国内外经济政策的调整会给中国国内出口贸易带来更大的负面影响。

第四章

亚洲金融危机以来中国
对外贸易结构的特征分析
及变化趋势

第一节　中国对外贸易结构的历史演进

亚洲金融危机以来，中国对外贸易结构的演进大致上可以分为三个阶段：

第一个阶段为 1997～2001 年。该阶段已经建立并逐步完善市场经济体制，为了恢复中国在《关税与贸易总协定》中缔约国的地位和加入世界贸易组织，中国不断深化外贸领域的改革，人口红利带来的劳动力优势得到了相当程度的发挥，出口产品主要以劳动密集型产品为主，出口速度增长很快，但产品制造所需技术水平整体上不高。随着经济水平的提高和技术知识的积累，资本和技术密集型产品的国际竞争力不断提高。

第二个阶段为 2002～2008 年。加入世界贸易组织后，中国通过出口导向型战略迎来了国内经济的快速发展，贸易规模不断扩大。2004 年货物贸易进出口规模突破 1 万亿美元，2007 年突破 2 万亿美元。一方面，利用国内廉价劳动力优势，通过进口原材料以加工贸易的形式再对外输出，赚取全球产业链上的低附加值，促进国内 GDP 的快速增长；另一方面，通过推进西部大开发等战略，鼓励率先发展的东部地区向中西部地区输送资本和技术，推进区域协调发展。这一阶段，中国经济发展主要靠出口和投资推动，出口贸易以低附加值的劳动密集型产品为主，服务业发展较为滞后。

第三阶段为 2009 年至今。2008 年金融危机后，全球经济面临深刻调整，外部环境明显走弱，中国国内经济也面临结构调整，经济增速放缓，步入新常态。由于全球经济复苏乏力，逆全球化趋势上升，贸易保护主义和单边主义抬头，美国总统特朗普上台后，对中国出口产品征收多轮关税，并针对中国高科技企业进行打压和限制，迫使中国进行产业结构的调整，并更多强调扩大内需，统筹国内国际两个大局，促进内外循环互相补充，并不断强化高科技领域的创新突破，实现关键领域的进口替代。以供给侧结构性改革作为发展主线，实施制造强国战略，并以"一带一路"建设为统领，提高对外开放水平，推动中国从外贸大国迈向贸易强国，加快传统出口产业转型升级，壮大装备制造等出口主导新产业，把服务贸易打造成外贸新增长点。这一阶段，中国出口结构进一步优化，资本和技术的优势开始得以显现，逐渐实现从以劳动密集型产品出口为主到以资本技术密集型产品出口为主的转变，产品所需技术含量也在不断提高，中技术含量和高技术含量的出口产品规模日益扩大。

为了分析中国自亚洲金融危机以来出口产品结构的具体变化，本书采用 SITC 分类法、Lall 技术分类法、按产品最终用途分类三种方法，从要素结构、技术结构以及经济用途结构三个角度进行研究。

一、要素结构的变化

从规模上来看（见图 4 - 1），1997 年以来，中国整体上的出口规模呈现扩大的态势，除 2008 年受金融危机影响以及 2013 年、2014 年有小幅下降外，其余年份的出口额逐年扩大。1997 年中国出口产品的总金额为 1827.92 亿美元，2018 年为 24866.80 亿美元，在 21 年间扩大了 13 倍多，外贸发展速度及规模令世界各国震惊。其中，工业制成品的出口保持高速增长，并且出口规模远远大于初级产品，其变动趋势基本上与出口总额的变动趋势相一致；初级产品的出口金额除个别年份外，总体上保持小幅缓慢攀升，由 1997 年的 239.53 亿美元增加到 2018 年的 1349.93 亿美元。

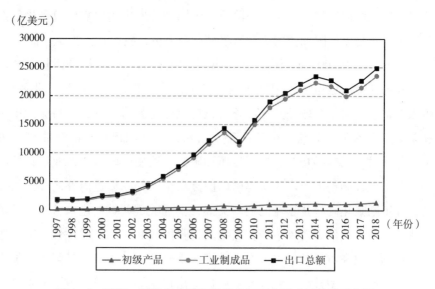

图 4 – 1　1997 ～ 2018 年中国初级产品和工业制成品的出口金额

资料来源：1997 ～ 2015 年数据来源于《中国统计年鉴 2016》，2016 年、2017 年、2018 年数据分别来源于《中国统计年鉴 2017》《中国统计年鉴 2018》《中国统计年鉴 2019》。

从结构上来看，按照国际标准 SITC 一位数分类，对外贸易产品可以分为 0 ～ 9 类，包括初级产品和工业制成品。其中初级产品可分为五类，即 SITC0：食品和主要供食用的活动物；SITC1：饮料及烟类；SITC2：非食用原料；SITC3：矿物燃料、润滑油及有关原料；SITC4：动、植物油脂及蜡。工业制成品也可分为五类：SITC5：化学及有关产品；SITC6：轻纺产品、橡胶产品、矿冶产品及其制品；SITC7：机械及运输设备；SITC8：杂项制品；SITC9：未分类的其他产品。按照产品的要素禀赋分类，第 0 ～ 4 类一般归为资源密集型产品，第 6 类和第 8 类属于劳动密集型产品，第 5 类、第 7 类和第 9 类划定为资本密集型产品。

从中国各类出口商品占出口总额的比重变化（见表 4 – 1）可以发现，中国初级产品的出口比重在逐年减小，由 1997 年的 13.10% 减至 2018 年的 5.43%；与之相对应的工业制成品的出口比重则逐年增大，2001 年以后持续保持高位，达到 90% 以上，2016 年达到最高点 95.4%，工业制成品已经在出口中占据了主导地位。在中国出口的初级产品中，第 0 类食品及主要供食用的活动物和第 3 类非食用原料相对于其他三类初级产品的出口比重的变动相对大一些，分别由 6.06%、3.82% 降低至 2.63%、1.88%；

而第 1 类饮料及烟类、第 2 类非食用原料和第 4 类动植物油脂及蜡的出口比重一直以来都较低且变动不大，至 2018 年比重均低于 1%。

表 4-1　　　　　　1997~2018 年中国出口商品构成份额变化趋势　　　　单位：%

年份	初级产品	STIC0	STIC1	STIC2	STIC3	STIC4	工业制成品	SITC5	SITC6	SITC7	SITC8	SITC9
1997	13.10	6.06	0.57	2.29	3.82	0.35	86.90	5.59	18.84	23.91	38.55	0.00
1998	11.15	5.72	0.53	1.92	2.82	0.17	88.85	5.62	17.68	27.33	38.21	0.00
1999	10.23	5.36	0.40	2.01	2.39	0.07	89.77	5.32	17.06	30.18	37.20	0.00
2000	10.22	4.93	0.30	1.79	3.15	0.05	89.78	4.85	17.07	33.15	34.62	0.09
2001	9.90	4.80	0.33	1.57	3.16	0.04	90.10	5.02	16.46	35.66	32.74	0.22
2002	8.77	4.49	0.30	1.35	2.59	0.03	91.23	4.71	16.26	39.00	31.07	0.20
2003	7.94	4.00	0.23	1.15	2.54	0.03	92.06	4.47	15.75	42.85	28.77	0.22
2004	6.83	3.18	0.20	0.98	2.44	0.02	93.17	4.44	16.96	45.21	26.36	0.19
2005	6.44	2.95	0.16	0.98	2.31	0.03	93.56	4.69	16.95	46.23	25.48	0.21
2006	5.46	2.65	0.12	0.81	1.83	0.03	94.53	4.60	18.04	47.10	24.56	0.24
2007	5.04	2.52	0.11	0.75	1.64	0.02	94.77	4.94	18.02	47.30	16.13	0.18
2008	5.45	2.29	0.11	0.79	2.22	0.03	94.55	5.55	18.34	47.06	23.48	0.12
2009	5.25	2.72	0.14	0.68	1.70	0.03	94.75	5.16	15.38	49.12	24.95	0.14
2010	5.18	2.61	0.12	0.74	1.69	0.02	94.82	5.55	15.79	49.45	23.94	0.09
2011	5.30	2.66	0.12	0.79	1.70	0.03	94.70	6.10	16.83	47.50	24.20	0.12
2012	4.91	2.54	0.13	0.70	1.51	0.03	95.09	5.54	16.26	47.07	26.15	0.07
2013	4.86	2.52	0.12	0.66	1.53	0.03	95.14	5.42	16.32	47.01	26.31	0.08
2014	4.81	2.52	0.12	0.68	1.47	0.03	95.19	5.74	17.09	45.70	26.56	0.10
2015	4.57	2.56	0.15	0.61	1.23	0.03	95.43	5.70	17.20	46.59	25.84	0.10
2016	5.01	2.91	0.17	0.62	1.28	0.03	94.99	5.81	16.74	46.92	25.24	0.27
2017	5.20	2.77	0.15	0.68	1.56	0.04	94.80	6.24	16.28	47.82	24.20	0.25
2018	5.43	2.63	0.15	0.72	1.88	0.04	94.57	6.73	16.27	48.57	22.75	0.25

注：其中 1997~1999 年 SITC9 的出口份额并非实际意义上的 0.00%，仅是保留两位小数点的结果。

资料来源：根据 UN COMTRADE 数据库整理计算。

工业制成品中的第 5 类化学品及有关产品的变化较为平缓，基本维持在5%左右。劳动密集型的第6类轻纺产品、橡胶产品、矿冶产品及其制品等的出口基本上保持平稳，2008年出口比重经过微涨至18.34%后，2009年又回落至最低值15.38%，此后其一直维持在15.75%以上，而第8类杂项制品的出口比重开始显著下降，由38.55%下降至22.75%，但仍占总出口的1/5以上。第7类机械及运输设备自1997年开始迅速增长，至2001年达到35.66%，已经成为中国出口产品中最多的一类，2018年其出口额为12077.88亿美元，占比48.57%。一般而言，机械与运输设备相对于初级产品和其他工业制成品来说往往附加值更高，此类产品出口的增加也意味着中国出口商品结构得到了一定程度的优化，国际分工水平有所提高。

图4-2清晰地展示了三大类产品出口比重的变化趋势。长期以来，中国充分发挥劳动力丰富且低廉的优势，出口商品中的劳动密集型产品占据较大比重。20世纪90年代，随着技术水平的提高和资本、知识的积累，劳动密集型产品的出口开始逐渐下降，自1997年的接近60%，逐步下降到2005年的43.32%，并且此后其比重一直维持在40%上下，在出口中占重要地位。与此同时，中国资本密集型产品的国际竞争力显著提高，保持较快的增长势头。加入WTO后，中国的贸易自由化和市场化程度不断提

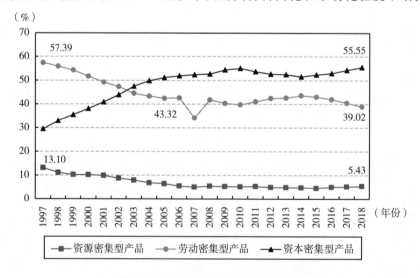

图4-2 三类产品出口比重变化趋势

资料来源：根据 UN COMTRADE 数据库整理计算。

高，各要素的比较优势也发挥到了相对稳定的阶段，因此，2002 年以后各类产品的出口比重整体上变化不大。而劳动密集型产品的出口比重由 2006 年的 42.60% 回落至 2007 年的 34.16%，2008 年又回升到 41.82%，这一变化在一定程度上是美国次贷危机影响全球贸易等因素的结果，导致市场需求增长的暂时放缓。2003 年，资本密集型产品的出口在总出口中的比例超过劳动密集型产品，开始在三大类产品中占据首要地位；2005 年首次超过 50%，虽然之后其比重有所回落但仍稳定在 50% 以上。资源密集型产品的出口比重缓慢下降，从 13.10% 下降至 2006 年的 5.46%，2018 年在总出口中的比重仅略高于 5%，反映了 1997 年后中国对通过原材料和简单加工的资源密集型产品出口以换取外汇的依赖性日益缩小。

综上所述，自亚洲金融危机以来，中国不断推进出口商品的结构优化进程，初级产品的出口增长趋于缓慢，而工业制成品的出口规模迅速扩大，资本密集型产品和劳动密集型产品已占据绝对优势地位，表明随着中国经济实力的提高、资本投入的增加和技术知识经验的积累，在传统的劳动力比较优势的基础上，不断发挥资本和技术优势，逐步实现出口产品结构由以劳动密集型产品出口为主过渡到以资本密集型产品出口为主的进程。这一进程中，伴随着出口产品结构的优化，出口规模也显著扩大，至 2003 年，中国出口额占世界比重从 1997 年的 3.4% 上升到 5.8%，在世界出口排名中由第 10 位上升到第 4 位，到 2009 年该比例上升至 9.6%，已成为世界第一出口大国。

二、技术结构的变化

大多数传统的国际贸易理论都假定发展中国家的技术活动并不能作为比较优势，其比较优势仍然取决于其所拥有的要素禀赋。但是，在国际技术市场有效率的前提下，发展中国家作为技术的追随者，可以通过从发达国家引进技术并进行创新，来更有效地利用这些技术，因此分析发展中国家出口产品的技术结构仍具有一定意义。

拉尔（Lall，2000）将 SITC 按三位数（Rev. 2）依据技术含量将出口产品分为 5 大类别：初级产品（PP）、资源型产品（RB）、低技术含量制成品（LT）、中技术含量制成品（MT）和高技术含量制成品（HT）。为便于研究不同技术含量的出口产品类型变动的结构性特征，本书根据拉尔（2000）的技术含量分类法，选取 229 种产品并将其划分为三类：低技术含量制成品、中技术含量制成品和高技术含量制成品，其中初级产品（PP）和资源型产品（RB）也一并纳入低技术含量制成品行列。具体情况如下：

1. 低技术含量制成品

这类产品所使用的技术通常比较简单、稳定、易于扩散，主要应用于资本密集型的大型机械及生产设备的生产；这类产品差异化程度低，需求弹性小，竞争优势主要是价格而非质量，规模经济和市场准入门槛通常较低，劳动力成本往往是决定产品成本的一个重要因素。Lall 分类法将该类产品分为两类：纺织、服装、鞋类产品（LT1）共 20 种；其他低技术含量产品（LT2）共 23 种。此外，由于初级产品和资源型制成品的技术含量通常较低，不再进行单独分析，因此本研究将其也归为低技术含量制成品。其中，初级产品（PP）共 48 种，代表性产品如铜、铁、锌等。资源型制成品共 62 种，该类产品往往是工艺简单的劳动密集型产品，但是生产过程中的某一环节可能会使用较多资本以及技术，如石油、橡胶类制品；这类产品的生产过程往往会转移到劳动力低廉的国家或地区，而其复杂的设计和核心技术保留在发达国家。

2. 中技术含量制成品

这类产品包括使用大量技能和规模密集型技术的资本产品和中间产品，是从事各项成熟工业活动的核心；这类产品生产过程中往往需要复杂的技术、投入高水平的研究开发、掌握先进的技能以及付出较长的学习时间。中技术含量制成品中的自动化设备和工程类设备之间的关联性很强，因此需要企业之间形成良性互动以达到最佳的技术效果。这类产品通常分为三类：自动化设备（MT1）共 5 种，对于新兴国家，尤其是东亚国家和拉丁美洲国家，具有特殊的出口利益；加工类制成品（MT2）共 22 种，该类产品比较稳定且无差异，通常需要大型设备，且在提高设备性能和优化复杂的生产过程时需要在技术方面付出巨大的努力，主要包括化学产品和基础金属类产品；工程类制成品（MT3）共 31 种，强调产品设计和开发，需要大量生产线或者工厂以及广泛的供应商网络，进入壁垒通常较高，因此其劳动密集型生产过程转移到低工资区域的现象虽然存在但并不多见。

3. 高技术含量制成品

这类产品需要高度先进且日新月异的技术，需要投入大量且更高水平的研发，主要聚焦于产品设计。最先进的技术离不开成熟的技术基础设施、高水平的专业技能、企业间及企业和大学或研究所的紧密良性互动。但是，一些产品，如电子产品，如果将其劳动密集型的组装工序转移到工资较低的国家或地区，更有利于跨国企业节省生产成本，以实现利润最大化。这类产品分为两大类：电子和电气类制成品（HT1）共 11 种，其他高技术产品（HT2）共 7 种。

通过对 10 类产品进行归类计算，得出三大类技术含量不同的产品及各类细分产品的出口占全部产品的出口动态变化（见图 4-3 和表 4-2）。在 1997~2018 年，中国对于世界市场出口产品类型的变化主要表现为：中国低技术含量制成品的出口比重下降，2003 年起不再占据中国出口的"半壁江山"；高技术含量制成品的比重上升，与低技术制成品的差距逐渐缩小；中等技术含量制成品所占份额缓慢爬升。

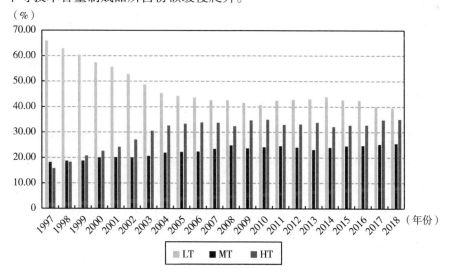

图 4-3　按技术含量归类的三大类产品出口比重变化趋势

资料来源：根据 UN COMTRADE 数据库整理计算。

表 4 – 2 　　　　　　　　各类商品出口比重的变化趋势　　　　　　　单位：%

年份	PP	RB1	RB2	LT1	LT2	MT1	MT2	MT3	HT1	HT2
1997	9.02	4.44	5.55	30.81	16.15	0.95	6.27	11.01	13.45	2.37
1998	7.93	3.96	5.15	28.97	16.93	1.02	5.89	11.82	15.69	2.64
1999	7.07	3.90	4.93	27.78	16.75	1.19	5.38	12.23	18.07	2.70
2000	6.96	3.84	5.00	25.87	15.72	1.54	5.98	12.48	20.14	2.46
2001	6.61	3.89	5.07	24.94	15.10	1.56	5.26	13.34	22.04	2.17
2002	5.91	3.73	4.77	23.27	15.15	1.55	4.81	13.72	25.06	2.03
2003	5.28	3.36	4.74	21.56	13.84	1.61	5.11	13.99	28.27	2.25
2004	4.57	3.25	4.92	19.02	13.66	1.76	6.06	14.11	30.16	2.48
2005	4.27	3.30	5.05	17.99	13.68	1.92	5.96	14.41	30.70	2.71
2006	4.05	3.40	4.70	17.54	13.92	2.06	5.72	14.67	31.32	2.62
2007	3.47	3.36	4.72	16.53	14.64	2.40	6.09	14.99	30.85	2.94
2008	3.38	3.07	5.62	15.47	15.20	2.52	6.06	16.26	29.40	3.02
2009	3.33	3.17	4.79	16.69	13.58	2.12	4.48	17.13	31.47	3.25
2010	3.26	3.10	4.99	15.89	13.56	2.23	5.29	16.63	31.74	3.31
2011	3.33	3.39	5.25	15.84	14.62	2.39	5.89	16.34	29.71	3.24
2012	3.04	3.33	4.94	15.31	16.21	2.48	5.29	16.30	29.75	3.36
2013	2.94	3.29	5.06	15.76	16.03	2.45	4.79	15.91	30.59	3.17
2014	2.97	3.25	5.13	15.58	16.99	2.53	5.44	15.99	29.16	2.96
2015	2.95	3.17	4.85	15.31	16.41	2.53	5.40	16.66	29.68	3.03
2016	3.14	3.38	4.82	15.18	15.93	2.65	5.18	16.91	29.74	3.06
2017	2.98	3.39	5.15	13.94	14.58	3.90	5.65	15.62	30.56	4.22
2018	2.87	3.31	5.82	12.92	14.56	3.90	5.90	15.74	31.06	3.92

资料来源：根据 UN COMTRADE 数据库整理计算。

具体而言，低技术含量制成品（LT）在中国出口中的主要优势地位逐渐削弱，从 1997 年的 65.96% 骤降到 2018 年的 39.49%。初级产品（PP）的出口占 SITC 三位数统计下的所有商品总出口的比重总体上保持逐渐下降的趋势，由 1997 年的 9.02% 下降到 2018 年的 2.87%；基于农业型的制成品（RB1）所占出口份额基本上围绕 3.3% 上下波动；同样，其他资源型产品（RB2）的变动也较小，整体上在 5% 上下波动；纺织、服装、鞋类等制成品（LT1）所占比重从 1997 年的 30.81% 持续下降到 2008 年的 15.2%，下降了 15.61%，之后该比重仍持续下降，到 2018 年，仅占不到 13 个百分点，反映了该产业的出口萎缩；其他低科技含量制成品（LT2）也从1997年的16.15%下降至2018年的14.56%。中等技术含量的制成品（MT）在出口中所占比重逐年小幅爬升，由1997年的18.22%上升至2018年的25.53%。其中自动化设备（MT1）除了2008年降幅较大，约1.6个百分点外，总体上处于上升趋势，从0.95%上升到3.90%；加工类制成品（MT2）从1997年的6.27%下降至1999年的5.38%后，在2008年前也一直保持上升趋势，约占6.06%，2009年陡降至4.48%；工程类制成品（MT3）则保持稳步增长，从1997年的11.01%上涨至2018年的15.74%。高技术含量制成品（HT）在出口中所占比重以强势的劲头增长，从1997年的15.82%上升到2006年的33.94%，之后一直围绕该比例略微波动。1999年开始，其出口比重超过中等技术含量制成品（MT）并保持至今，其与低技术含量制成品（LT）的差距逐年缩小；其中，电子及电力类制成品（HT1）所占出口比重在1997年至2006年之间增速极快，由13.45%快速上升至31.32%，并且保持在30%小幅波动；其他高技术含量制成品在出口中所占比重也持续爬升，但是爬升速度较HT1慢，由1997年的2.37%上升至3.92%。

综合来看，中国出口由主要依赖低技术含量制成品逐渐向低技术和高技术含量制成品共同发展过渡，2018年两类产品约占总出口的3/4。中高技术含量产品的内部发展并不均衡，技术含量较高的医药航空等产品参与国际市场的程度并不高，资本密集型的大型机械设备等产品出口比重较大。但需要注意的是，实质上中国高新技术出口主要以加工贸易为主，负责高技术含量制成品生产过程中的劳动密集程度较高的简单组装操作，因此也归类为高技术产品。另外，由外国直接投资所带来的高技术产品的出口数据也不容忽视。

三、经济用途分类结构

目前存在的文献大多是从要素结构和技术结构展开分析的，对贸易产品经济用途结构的分析并不多，这就为本书的分析角度提供了一个崭新的思路。

　　BEC① 分类方法可以将按国际贸易标准分类编纂的数据转换为按国民核算体系框架中重要最终用途类型分类的数据，将国际贸易商品可以分为三大类：消费品、中间货物和资本货物。其中，消费品主要用于满足物质和精神文化需要，包括衣服、食品、手表、汽车等；中间货物主要包括能源、原材料等作为工业制造中间环节的大宗商品，以及作为直接转口的物流货物；资本货物主要用于生产机械设备以及固定资产业务投资。由于联合国数据库缺少 1997 年的数据，因此本书统计采用 1998～2018 年的数据，绘制了按 BEC 分类货物进出口比重变动趋势的图表（见表 4-3、图 4-4和图 4-5）。

表 4-3　　　　　　　　中国 1998～2018 年 BEC 分类货物
　　　　　　　　　进出口比重变动趋势比较　　　　　　单位：%

年份	出口				进口			
	消费品	中间货物	资本货物	321&51	消费品	中间货物	资本货物	321&51
1998	47.89	36.48	15.03	0.41	4.08	74.48	19.40	2.02
1999	46.79	36.64	15.90	0.57	4.34	73.70	19.19	1.90
2000	43.75	37.89	17.27	0.87	3.89	75.83	17.55	1.96
2001	42.26	38.28	18.39	0.81	3.85	73.15	20.11	2.06
2002	40.23	38.85	19.96	0.74	3.64	72.60	21.04	2.17
2003	37.43	38.20	23.26	0.86	3.44	72.17	21.58	2.50
2004	34.15	39.72	25.22	0.70	3.22	72.94	21.09	2.47
2005	32.51	39.91	26.41	0.94	3.29	74.70	19.40	2.29
2006	30.99	41.07	26.84	0.83	3.30	74.44	19.16	2.84
2007	29.45	41.47	27.93	0.93	3.52	75.21	18.23	2.77
2008	27.74	43.09	27.89	1.13	3.43	75.35	16.91	3.90
2009	29.97	38.74	29.93	1.14	3.80	75.97	16.77	3.12
2010	28.69	40.28	29.67	1.20	3.57	75.23	16.19	3.68
2011	28.25	41.19	29.13	1.27	3.85	74.09	14.97	4.23
2012	28.66	40.35	29.63	1.25	4.35	73.40	14.13	4.32

---

　　① BEC 为联合国统计司"按经济大类分类法"，英文全称为 Classification by Broad Economic Categories。

续表

年份	出口				进口			
	消费品	中间货物	资本货物	321&51	消费品	中间货物	资本货物	321&51
2013	29.08	41.50	28.02	1.29	4.62	72.74	13.17	4.08
2014	29.62	41.41	27.58	1.27	5.02	72.97	13.48	4.28
2015	28.88	42.44	27.63	1.00	6.14	75.67	14.25	3.48
2016	28.98	42.36	27.27	1.14	6.67	75.02	13.98	3.47
2017	25.45	43.39	29.24	1.41	5.71	76.06	13.74	3.49
2018	24.25	44.56	28.98	1.75	5.91	75.56	13.60	3.26

注：（1）321&51 系指 BEC19 各基本类型中的 321 *（汽油）和 51 *（载客汽车），由于这两类在工业和家庭消费方面都可广泛使用，因此合并统计并单列这组数据。

（2）各年度四类货物比重之和均小于 1，原因在于未将第 7 类未另归类的货物纳入统计。

资料来源：根据 UN COMTRADE 数据库数据整理计算。

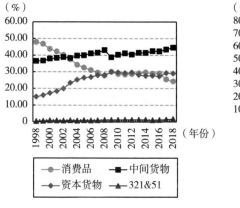

图 4-4　历年各类货物出口变动趋势

资料来源：根据 UN COMTRADE 数据库数据整理计算。

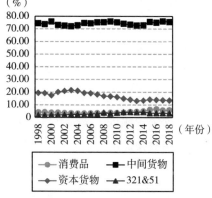

图 4-5　历年各类货物进口变动趋势

资料来源：根据 UN COMTRADE 数据库数据整理计算。

消费品的出口总体上呈现下降趋势，其出口比重由 1997 年的 47.89% 骤降到 2008 年的 27.74%，2009 年小幅回升到 29.97%，围绕 29% 上下波动的态势一直持续到 2016 年，由 2016 年的 28.98% 下降至 2018 年的 24.25%，在三大类货物中的比重排名由首位变为末位。与此同时，消费品的进口比重一直极低，主要原因在于：首先，中国消费品的出口能力较强，因此其自身的生产能力在相当程度上可以满足国内消费者的物质及文化需要；其次，中国在生产资本、劳动密集型产品方面具有较强的比较优势，且广阔的中低端消费品市场吸引了大量外资企业在华生产以替代某些进口消费品；最后，国内消费者有效需求不足，国内较大范围的消费者无法承担国外较高质量水平的消费品。

中间货物的出口比例一直处于较高水平，除 2008 年和 2011 年有小幅下降外，一直处于上升趋势，2003 年该比例超越消费品，开始在各类货物出口中占据绝对优势；从目前的趋势来看，中间货物出口比重未来将达到或超过 50%，在产品出口中占据主导地位。出口中间产品的比重逐年小幅爬升，也反映了中间产品生产和研发的基础能力的提升，有利于提高中国制造业的核心竞争力。中间产品的进口伴随着轻微波动一直维持在 70% 以上，中间产品的进口比重一直居高不下的原因有两个：第一，由于中国的劳动力较为低廉，跨国企业出于降低生产成本等因素将劳动密集型的生产工序转移到中国，因此将从事加工贸易所需要的加工装配的零配件等中间产品运送进来；第二，由于产品生产中的某个或某几个生产链条效率较低，因此会为了效益最大化而放弃自己生产，选择从国外进口。这两方面原因都使得中间产品在进口总额中占据了相当大的比重。此外，进口中间产品不仅可以提升原有产品的质量和技术含量，增加产品种类和附加值，而且有助于企业进一步提升价值链分工地位。

资本货物的出口比重自 1998 年开始迅速上升，2009 年已经接近 30 个百分点，至 2016 年，资本货物和消费品的出口比重变化趋势相当，但是在 2017 年，资本货物以微弱优势超越消费品，跃居第 2 位。而其进口比重先由 1998 年的 19.4% 增长到最高值 21.58%，后保持下降态势，2018 年该比例为 13.60%。

综上所述，从贸易商品的用途结构来看，进出口结构并不均衡。一方面，消费品的出口日益减少，中间货物和资本货物的出口不断增加，由以消费品和中间货物出口为主逐渐过渡为以中间货物出口为主；另一方面，中国的加工贸易仍然比较发达，中间货物的进口一直居于高位，随着国内购买力的提升以及技术的引进、积累和创新，消费品的进口微涨，资本货物的进口减少。

第二节　中国出口贸易产品的结构特征及存在问题

从第一节对中国出口贸易发展的历史演进以及结构变化的分析中可以发现，中国出口贸易产品的结构近年来不断优化，中国不再一味追求出口贸易规模的扩大，更加关注出口产品的质量。接下来本研究进一步从贸易竞争力、显示性比较优势以及出口相似度等方面从纵向出口产品和横向跨国角度分析中国出口产品结构的特征以及存在的问题。

首先，中国各类别产品出口规模实现快速增长，出口结构逐渐实现优化，但各类别增速存在差异。中国仍在劳动密集型产品上保持较强的比较优势，出口竞争力强，但由于人口红利的逐步消失以及劳动成本的上升，优势略有回落；与此同时，随着经济的发展带来的知识积累和技术进步，资本密集型产品的比较优势有所增强，但仍然比较微弱。其次，资本和技术的比较优势逐渐显现，出口产品的技术水平有待提高，需加强技术创新，不断提高中、高技术含量产品的出口竞争力。最后，从与美国、日本、韩国和印度横向比较的动态变动结果来看，中国与日韩的结构相似度更高，与美国的结构相似度较低，表明中国出口结构缺乏追赶动力；同时，中国与印度的相似度最低，说明虽然两国都属于发展中国家，具有相似的发展历程和经济背景，但两国在要素禀赋以及参与国际分工的程度和方向上仍存在着一定的差距，因此，使得中印之间的出口产品虽有相似之处，却仍存在较大区别。

一、出口产品的贸易竞争力指数分析

贸易竞争力指数（trade competitiveness index），即 TC 指数，又称净出口率指数，是分析贸易竞争力时常用的度量指标之一，用以衡量一个国家、一种商品或服务的净出口能力。TC 指数的优势在于能够剔除通货膨胀等宏观因素对比较优势的影响。其等式为：

$$TC_{ij} = \frac{X_{ij} - M_{ij}}{X_{ij} + M_{ij}} \tag{4-1}$$

其中，TC_{ij} 代表 i 国 j 商品的贸易竞争力指数，X_{ij} 代表 i 国 j 商品的出口金额，M_{ij} 代表 i 国 j 商品的进口金额。该指数的值域是 [-1, 1]，其值越接近 0 表示某种商品的出口竞争力越接近平均水平。当 TC_{ij} 为正值时，表示 i 国 j 商品具有比较优势，数值越大，则该商品的出口竞争力越强；当 TC_{ij} 为负值时，表示 i 国 j 商品具有比较劣势，绝对值越大，则该商品的出口竞争力越弱。

在数据上选取 1997～2018 年按照国际标准 SITC 一位数分类的中国出口产品的分类数据。一般而言，0～4 类为初级商品，归为资源密集型产品；5～9 类为工业制成品，其中，第 5、第 7 类多以资本和技术密集型产品为主，第 6、第 8 类通常被认为是劳动密集型产品。各类产品在 1997～2018 年的贸易竞争力指数及其变化如表 4-4 所示。

表 4-4　　　　　　　1997～2018 年中国出口产品贸易竞争力指数

年份	STIC0	STIC1	STIC2	STIC3	STIC4	STIC5	STIC6	STIC7	STIC8	STIC9
1997	0.44	0.53	-0.48	-0.19	-0.44	-0.31	0.03	-0.09	0.78	-0.99
1998	0.47	0.69	-0.51	-0.13	-0.66	-0.32	0.02	-0.06	0.78	-0.99
1999	0.49	0.58	-0.53	-0.31	-0.82	-0.40	-0.02	-0.08	0.76	-0.99
2000	0.44	0.34	-0.64	-0.45	-0.79	-0.43	0.01	-0.05	0.74	-0.76
2001	0.44	0.36	-0.68	-0.35	-0.75	-0.41	0.02	-0.06	0.70	-0.48
2002	0.47	0.44	-0.68	-0.39	-0.89	-0.44	0.04	-0.04	0.67	-0.41
2003	0.49	0.35	-0.74	-0.45	-0.93	-0.43	0.04	-0.01	0.59	-0.15
2004	0.35	0.38	-0.81	-0.54	-0.93	-0.43	0.15	0.03	0.51	-0.16
2005	0.41	0.20	-0.81	-0.57	-0.85	-0.37	0.23	0.10	0.52	-0.11
2006	0.44	0.07	-0.83	-0.67	-0.83	-0.32	0.34	0.12	0.54	0.07
2007	0.46	0.00	-0.86	-0.68	-0.92	-0.28	0.34	0.17	0.38	-0.06
2008	0.40	-0.11	-0.87	-0.68	-0.90	-0.20	0.42	0.21	0.55	-0.44
2009	0.38	-0.09	-0.89	-0.72	-0.92	-0.29	0.26	0.18	0.56	-0.34
2010	0.31	-0.12	-0.90	-0.75	-0.92	-0.26	0.31	0.17	0.54	-0.85
2011	0.27	-0.24	-0.90	-0.79	-0.91	-0.22	0.36	0.18	0.56	-0.91
2012	0.19	-0.26	-0.90	-0.82	-0.92	-0.22	0.39	0.19	0.59	-0.96
2013	0.14	-0.27	-0.90	-0.81	-0.89	-0.23	0.42	0.19	0.61	-0.97

续表

年份	STIC0	STIC1	STIC2	STIC3	STIC4	STIC5	STIC6	STIC7	STIC8	STIC9
2014	0.11	-0.29	-0.89	-0.80	-0.86	-0.18	0.40	0.19	0.63	-0.95
2015	0.07	-0.27	-0.88	-0.75	-0.84	-0.14	0.49	0.22	0.63	-0.95
2016	0.11	-0.27	-0.88	-0.74	-0.84	-0.15	0.48	0.20	0.62	-0.86
2017	0.07	-0.34	-0.89	-0.75	-0.81	-0.16	0.46	0.19	0.61	-0.84
2018	0.01	-0.35	-0.88	-0.76	-0.76	-0.14	0.46	0.18	0.59	-0.85

资料来源：根据国家统计局统计年鉴整理计算。

根据表4-4，第0类食品及主要供食用的活动物长期处于比较优势，2003年TC指数最高值达到0.49，2004年回落到0.35，2005年又回升到0.41，保持轻微爬升速度，至2007年该指数为0.46，随后TC指数骤降，2018年的TC指数仅为0.01。第1类饮料及烟类的国际竞争力持续削弱，于2007年以极弱的比较优势转为比较劣势，且劣势不断增大。第2类非食用原料和第3类矿物燃料、润滑油及有关原料长期处于比较劣势且程度较大，2010年前者的TC指数达到并维持在-0.9左右，后者维持在-0.8左右。第4类动、植物油脂及蜡等同样长期处于比较劣势，且劣势明显，2009年已经超过-0.9，但是可以发现自2016年起，该类产品的比较劣势呈现微弱减缓的趋势，已由-0.84变为-0.71。综合上述观察，中国的初级产品不再具有明显的比较优势，仅第0类产品仍处于微弱比较优势，剩余4类均长期处于比较劣势且劣势明显，表明中国的出口商品结构实现了逐步优化，由依靠资源出口转变为更合理地利用国外资源。

就工业制成品TC指数的变化情况而言，资本和技术密集型的第5类化学品及有关产品长期处于比较劣势，但劣势呈现减弱趋势，已由2002年的-0.43降至2018年的-0.14。第6类轻纺产品、橡胶制品矿业产品及其制品自20世纪90年代起形成比较优势，虽在2010年有所回落，但长期以来都保持稳中有升的比较优势。资本密集型的第7类机械及运输设备的出口竞争力逐步增强，2004年转为比较优势，并且保持在0.2左右。劳动密集型的第8类杂项制品，除2007年由0.54回落到0.38，但2008年很快又回升到0.55外，长期处于较强的比较优势，并且维持在0.5以上。因此，从工业制成品来看，中国仍在劳动密集型产品上保持较强的比较优势，出口竞争力强，但由于人口红利的消失以及劳动成本的上升，优势略有回落；与此同时，经济的发展带来的知识积累和技术进步使资本密集型产品的比较优势有所增强，但仍然比较微弱。

然而，该指数存在的固有缺陷之一在于，无法衡量某种产品在一国出口结构中的地位如何，这是因为该指数的计算采用的是出口额和进口额的绝对值。例如，2018 年的第 3 类矿物燃料、润滑油及有关原料和第 4 类动、植物油脂及蜡的 TC 指数同为 −0.76，表示二者具有相同程度的比较优势，但是二者在总出口中的比重分别是 1.88% 和 0.04%，而 2018 年的初级产品的出口比重仅占 5.43%，因此，实际上两者在出口地位上存在一定差距。因此，在分析某国或某种产品的国际竞争力时候，有必要结合其他指标使用。

二、显示性比较优势指数分析

显示性比较优势指数（revealed comparative advantage index），即 RCA 指数，是衡量一国产品或产业在国际市场竞争力的最普遍指标之一，由巴拉萨（Balassa，1965）首次提出这一指数概念，并在小岛清（1965）、巴兰赛（Balance，1988）等研究的基础上扩展出不同形式的变形。显示性比较优势指数是指一个国家某种商品出口额占其出口总值的份额与世界出口总额中该类商品出口额所占份额的比率，用等式表示为：

$$\text{RCA}_{ij} = \frac{X_{ij}/X_{tj}}{X_{iw}/X_{tw}} \qquad (4-2)$$

其中，X_{ij} 表示国家 j 出口产品 i 的出口额，X_{tj} 表示国家 j 的总出口额；X_{iw} 表示世界出口产品 i 的出口额，X_{tw} 表示世界总出口额。指数的取值范围为 $[0, +\infty)$。是否具备比较优势取决于 RCA 指数和的大小。一般而言，RCA 值接近 1 表示中性的相对比较利益，无所谓相对优势或劣势可言；RCA 大于 1，表示该商品在该国出口比重大于在世界的出口比重，因此在国际市场上拥有相对优势，具备一定的国际竞争力；RCA 小于 1，则表示该国的某种产品在国际市场上处于比较劣势，国际竞争力相对较弱。进一步细分，如果 RCA 指数介于 1.25 和 2.5 之间，表示具有较强比较优势；
如果指数大于 2.5，表明该国具有极强的竞争力。

SITC 分类法无法体现产品的技术特征，而衡量国际产品竞争力程度的
关键在于其所包含的技术密集度，因此本书借鉴拉尔（Lall，2000）分析
发展中国家制成品经历时采用的分类法，将 SITC 三位编码共计 229 种产品
按照产品的技术密集度重新分为 5 大类，细分为 10 小类，包括：初级产品
（PP）、资源型制成品（RB1/RB2）、低科技含量制成品（LT1/LT2）、中等
技术含量制成品（MT1/MT2/MT3）、高科技制成品（HT1/HT2）。图 4 - 6
显示了 1997 ~ 2018 年五大类出口产品的 RCA 指数的变动趋势。

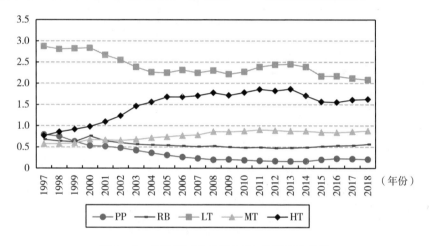

图 4 - 6　各类出口产品的 RCA 指数变化趋势

资料来源：根据 UN COMTRADE 数据整理计算。

从图 4 - 6 中可以看出，初级产品、资源型制成品和中技术含量制成品
持续维持比较劣势。其中初级产品的比较劣势持续恶化，2018 年的 RCA
指数为 0.207；资源型制成品的该指数保持在 0.5 左右，上下轻微波动；
而中技术含量制成品虽处于比较劣势，但是其 RCA 指数呈现缓慢增大趋
势，因此未来很有可能转化为比较优势产品；低技术含量制成品由 2002 年
的极强比较优势（大于 2.5）转化为较强比较优势（1.25 < RAC < 2.5）；
高技术含量制成品于 2000 年跨越比较劣势，转变为具有比较优势的产品，
并且随着经济的发展和技术的提高，迅速具有较强的比较优势。表 4 - 5 更
清晰地计算出各类出口商品的 RCA 指数大小及其变化趋势。

表 4-5　　　　　　　中国各类出口产品的显示性比较优势指数

年份	PP	RB1	RB2	LT1	LT2	MT1	MT2	MT3	HT1	HT2
1997	0.792	0.599	0.757	4.094	1.832	0.107	0.834	0.717	0.857	0.475
1998	0.753	0.541	0.745	3.950	1.877	0.110	0.788	0.751	0.992	0.469
1999	0.631	0.557	0.692	3.973	1.904	0.126	0.759	0.802	1.065	0.473
2000	0.531	0.966	0.651	3.951	1.935	0.180	0.900	0.869	1.123	0.483
2001	0.516	0.613	0.667	3.707	1.823	0.176	0.785	0.908	1.343	0.378
2002	0.478	0.574	0.620	3.469	1.812	0.167	0.699	0.946	1.577	0.336
2003	0.421	0.518	0.603	3.307	1.660	0.175	0.724	0.967	1.895	0.380
2004	0.359	0.523	0.568	3.154	1.621	0.197	0.823	0.981	1.958	0.452
2005	0.307	0.555	0.531	3.138	1.639	0.223	0.806	1.019	2.111	0.508
2006	0.261	0.597	0.481	3.237	1.704	0.253	0.801	1.048	2.174	0.453
2007	0.233	0.580	0.470	3.149	1.699	0.290	0.826	1.044	2.210	0.506
2008	0.199	0.545	0.511	3.204	1.790	0.336	0.819	1.159	2.322	0.542
2009	0.206	0.521	0.481	3.126	1.631	0.321	0.638	1.219	2.278	0.508
2010	0.189	0.537	0.451	3.147	1.711	0.322	0.740	1.221	2.293	0.569
2011	0.176	0.583	0.443	3.218	1.863	0.354	0.815	1.229	2.402	0.604
2012	0.167	0.583	0.419	3.129	2.017	0.359	0.757	1.230	2.355	0.607
2013	0.160	0.578	0.429	3.088	2.035	0.357	0.706	1.226	2.425	0.579
2014	0.163	0.563	0.450	2.966	2.024	0.355	0.787	1.190	2.233	0.515
2015	0.202	0.531	0.503	2.628	1.865	0.321	0.783	1.161	2.040	0.478
2016	0.225	0.546	0.520	2.715	1.820	0.323	0.757	1.170	2.038	0.470
2017	0.220	0.545	0.527	2.670	1.767	0.467	0.794	1.127	2.033	0.645
2018	0.207	0.550	0.572	2.596	1.774	0.478	0.821	1.142	2.050	0.615

资料来源：根据 UN COMTRADE 数据库整理计算。

从表 4-5 中可以看出，初级产品比较优势呈明显下降趋势，2018 年该指数仅为 0.207，在 10 小类该指数大小的排名中居末位，反映了中国出口产品结构已经由以初级产品出口为主转变为以工业制成品出口为主。资源型制成品中基于农业型（RB1）和其他资源型制成品（RB2）的变动趋势大致相同，且都具有比较劣势。低技术含量制成品的两类都是具有比较优势的产品，其中如纺织、服装以及鞋类等（LT1）虽然 RCA 指数呈下降趋势，但仍具有极强的比较优势，这类产品大多是劳动密集型产品，反映了中国劳动力优势仍为主要的比较优势，因此该类产品在各类产品中的比较优势最强，也表明劳动密集型产品的出口仍然在中国出口产品中占据重要地位；而其他低技术含量制成品（LT2）则保持较强的比较优势。中技术含量制成品中的各小类都表现出比较优势逐渐增强的趋势，这类产品大多以资本密集型产品为主，表明随着中国经济的快速发展和资本的积累，相关产品的竞争力在不断增强。其中自动化设备（MT1）虽然一直具有比较劣势，但是在平缓爬升，已由 1997 年的仅为 0.107 增至 2018 的 0.478；加工类制成品（MT2）的比较优势保持稳定，维持在 0.8 左右；工程类制成品（MT3）于 2015 年转变为具有比较优势产品。由图 4－6 可知，高技术含量制成品整体具有比较优势，说明中国高技术产品随着技术进步在不断发展，而表 4－5 则显示了高技术含量制成品中的 HT1 类和 HT2 类的RCA 指数大小存在明显区别，表明高技术含量制成品内部各细分类别发展的不均衡性。其中电子和电力制成品（HT1）于 1999 年转变为具有比较优势产品后，优势逐渐增强，2001 年后一直保持较强的比较优势，但中国主要负责承担这类产品中劳动密集型的简单组装工作，对于核心技术的掌握水平仍不高；而如医药产品、航空类产品等技术含量相对更高的产品，仍处于比较劣势。

综上分析，中国的劳动力仍是出口产品的主要比较优势，资本和技术的优势逐步显现。初级产品的比较优势地位保持下降趋势；资源型和中技术含量制成品的地位比较稳定，处于比较劣势；低技术含量制成品长期处于比较优势地位；高技术含量制成品已经展现出较强的比较优势。

三、基于出口相似度指数的出口产品结构的国际比较分析

除了基于自身的 TC 指数和 RCA 指数的纵向比较之外，还可以通过与其他国家进行横向比较，来测度一国出口产品的国际竞争力。芬格（Finger）和科瑞尼（Kreinin）于 1979 年首次提出出口相似度指数（export similarity index）这一概念，即 ESI 指数，以衡量两个国家或地区在世界市场或第三方共同市场出口产品结构的相似性，在相当程度上可以分析两国或地区之间的贸易互补性和竞争性。其等式表述如下：

$$ESI = \sum \min\left(\frac{\sum x_{iaw}}{\sum x_{aw}}, \frac{\sum x_{ibw}}{\sum x_{bw}}\right) \times 100 \qquad (4-3)$$

其中，x_{iaw}、x_{ibw} 分别代表 a、b 两个国家在世界市场上 i 产品的出口，x_{aw}、x_{bw} 分别表示 a、b 两国在世界市场上的总出口。ESI 指数的取值范围是 0 ~ 100，指数越高，说明两国在某一市场的出口相似性越高，同时意味着存在激烈的贸易竞争；指数越低，两国的出口相似性越低，竞争程度越小，两国贸易互补性越强。此外，如果两个国家或地区的 ESI 指数随着时间推移而产生趋同现象，尤其是发展中国家和发达国家之间，就说明发展中国家出口产品结构的逐步优化。

本书选取美国、日本和韩国代表发达国家，以检验中国的出口商品结构是否逐渐与发达国家趋同；选取印度代表发展中大国，验证中国的出口结构是否得以优化。由于进行比较的出口国家不同，为了保证商品分类的一致性，本书选用 SITC Rev. 3 按一位数分类，将双边贸易产品划分为两大类，包括初级产品和工业制成品；又将两大类细分为 10 小类，通常 0 ~ 4 类为初级产品，大多以资源密集型产品为主；其余为工业制成品，其中 6 ~ 8 类通常归为劳动密集型产品，而 5 类、7 类、9 类大都属于资本或技术密集型产品。表 4 - 6 和图 4 - 7 显示了中国与美国、日本、韩国和印度出口相似度指数的变化情况。

表 4 - 6　中国与美国、日本、韩国和印度的出口相似度指数比较

年份	中美	中日	中韩	中印
1997	61. 29	50. 68	64. 68	62. 14
1998	63. 46	53. 56	65. 97	61. 66
1999	65. 62	56. 25	67. 78	58. 86
2000	68. 13	58. 43	68. 24	60. 73
2001	70. 66	61. 89	70. 70	60. 20
2002	73. 01	64. 47	71. 73	57. 12
2003	75. 95	68. 13	74. 23	56. 40
2004	75. 13	71. 29	74. 81	56. 65
2005	74. 36	73. 40	76. 91	55. 57
2006	78. 55	73. 74	77. 92	55. 21

续表

年份	中美	中日	中韩	中印
2007	77.00	74.09	78.46	53.93
2008	73.87	75.86	79.56	55.00
2009	65.56	78.11	81.28	59.25
2010	65.89	78.74	81.55	53.42
2011	64.54	78.12	79.50	55.48
2012	63.99	76.75	78.67	55.46
2013	63.28	76.39	77.07	51.99
2014	63.99	75.53	76.28	56.42
2015	65.26	75.43	76.47	58.98
2016	65.92	75.16	77.24	60.92
2017	65.10	76.76	77.34	59.39
2018	63.76	78.29	77.82	59.28

资料来源：根据 UN COMTRADE 数据库整理计算。

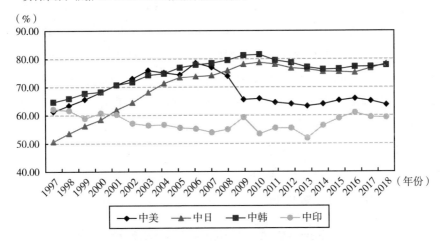

图 4-7 中国与美国、日本、韩国和印度的出口相似度指数比较

资料来源：根据 UN COMTRADE 数据库整理计算。

结合表 4-6 和图 4-7，可以看出 1997~2018 年中国与美国、日本、韩国和印度之间出口产品结构的相似性。中国同美国、日本、韩国的出口相似度指数长期上升，尤其是日本和韩国，中国追赶日本和韩国的速度很快，与日本的 ESI 指数从 1997 年的 50.68 上升到 2010 年的 78.74，而 2010 年与韩国的出口相似度高达 81.55，此后保持小幅趋同的态势，这不仅意味着中国出口商品结构逐渐向发达国家靠拢和优化，也反映了未来中国同日韩两国在出口贸易方面的竞争可能比较激烈。目前来说，中国和日本的 ESI 指数最高，因此出口结构最为相似，一方面，由于日本经济发展的速度趋于平缓，产品结构升级缺乏活力；另一方面，也显示了中国出口结构的逐步升级和优化。到 2009 年，中美、中日和中韩的 ESI 指数变化比较平稳，这可能是由于美国次贷危机使得各国经济和贸易发展放缓，削弱了相关出口产品的国际竞争力。另外，工业制成品中的资本和技术密集型产品在美国出口增长速度放缓，而中国该类产品的出口比重逐年增加，也促使中美两国的 ESI 指数近年来呈现下降趋势，从 2006 年的最高值 78.55 降至 2018 年的 63.76，不断接近中印的 ESI 指数。

中国与印度的相似性指数变化不大，由 1997 年的 62.14 降到 2018 年的 59.28，说明印度的出口结构并未与中国趋同。由于篇幅有限，表 4 - 7 仅选取了 2008 ~ 2018 年的数据，计算出了中印在整个世界市场上的出口相似度指数。结果显示，中印在世界市场的相似性程度较低，主要原因在于，虽然两国都属于发展中国家，具有相似的发展历程和经济背景，但两国在要素禀赋以及参与国际分工的程度和方向上仍存在着一定的差距，因此，使得中印之间的出口产品虽有相似之处，但仍存在较大区别。其中，工业制成品的相似度在 50 左右，而初级产品的相似度仅在 5 左右，工业制成品的相似度总体上高于初级产品。具体到各类产品上来看，劳动密集型的第 6 类和第 8 类、资本或技术密集型的第 7 类产品的出口相似度指数较高，反映了两者作为人口众多的发展中国家，劳动力优势不容忽视；而第 1 类和第 9 类的 ESI 指数极低。

表 4 - 7　　　　　　中国和印度在世界市场上的出口相似度指数（ESI）

世界市场		2008年	2009年	2010年	2011年	2012年	2013年	2014年	2015年	2016年	2017年	2018年
ESI		55.00	59.25	53.42	55.48	55.46	51.99	56.42	58.98	60.92	59.39	59.28
资源密集型	0	2.29	2.71	2.61	2.66	2.54	2.52	2.52	2.56	2.91	2.81	2.66
	1	0.11	0.14	0.12	0.12	0.13	0.12	0.12	0.15	0.17	0.15	0.15
	2	0.79	0.68	0.74	0.79	0.70	0.66	0.68	0.61	0.62	0.64	0.69
	3	2.22	1.70	1.69	1.70	1.51	1.53	1.47	1.23	1.28	1.56	1.87
	4	0.04	0.03	0.02	0.03	0.03	0.03	0.03	0.03	0.03	0.04	0.04

续表

世界市场		2008年	2009年	2010年	2011年	2012年	2013年	2014年	2015年	2016年	2017年	2018年
劳动密集型	6	18.34	15.38	15.79	16.83	16.31	16.38	17.15	17.27	16.81	16.36	16.39
	8	11.99	18.04	12.33	13.28	14.91	11.57	13.32	14.95	16.35	14.67	13.01
资本或技术密集型	5	5.54	5.16	5.55	6.04	5.54	5.41	5.74	5.70	5.81	6.24	6.72
	7	13.56	15.28	14.49	13.91	13.72	13.70	15.30	16.39	16.66	16.67	17.68
	9	0.12	0.14	0.09	0.12	0.07	0.08	0.10	0.10	0.28	0.25	0.06
初级产品		5.45	5.25	5.18	5.30	4.91	4.86	4.81	4.57	5.02	5.20	5.41
工业制成品		49.55	53.99	48.25	50.18	50.55	47.13	51.61	54.41	55.90	54.19	53.86

资料来源：根据 UN COMTRADE 数据库整理计算。

　　此外，值得注意的是，中国与以上四个国家出口相似性的变动程度并不大，在一定程度上表明中国对现有的对外贸易结构具有黏性，出口结构的转型升级还需要付出较大努力。

第三节　经济政策不确定性与中国贸易结构变化的相关性分析

　　古伦和艾恩（Gulen & Ion，2016）认为，经济政策不确定性（EPU）指的是市场经济主体难以准确预测政府在未来是否会对现行经济政策进行改变、何时为改变时机以及如何改变。

　　为分析经济政策不确定与中国贸易结构变化的相关性，本研究对衡量贸易结构的变化采取了上文中计算出的三种指标：（1）TC 指数。按照 SITC Rev.3 一位数分类标准划分 2 大类、10 小类，衡量初级产品和工业制成品，资源密集型、劳动密集型以及资本或技术密集型产品的要素结构变化特征。（2）RCA 指数。参照拉尔分类法，将 SITC Rev.2 三位数分类标准划分为 5 大类、10 小类，衡量初级产品、资源型制成品以及低、中、高技术含量制成品的技术结构变化特征。（3）ESI 指数。同样按照 SITC Rev.3 一位数分类标准划分 2 大类、10 小类，计算中国与美国、日本等国家的出口相似度指数，衡量中国的出口贸易结构是否得以发展和优化。

对经济政策的不确定性的量化,采用 EPU 指数。由于本书的贸易数据采用年度数据,因此利用贝克等(2016)编制的经济不确定性指数月度指数,分别将每年度 12 个月的中国、美国以及全球 EPU 指数的算数平均值作为其年度值,得到年度经济政策不确定性指数,即:

$$EPU_t = \sum_{i=1}^{12} EPU_i \qquad\qquad (4-4)$$

其中,美国 EPU 指数由三个部分组成:一是新闻指数,即通过统计美国 10 家大型报社中与经济政策不确定性有关的文章数目来衡量经济政策的不确定性;二是税法法条失效指数,即通过统计每年失效的税法法条数目来衡量税法变动的不确定性;三是经济预测差值指数,具体又分为 CPI 预测差值和联邦/地方州政府支出预测差值,即通过考察不同预测机构对重要经济指标的预测差异来衡量经济政策的不确定性。本书使用的美国 EPU 指数是上述四个子指数的加权总和,即 1/2 的新闻指数、1/6 的税法法条失效指数、1/6 的 CPI 预测差值和 1/6 的联邦/地方州政府支出预测差值。中国的 EPU 指数仅指新闻指数(News-Based EPU),即经济政策不确定性的相关词汇在媒体报道中的词频统计。具体而言,中国经济政策不确定性指数计算来源于《南华早报》,其在中国香港地区英文报纸中销量最高,报道权威性较高、公信力较强。图 4-8 描绘了 1997~2018 年中国、美国及全球经济政策不确定性指数的变化趋势。由于中美的 EPU 指数的组成部分不同,因此该指数在绝对值上的比较没有多大意义,需要更多关注基于自身的指数变动趋势。

可以观察到,中国 EPU 指数自 1997 年以来保持上升趋势,且在此过程中经历了 5 次较大幅度的波动:(1)2000~2001 年,中国的 EPU 指数首次出现飙升。一是中国加入 WTO 后,为了更全面地融入世界经济,中国较大幅度地调整了原有的经济政策;二是美国"9·11"事件发生后,全球经济发展疲软,导致中国出口增速大幅下降,为了保证就业稳定和消费水平,中国相继出台了一系列典型的扩张性财政和货币政策。以上两方面原因都导致这一期间中国 EPU 指数大幅增加。(2)2008 年的 EPU 较上次再创新的最高点,这是由于金融危机的爆发使得全球经济陷入衰退的泥沼,不仅使国际经济环境发生剧烈的变化,同时中国也面临经济下行的风

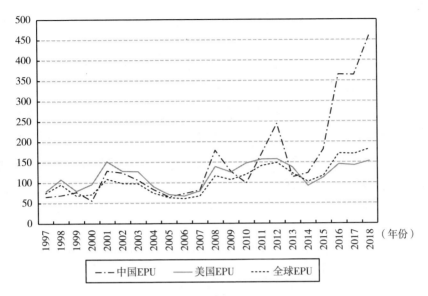

图4-8　中国、美国及全球经济政策不确定指数变化趋势

资料来源：根据月度EPU指数按算数平均数计算得出年度EPU。

险，因此中国的经济政策也相应地进行调整。（3）2008年的美国次贷危机带来的余波尚未平息，2012年又爆发了欧洲主权债务危机，加剧了全球经济复苏的不确定性，中国作为欧盟最大的贸易伙伴，不可避免地陷入了巨大危机。（4）2016年是中国"十三五"规划的开局之年，因此出台了关乎经济社会发展全局的各项政策。（5）2018年爆发了中美贸易战，加之市场对于这场贸易战常态化的忧虑，全面增加了中国经济增长的不确定性，中国EPU指数急剧上升，再创历史新高，高达460。美国与全球EPU指数的变化趋势趋同，这也反映了美国作为一个超级大国，对世界经济具有很大程度上的主导作用。因此本书在分析经济政策不确定性与贸易结构变化的相关性时选取中国和美国的EPU指数作为样本数据。美国的经济政策不确定性指数的波动幅度虽然没有中国的大，但是由图4-8可以观察到明显的3次波动：（1）1997年亚洲金融危机的爆发不仅使东南亚国家的经济陷入发展困境，也波及了全球经济，此次危机的滞后效应也给美国经济发展带来了不利影响。（2）2001年"9·11"恐怖袭击导致美国经济迅速下滑，股市走低，失业率却一路走高。（3）同样在2008年，金融危机对美国产生了影响程度极大、范围极广的不利影响，为了扭转低迷的美国经济,稳定市场,美国政府推行了一系列经济政策。

政府为了维持宏观和微观经济的稳定运行,通常会相对应地采取一系列变动经济政策的手段,而这些手段也加剧了一国经济政策的不确定性。经济全球化的大背景下,一国的贸易结构不仅会受到本国经济政策不确定的影响,其他国家经济政策的变动程度也会给本国的贸易结构带来不同程度的影响,既可能有促进的积极影响,也可能有抑制的消极影响。表 4-8、表 4-9 和表 4-10 分别显示了中美两国的经济政策不确定性指数与贸易竞争力指数、显示性比较优势指数和出口相似度指数的相关分析结果。

表 4-8　　　　　EPU 指数与各类出口产品的 TC 指数的相关性分析

类别	中国 EPU	美国 EPU
STIC0	-0.695**	-0.484*
STIC1	-0.701**	-0.483*
STIC2	-0.598**	-0.558**
STIC3	-0.608**	-0.503*
STIC4	-0.099	-0.126
STIC5	0.680**	0.411
STIC6	0.720**	0.366
STIC7	0.714**	0.409
STIC8	-0.056	0.025
STIC9	-0.112	-0.238

注:$* p < 0.05$;$** p < 0.01$。

表 4-9　　　　　EPU 指数与各类出口产品的 RCA 指数的相关性分析

	中国 EPU	美国 EPU
PP	-0.567**	-0.481*
RB	-0.389	-0.307
LT	-0.545**	-0.179
MT	0.612**	0.587**
HT	0.352	0.36

注:$* p < 0.05$;$** p < 0.01$。

表 4 - 10　　　　　　　　EPU 指数与各类出口产品的 ESI 指数的相关性分析

	中国 EPU	美国 EPU
中美	− 0.243	− 0.335
中日	0.643 **	0.591 **
中韩	0.466 *	0.415
中印	0.023	− 0.041

注：* p < 0.05；** p < 0.01。

表4 - 8 为利用相关分析去研究中国和美国的经济政策不确定性指数分别和 STIC0 ~ 9 共10 类出口产品的贸易竞争力指数（TC 指数）之间的相关关系，使用 Spearman 相关系数表示相关关系的强弱情况。具体来看，一方面，中国 EPU 指数与初级产品中的前 4 类的 TC 指数之间相关系数值分别为 − 0.695、− 0.701、− 0.598、− 0.608，并且呈现出 0.01 水平的显著性，说明中国的 EPU 指数与这四类产品有着显著的负相关关系。即中国的EPU 指数越高，不确定性程度越大，TC 指数则越小，说明中国经济政策的不确定性会削弱以资源密集型产品为主的初级产品的净出口能力。中国EPU 指数与初级产品中的第 4 类出口产品即动、植物油脂及蜡等之间的相关系数值为 − 0.099，接近于 0，并且 P 值为 0.662 > 0.05，因而说明中国EPU 和 STIC4 之间并没有相关关系。原因可能在于该类产品本身的出口在总出口中所占比重极小，自 1999 年以来其比重一直低于 0.01%，因此，即便是经济政策的变动程度较大，也不会引起该类产品贸易额的较大变化。另一方面，中国的经济政策不确定性指数与工业制成品中的第 5、6、7 类产品在 0.01 水平上呈现显著性，并且数值均为正，表明其与这几类产品存在显著的正相关关系。即中国的 EPU 指数越高，TC 指数越大，说明中国经济政策的不确定性会增强资本密集型的第 5 类化学及有关产品和第7 类机械及运输设备、劳动密集型的服装、纺织类等的净出口能力。从美国的经济政策不确定指数与各类出口产品的 TC 指数的相关系数来看，其EPU 指数仅与初级产品中的 0 ~ 3 类有着显著的负相关关系，并且数值较小，其余产品的相关系数均不显著，表明美国的经济政策不确定性与中国各类出口产品的相关性不太紧密。

利用相关分析分别去研究中国和美国 EPU 指数和 PP、RB、LT、MT、

HT 5 大类产品的显示性比较优势指数（RCA 指数）之间的相关关系（见表 4 - 9），使用 Spearman 相关系数表示相关关系的强弱情况。具体来讲，中国和美国的 EPU 指数与初级产品（PP）的显示性比较优势指数有着显著的负相关关系，区别在于中国在 0.01 水平上显著，美国在 0.05 水平上显著，因此两者的相关程度具有一定差异。对于资源型制成品和高技术含量制成品，中国和美国的 EPU 指数均与其没有相关关系。对于低技术含量制成品来说，中国 EPU 指数与其 RCA 指数之间的相关系数值为 - 0.545，说明中国经济政策不确定性与低技术含量制成品的显示性比较优势有着负相关关系；而美国的相关系数并不显著。对于中等技术含量制成品来说，中国和美国的 EPU 与其 RCA 指数有着显著的正相关关系，并且相关系数较大，说明两者之间的相关关系较为紧密。

　　同样，从表 4 - 10 可以得出中美两国的 EPU 指数与各类出口产品的出口相似度指数（ESI 指数）的相关性分析结果。具体而言，中国的经济政策不确定性指数与中日之间、中韩之间的 ESI 指数存在显著的正相关关系，初步表明经济政策不确定性上升，中国与日本、韩国之间的出口相似度指数会提升，这不仅意味着中国出口结构在一定程度上的发展和优化，同时可能使中国与这两个国家在贸易领域中面临激烈的竞争；而美国与中日之间的 ESI 指数的相关系数值为 0.591，并且呈现出 0.01 水平的显著性，说明美国的经济不确定性和中日之间的出口相似度有着显著的正相关关系。即美国的经济政策不确定性上升，美国经济发展迟缓或者低迷，可能会通过某一渠道促进中国和日本出口产品结构的相似程度。

第四节　本章小结

　　自亚洲金融危机以来，中国对外贸易结构发生了诸多变化。从要素结构来看，中国不断推进出口商品的结构优化进程，初级产品的出口增长趋于缓慢，而工业制成品的出口规模迅速扩大，资本密集型产品和劳动密集型产品已占据绝对优势地位，随着中国经济实力的提高、资本投入的增加和技术知识经验的积累，在传统的劳动力比较优势的基础上，不断发挥资本和技术优势，出口产品结构由以劳动密集型产品出口为主逐步过渡到以资本密集型产品出口为主。对外贸易产品国际竞争力的关键在于其技术含量，从技术结构来看，中国出口由主要依赖低技术含量制成品逐渐向低技术和高技术含量制成品共同发展过渡，但中高技术含量产品的内部发展并不均衡，技术含量较高的医药航空等产品参与国际市场的程度并不高，资本密集型的大型机械设备等产品出口比重较大。从贸易商品的用途结构来看，进出口结构并不均衡。消费品的出口日益减少，中间货物和资本货物的出口不断增加，由以消费品和中间货物出口为主逐渐过渡为以中间货物出口为主。

本章通过对 TC 指数、RCA 指数和 ESI 指数的简单分析，指出了中国出口贸易产品的结构基本特征及问题。第一，中国的出口商品结构实现了逐步优化，初级产品不再具有明显的比较优势，仅第 0 类产品仍处于微弱比较优势，剩余 4 类均长期处于比较劣势且劣势明显；而工业制成品的贸易竞争力不断增强，劳动密集型产品仍具有较强的比较优势，资本和技术密集型产品的比较优势也在逐渐显现，但优势仍然较小，有待提高。第二，资源型和中技术含量制成品的地位比较稳定，处于比较劣势；低技术含量制成品长期处于比较优势地位；高技术含量制成品已经展现出较强的比较优势。除了通过基于自身的 TC 指数和 RCA 指数的纵向比较之外，还可以通过与其他国家进行横向比较，以测度一国出口产品的国际竞争力。中国同美国、日本、韩国的出口相似度指数长期上升，尤其是追赶日本和韩国的速度很快，表明中国出口商品结构逐渐向发达国家靠拢和优化，也反映了未来中国同日韩两国在出口贸易方面的竞争可能比较激烈；与印度之间的出口相似度指数较小，表明中国的出口结构相对于印度实现了优化。此外，值得注意的是，中国与以上四个国家的出口相似性的变动程度并不大，在一定程度上表明中国对现有的对外贸易结构具有黏性。

为了验证经济政策不确定性与中国贸易结构变化是否存在相关性，本章对中国和美国的 EPU 指数与 TC 指数、RCA 指数和 ESI 指数之间进行了相关性分析。从产品角度来看，中国经济政策的不确定性会削弱以资源密集型产品为主的初级产品的净出口能力，降低低技术含量产品的比较优势；增强资本密集型的第 5 类化学及有关产品和第 7 类机械及运输设备、劳动密集型的服装、纺织类等的净出口能力，提高中技术含量产品的比较优势；与高技术含量产品的 RCA 指数不存在显著的相关关系。而美国的经济政策不确定性与中国各类出口产品的相关性不太紧密。从国家角度来看，中国的经济政策不确定性指数与中日之间、中韩之间的 ESI 指数存在显著的正相关关系，不仅意味着中国出口结构在一定程度上的发展和优化，同时可能使中国与这两个国家在贸易领域上面临激烈的竞争；美国的经济不确定性和中日之间的出口相似度有着显著的正相关关系，表明美国的经济政策不确定性上升，美国经济发展迟缓或者低迷，可能会通过某一渠道促进中国和日本出口产品结构的相似程度。

第五章

经济政策不确定性影响贸易的
理论机制分析

经济政策不确定性对国际贸易的影响存在多种渠道，它作为一种外生冲击因素，影响国内外企业的生产活动和消费者的需求水平。总体而言，经济政策不确定对贸易的影响主要通过以下四种主要渠道：沉没成本渠道、国内需求渠道、预期风险渠道和优胜劣汰渠道。

第一节　沉没成本渠道

根据贝克等（2016）对 EPU 指数构建的解释，EPU 由财政政策、货币政策、健康、国家安全、管制、主权债务及货币危机、福利计划和贸易政策八部分的政策不确定性组成，贸易政策不确定性也是 EPU 的重要方面。因此，EPU 影响国际贸易的一个基本渠道即通过贸易政策不确定性影响贸易行为。根据基于沉没成本的出口商行为模型，汉德利和利马奥（2015）、汉德利（2014）认为，相对于国内市场，由于企业进入出口市场需要一个显著的进入成本，这些成本包括：销售网络构建、营销推广、代理成本、产品市场适应过程以及各种监管成本等，这些成本不但是固定成本，同时也是沉没成本（Das et al.，2007），因此，企业需要具备覆盖这些成本的能力才会进入出口市场，否则不进入或者退出

（Melitz，2003）。以关税为例，贸易政策不确定性的存在使出口企业面临关税政策（或水平）变化和不变的双重可能性，一方面，政策不确定性的存在直接降低了企业预期利润的现值水平，另一方面，会产生"不确定性进入成本溢价"（uncertainty entry cost premium），降低企业效用水平，同时，增强了企业不进入出口市场的"等待"价值，从而影响企业进入出口市场决定，也减少和延迟了在出口市场上的投资。由于贸易政策不确定属于经济政策不确定性的一种类型，特别是很多政策不确定的上升反映了一国乃至全球贸易政策更大的不确定性，如英国脱欧、美国大选后特朗普上台等事件后，导致市场对全球自由贸易或局部区域自由贸易感到担忧，特别是特朗普当选美国总统之前，一直宣扬贸易保护主义和反全球化观点，其当选自然使全球化的自由贸易前景变得黯淡，也带来贸易政策不确定性的提高。

沉没成本指的是已发生或承诺、无法收回的成本支出，是一种历史成本，是由于过去的决策已经发生了，而不能由现在或将来的任何决策改变的成本。基于传统的沉没成本理论改进的出口商行为模型认为，出口商开拓新市场和出口新产品需要支付巨大的沉没成本，无论是进入市场前的信息搜集成本还是占据市场过程中的营销推广成本，这些都属于沉没成本，当厂商认为可以负担这些成本并且预期收益超过成本时，才会进入出口市场。

面对巨大的投资成本，外国厂商不进入新市场的"等待"价值提高。提波特（Tybout，1997）研究发现沉没成本是显著影响企业进入国际出口市场的因素之一，并且先前的出口经验会大幅提高出口的可能性。但除了出口所带来的沉没成本，出口也会提高企业的经营绩效。据统计，出口企业的就业率、出货量、工资水平、生产率和资本密集度都高于非出口企业，企业需要对出口带来的未来利益和沉没成本进行权衡，作出是否进入国际贸易市场的决策（Bernard & Jensen，1999）。劳利斯（Lawless，2013）拓展了梅里兹（2003）建立的包含异质企业的动态产业模型，加入了沉没成本和出口经验的影响因素，将沉没成本分为固定成本和可变成本两类，当固定成本较低时，进入出口市场的门槛也就降低了，允许较低生产率的企业也进入出口市场。企业可能会倾向于较长时间地留在出口市场，因为已经付出了进入出口市场的沉没成本，需要获得超过沉没成本的收益（Gullstran & Persson，2015）。

沉没成本是进出口贸易中客观存在的成本，企业在进入国际贸易市场时必须要考虑到沉没成本的影响，假设出口商进入出口市场时需要支付一次性的固定沉没成本 S，在考虑沉没成本后的企业单期最大化利润可由下式计算：

$$\widetilde{\pi_{it}}(HI_{it}, HE_{it}, q_{it-1}^*) = p_t(HI_{it}, HE_{it}) \cdot q_{it}^* - c_{it}(HI_{it}, HE_{it}, q_{it-1}^* | q_{it}^*) - S \cdot (1 - EX_{it-1}) \tag{5-1}$$

其中，$p_t(\cdot)$ 为销售到国外的商品价格，$c_{it}(\cdot)$ 为生产数量 q_{it}^* 的可变成本，企业自身的异质性特征因素用 HI_{it} 表示，企业外部的行业、区位特征用 HE_{it} 表示。当预期收益 π_{it} 大于零时，企业选择出口，EX_{it} 等于 1；反之，预期收益 π_{it} 小于零时，选择不出口，EX_{it} 等于 0。若企业上期选择出口，即 EX_{it-1} 等于 1，则在当期无须支付固定沉没成本 S。当企业预期净利润 $\widetilde{\pi_{it}}(HI_{it}, HE_{it}, q_{it-1}^*)$ 大于零时，企业会选择出口。

但进出口的沉没成本并不是一次性的固定成本，会存在多期不同的沉没成本支出。将沉没成本纳入多期的企业生产模型，假定企业选择产出序列水平 $\{q_{im}^*\}_{m=t}^{\infty}$，则企业的预期利润可表示为：

$$\Pi_{it}(HI_{it}, HE_{it}) = E_t\left(\sum_{m=t}^{\infty} \delta^{m-t}\left[\widetilde{\pi_{im}}(HI_{im}, HE_{im}, q_{im-1}^*) \cdot EX_{im}\right]\right) \tag{5-2}$$

其中，δ 为贴现率，各期的利润由上式 $\widetilde{\pi_{it}}(\cdot)$ 得出。因为企业在生产中，上期产量会对本期成本产生影响，成本函数受到上期产量的影响，根据生产过程中"干中学"的理论，之前的生产会获得经验知识，学习经验和先前的资本投入等因素会使上期产量与本期成本负相关。

$$c_{it} = c_{it}(HI_{it}, HE_{it}, q_{it-1}^* | q_{it}^*) \tag{5-3}$$

$$\frac{\partial c_{it}(\cdot)}{\partial q_{it-1}^*} < 0 \tag{5-4}$$

所以该动态多期模型在期限内的价值方程可表示为：

$$V_{it}(\cdot) = \underset{\{q_{it}^*\}}{MAX}\left(\widetilde{\pi_{it}}(HI_{it}, HE_{it}, q_{it-1}^*) \cdot [q_{it}^* > 0]\right) + \delta E_t[V_{it+1}(\cdot) | q_{it}^*] \tag{5-5}$$

所以如果满足以下条件，企业在 t 期会选择出口，即 q_{it}^* 大于零：

$$p_t(HI_{it}, HE_{it}) \cdot q_{it}^* + \left\{ \begin{array}{c} \delta E_t[V_{it+1}(\cdot)|q_{it}^* > 0] \\ -\delta E_t[V_{it+1}(\cdot)|q_{it}^* = 0] \end{array} \right\} - c_{it} - S \cdot (1 - EX_{it-1}) > 0$$

$$(5-6)$$

许多学者的研究都指出，不确定性的上升会带来沉没成本的上升，从而减少了未来的贸易收益，影响贸易投资决策。迪克西特（Dixit，1989）关于不确定性下企业进入和退出市场的开创性论文表明，当进入市场的沉没成本与未来条件的不确定性相结合时，可能存在等待投资的期权价值，新的出口商同时面临这两个因素。有证据表明，出口存在着巨大的沉没成本（Roberts & Tybout，1997），而且贸易政策存在很大的不确定性。但大多文献集中探讨关税不确定性对出口沉没成本的影响，并且认为关税不确定性对进出口的影响程度也与进入国际贸易市场的沉没成本有关，而本书从经济政策不确定性出发，不仅仅从关税角度，而是从更广义范围的经济政策不确定性考察其对企业贸易成本的影响，认为经济政策不确定性上升将显著提高企业的沉没成本。

第二节　国内需求渠道

除了直接的贸易政策不确定性渠道外，EPU 还会通过需求渠道影响贸易。EPU 会带来实际投资和产出的相对下降，从而影响贸易需求。很多学者认为政策不确定性本身可能就是经济衰退的重要驱动力（Bloom，2009；Bloom et al.，2016）。斯托克（Stokey，2016）指出，政策不确定性使得微观主体（企业和消费者）对未来预期悲观，产生"等等看"（wait-to-see）的心理，导致企业投资水平和消费者消费水平的下降。陈国进和王少谦（2016）强调，政策不确定性会通过资金成本渠道和资本边际收益率渠道，对企业投资行为产生抑制作用，且这种抑制表现出明显的逆周期性。投资、消费等宏观经济变量的下滑自然会带来进口需求的下降，降低贸易规模。

根据过往学者的研究，政策不确定性本身就是一国经济衰退的重要原因（Bloom，2009），其中不确定性会减少企业对新信息技术的投资（Schwartz et al.，2003），当贸易政策不确定性上升时，出口企业获得的投资减少，从而导致贸易额和消费者实际收入的降低（Handley & Limão，2013；Limão & Maggi，2013）。当中国经济政策发生变动的可能增大，经济政策不确定性上升时，可能会减少对企业的投资，所以政府在变动经济政策促进企业投资时，也要考虑频繁变动政策对投资带来的不利影响（李凤羽等，2015）。通过对中国加入世界贸易组织前后中国出口企业的研究，可以发现中国加入 WTO 时中国出口企业的创新能力增加，尤其是在贸易自由化的环境中，贸易政策不确定性下降有利于创新水平的提高（佟家栋等，2015）。美国贸易政策不确定性的下降可以解释 2000～2005 年中国对美出口增长 1/3（Handley & Limão，2017）这一现象。

经济政策不确定性严重阻碍本国的投资、产出和就业的发展，对国内经济发展起到负面的作用，会减少国内实际投资，影响企业的产出增长，进而提高失业率。消费者在面对低迷的经济形势时，必然也对未来产生悲观的预期，降低自身消费水平，从而导致国内需求下降。美国私人消费的增加显著提高美国从中国的进口（范言慧和张金平，2010），那么当美国消费降低时，就会导致从中国进口的减少。在当前经济环境下，世界贸易相较之前略显萧条，随着国内需求的增加，国际贸易规模格局也会呈现增长趋势，扩大内需、刺激消费的经济政策能够促进国际贸易和世界经济的发展。研究显示，全球 EPU 指数和基利安全球真实经济活动指数①（global real economic activity）之间呈负向关系，当全球 EPU 指数增加时，全球真实经济活动指数下降，当全球 EPU 指数下降时，全球真实经济活动指数上升（见图 5-1）。贸易作为全球经济活动的重要组成部分，不可避免地会受到 EPU 的影响。

———————

① 运输服务的需求是迄今为止世界经济活动的最重要的决定因素之一（Klovland，2004），使用全球干货单航次运价指数（global index of dry cargo single voyage freight rates）衡量全球经济运行的情况，并由干货单航程海运费率建立实际经济活动指数，从而反映全球商业市场工业商品需求的变化。该指数上升表示全球真实经济活动扩张。该指数广泛用于能源、工业品等需求分析中（Kilian，2009）。

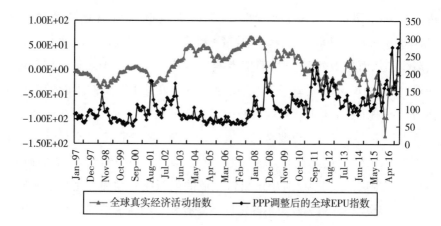

图 5 - 1 全球经济活动指数与 EPU 的变化状况

资料来源：全球经济活动指数数据来源于密西根大学官方网站，EPU 数据来自经济政策不确定性网站。

第三节　预期风险渠道

EPU 增加导致贸易商对全球经济及市场需求产生悲观预期，从而减少贸易需求。阮（Nguyen，2012）认为，需求不确定性可能导致企业为获取外国需求信息而推迟出口行为，并利用已知市场的需求实现程度来预测未知市场的需求水平。EPU 指数的上升尤其是大幅上升背后是各种突发事件（特别是"黑天鹅"事件）的发生，在这些事件的冲击下，市场对未来经济发展前景和市场需求产生负面判断。这种不确定性的增加不仅影响进口商的市场需求预期，同样也会对出口商信心产生不利影响。以中国出口商的调查数据为例，图 5 - 2 显示，经过 PPP 调整后的全球 EPU 指数和出口经理人信心指数之间呈现明显的负向关系，而与出口形势不乐观企业比例间呈正向关系。

经济政策不确定性的上升会强化出口商和投资者对贸易过程中的风险预期，从而进一步放大对沉没成本渠道和需求渠道的影响。对出口商而言，通过对未来经济环境和贸易风险的评估，如一国政府实施的经济政策效果不佳或者融资变得更加困难，则会使出口商预期经济环境会进一步恶

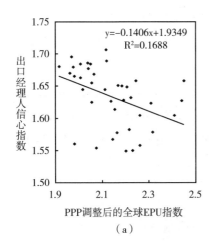
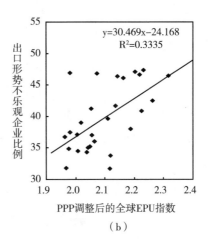

图 5 - 2　中国出口商信心与 EPU 指数散点

注：全球 EPU 指数和出口经理人信心指数均已对数化，出口形势不乐观企业比例未对数化。

资料来源：出口商信心数据来源于 WIND 资讯。

化。这种变化趋势使出口商认为未来的贸易沉没成本和风险会加大，进而对贸易产生不利影响，甚至出现减少贸易活动导致经济政策不确定性增加的反馈机制，进一步强化了经济政策不确定性的程度，所以短期冲击可以产生持久的贸易衰退。对投资者而言，在不确定性增加期间，资产价格也往往更加波动，这也降低了资产价格和持有这些资产的投资者的财富，投资者需要更多的补偿作为未来风险的保障。这种环境对出口商融资造成一定约束，因为信贷成本往往与借款人的财富负相关，较低和较不稳定的资产价格可能会使融资变得更加昂贵，这使得出口商往往会调整存货和产量，以应对资金紧张带来的影响，从而阻碍贸易。因此，不确定性增加提高了市场对未来风险的预期，可能会导致信贷条件收紧，并限制企业对出口市场规模的维持与扩张。

需要强调的是，这些"黑天鹅"事件绝大部分属于前所未有的突发事件，全球市场参与者并未产生相应的预期，如 2008 年金融危机前几乎没有机构和经济学家准确预测到，而英国脱欧和特朗普当选美国总统更是超出市场预期，导致全球范围内对未来经济前景判断出现一定的悲观甚至恐慌情绪，这进一步强化了进口商和出口商的悲观预期，增强对贸易的不利影响。

另外，理论上，i 国出口商对 j 国的出口水平既可能受到 j 国经济政策不确定性水平的影响，也可能受到 j 国之外的其他国家经济政策不确定性水平的影响。相对于经济政策不确定性水平较高的国家，出口商更愿意向经济政策不确定性水平更低的国家出口，即当 j 国经济政策不确定性水平高于其他国家时，出口商倾向于减少对 j 国出口，转向对竞争国出口，从而产生贸易转移效应，放大进口国经济政策不确定性水平对贸易的抑制程度。

第四节　优胜劣汰渠道

经济政策不确定性还可能通过优胜劣汰的倒逼机制，迫使现有企业增加研发支出，提高产品竞争力，带动企业创新和生产率的提高。前述三个渠道对企业的研发和创新具有抑制作用，从而可能恶化贸易结构；第四个渠道对企业的研发和创新具有积极作用，有利于贸易结构的优化。因而，经济政策不确定性对贸易结构的影响取决于这两种力量的对比。

出口国经济政策不确定性的下降增强了出口市场的活力，贸易环境趋向良好，将促使出口企业积极开展贸易活动。双边贸易或多边贸易量的扩大降低了企业贸易成本的同时也降低了出口贸易壁垒，使得大量企业进入出口市场，从而市场竞争加剧。一方面，这将鼓励一批具有高生产率的企业进入，从而对低生产率企业造成很大威胁，甚至会将其挤出出口市场（Handly，2014），整个市场由于高效率企业的进入，行业整体的生产率得到提高，进而有利于企业出口技术复杂度的提升。另一方面，由于市场上竞争加剧，企业为了自身的生存及发展不得不进行技术改进及升级，提升生产率，使得企业处于一种良性的发展状态，进而促使企业形成规模经济，最终使得企业的出口产品质量得到进一步提升。

进口国经济政策不确定性上升也能够促进出口国企业出口到该国的商品质量提高。从事出口贸易的企业在面临较高的经济政策不确定性时，更倾向于进行高端品贸易，即出口更多的高质量产品到这些经济政策不确定性较高的国家，并以此作为其最佳应对策略，打开这些国家的市场，待各项不确定的政策落地后，则可进一步进行贸易的扩张。即进口国经济政策不确定性的提升会提高从事出口贸易的企业的生产率阈值，进而使得更多低效率企业退出出口市场，倒逼出口企业从低质量产品贸易转向高质量产品出口贸易，提升企业自身的全球竞争力。

第六章

经济政策不确定性对中国贸易结构影响的实证分析

第一节 经济政策不确定性对中国出口贸易总额的影响

一、模型设定和数据说明

（一）模型设定

根据前文的分析，为了更加准确地分析经济政策不确定性对中国出口贸易额的影响，本书利用国际经济学中研究双边贸易流量的重要模型——引力模型进行实证研究。经典的引力模型认为双边贸易规模（X_{ijt}）与他们之间的经济总量（Y_{it} 和 Y_{jt}）成正比，与他们之间的距离（D_{ijt}）成反比，即：

$$X_{ijt} = \varphi_{ijt} \frac{Y_{it} Y_{jt}}{D_{ijt}} \quad\quad (6-1)$$

在实证研究中，我们在应用引力模型时一般采用对数形式，即：

$$\ln X_{ijt} = \alpha_0 + \alpha_1 \ln Y_{it} + \alpha_2 \ln Y_{jt} + \alpha_3 \ln D_{ijt} + \varepsilon_{ijt} \quad\quad (6-2)$$

根据本书的研究目的以及出口贸易的特征，在传统引力模型的基础上引入了国内和国外经济政策不确定性指数和其他控制变量以及国家和时间固定效应，得到扩展的引力模型，实证模型设置如下：

$$\ln X_{ijt} = \alpha_0 + \beta_1 \ln EPU_{i,t-1} + \beta_2 \ln EPU_{j,t-1} + \alpha_1 \ln gdp_{it} + \alpha_2 \ln gdp_{jt} +$$
$$\alpha_3 \ln D_{ijt} + \alpha_4 FTA_{ij} + \alpha_5 contig_{ij} + \lambda_{ij} + \mu_t + \varepsilon_{ijt} \qquad (6-3)$$

在式（6-3）中，i 为出口国，本书中，i 为中国，j 为进口国，t 表示年度。X_{ijt} 表示 t 期中国向 j 国出口的贸易额；考虑到经济政策的影响往往具有滞后性，故本书中采用的 EPU 指数均为滞后一期的变量，$EPU_{i,t-1}$ 表示 t-1 期中国国内的经济政策不确定性指标，$EPU_{j,t-1}$ 表示 t-1 期出口目的国 j 国的经济政策不确定性指数；gdp_{it} 和 gdp_{jt} 分别表示 t 期中国和其他贸易伙伴的经济规模；D_{ijt} 表示中国与国家 j 之间的距离，用来衡量出口的贸易成本；FTA_{ij} 表示中国与贸易伙伴是否签订自由贸易协定；$contig_{ij}$ 表示中国与贸易伙伴是否共边界；λ_{ij} 和 μ_t 分别表示国家固定效应和年度固定效应；ε_{ijt} 表示随机误差项。

（二）变量构建和数据来源

1. 出口贸易规模

由于在经济政策不确定性网站中只提供了包括中国在内的 26 个国家或地区的 EPU 数据，因此本书以中国与其他 25 个国家或地区的出口贸易数据作为研究对象，选取联合国商品贸易统计数据库中 HS96 六位数贸易数据，对 1997~2018 年中国与其他贸易伙伴的贸易数据进行研究。同时将出口贸易数据分解为扩展边际和集约边际，但在本节我们只对出口贸易规模进行实证研究。

2. 经济政策不确定性指数

关于经济政策不确定性指数这一指标，本书采用的是贝克等（2020）编制的月度经济政策不确定性指数，并通过取算术平均值的方法将月度指标转换为年度指标。在贝克等构建的经济政策不确定性指数数据库中共有 26 个国家或地区，包括美国、澳大利亚、比利时、巴西、加拿大、智利、中国、哥伦比亚、克罗地亚、法国、德国、希腊、中国香港地区、印度、爱尔兰、意大利、日本、韩国、墨西哥、荷兰、巴基斯坦、俄罗斯、新加坡、西班牙、瑞典和英国。虽然本书只选取中国与其他 25 个贸易伙伴作为研究对象，但中国对这些国家或地区的出口贸易总额在中国对世界总出口贸易额中的占比超过 70%，具有一定的代表性。

3. 控制变量

本书的控制变量主要包括经济规模（gdp）、国家间的地理距离（Dist）、中国是否与贸易伙伴签订了自由贸易协定（FTA）以及中国与其他贸易伙伴拥有共同边界（contig）。其中，经济规模的原始数据来源于世界银行的 WDI 数据库；距离因素采用的是中国与其他贸易伙伴的首都之间的距离来表示，该原始数据来源于 CEPII 的 Geodist 数据库；在 FTA 指标方面，如果中国与该贸易伙伴签订了自由贸易协定，那么 FTA = 1；反之，FTA = 0，该数据来源于中国自由贸易区服务网；在 contig 指标方面，如果中国与其他贸易伙伴拥有共同边界，那么 contig = 1；反之，contig = 0，该数据也来源于 CEPII 的 Geodist 数据库。

二、基本估计结果与分析

在上述分析中，为了研究经济政策不确定性对中国出口贸易额的影响，本书基于引力模型对 1997～2018 年中国与其他 25 个贸易伙伴的出口数据进行实证分析与研究，基本结果如下。

（一）基本估计结果

表 6 - 1 显示了根据回归方程（6 - 3）得到的基准回归结果，其中，第（1）列、第（3）列和第（5）列是采用基本引力模型得出的回归结果，这里的被解释变量只包含经济政策不确定性指数、经济规模水平、距离因素以及国家和时间固定效应；第（2）列、第（4）列和第（6）列是采用了扩展引力模型得出的回归结果，在基本引力模型基础上再加上共同边界和是否签订自由贸易协定等控制变量。根据表 6 - 1 中的估计结果，我们可以发现，国内经济规模以及国外经济规模的估计系数均为正数，且在 1% 的水平上显著，而且后者的估计系数将近前者的 2 倍，说明国内和国外经济规模的增加都会给中国出口贸易带来显著的正向影响，而且后者的影响力度更大。两国之间的距离系数为负，且在 10% 的水平上显著，说明两国之间的距离越大，出口国对进口国的出口贸易总量越少，符合贸易引力

模型的基本原理。

表 6 - 1   经济政策不确定性影响出口贸易额的基准回归结果

变量	(1)	(2)	(3)	(4)	(5)	(6)
	Exports	Exports	Exports	Exports	Exports	Exports
$lnEPU_{it}$	-0.277 ***	-0.261 ***	—	—	-0.127 **	-0.100 *
	(0.030)	(0.030)			(0.055)	(0.055)
$lnEPU_{jt}$	—	—	-0.307 ***	-0.313 ***	-0.270 **	-0.285 ***
			(0.090)	(0.084)	(0.104)	(0.098)
$lngdp_{it}$	0.740 ***	0.730 ***	0.657 ***	0.660 ***	0.712 ***	0.703 ***
	(0.065)	(0.069)	(0.066)	(0.068)	(0.061)	(0.063)
$lngdp_{jt}$	1.237 ***	1.320 ***	1.238 ***	1.293 ***	1.218 ***	1.275 ***
	(0.169)	(0.191)	(0.148)	(0.160)	(0.149)	(0.161)
lnD_{ijt}	-4.821 **	-6.307 **	-4.623 **	-5.751 **	-4.373 **	-5.507 **
	(2.331)	(2.707)	(2.049)	(2.263)	(2.067)	(2.273)
$contig_{ij}$	—	-2.906 **	—	-2.627 **	—	-2.520 **
		(1.207)		(1.009)		(1.013)
FTA_{ij}	—	-0.376 **	—	-0.416 ***	—	-0.398 ***
		(0.169)		(0.141)		(0.141)
常数项	13.141	24.673	13.827	22.616	10.926	19.963
	(18.085)	(21.007)	(16.062)	(17.731)	(16.163)	(17.784)
国家对固定效应	是	是	是	是	是	是
时间固定效应	是	是	是	是	是	是
N	548	548	506	506	506	506
R^2	0.969	0.971	0.974	0.976	0.974	0.976

注：*、** 和 *** 分别表示在10%、5%和1%的水平上显著，括号内的数值为标准差。
资料来源：经济政策不确定性网站。

首先，本书利用中国国内的经济政策不确定性指数来检验国内经济政策不确定性对中国出口贸易额的影响。根据表6-1中第（1）列和第（2）列的回归结果我们可以发现，无论是否考虑其他控制变量，国内经济政策不确定性指标的系数均为负数，且在1%的水平上显著，说明国内经济政策不确定性与中国出口贸易额显著负相关，国内经济政策不确定性增加会影响中国出口贸易额的增长。平均来看，中国国内经济政策不确定性每增加10%，国内出口贸易额会降低2.77%~2.61%。

其次，本书还利用了国外经济政策不确定性指数来检验国外经济政策不确定性对国内出口贸易额的影响。表 6 – 1 中第（3）列和第（4）列的数据显示，国外经济政策不确定性指数的回归系数为负，并且均在 1% 的置信水平上显著，说明国外经济政策不确定性的增加也会给中国出口贸易带来显著的抑制性作用，降低中国对该市场的出口规模。从回归结果上来看，进口国经济政策不确定性每增加 1%，中国对该市场的出口规模平均降低 0.307%~0.313%。与国内经济政策不确定性的结果相比，国外经济政策不确定性的估计系数更大，说明进口国经济政策不确定性增加对中国出口贸易的影响更大。

最后，将国内经济政策不确定性和国外经济政策不确定性同时加入方程中进行回归，结果如表 6 – 1 中第（5）列和第（6）列所示。表中的数据显示，国内经济政策不确定性和国外经济政策不确定性的估计系数均为负数，说明国内经济政策不确定性的增加和国外经济政策不确定性的增加都会引起国内出口贸易额的减少。前者的估计系数分别为 – 0.127 和 – 0.100，后者的估计系数分别为 – 0.270 和 – 0.285，后者的绝对值明显高于前者，且其显著性水平更高，说明国外经济政策不确定性的波动会给国内出口贸易造成更大的影响。

（二）子样本回归结果

1. 按照经济发展程度划分的子样本回归结果

中国的对外贸易活动不仅与自身的贸易优势相关，还与贸易伙伴的经济发展程度相关。虽然在前文的分析中，我们在模型中加入了经济规模因素进行实证分析，但这并没有体现出各个国家之间的异质性，因此，我们根据国家间的经济发展程度不同，将样本划分为发达国家经济体和发展中国家经济体，对子样本进行回归，考察经济政策不确定性对中国出口贸易的影响是否会因为国家间的经济发展程度不同而得到不同的结论。

表 6 – 2 是对该子样本回归后得到的结果。从国内经济政策不确定性指标来看，第（1）列和第（4）列的数据均在 1% 的水平上显著，且系数均为负，其估计系数分别为 – 0.225 和 – 0.365。这与前文分析的结果类似，说明国内经济政策不确定性的波动会同时显著影响中国对发达国家经济体

和发展中国家经济体的出口。但与前者相比，后者的估计系数的绝对值要更大，说明国内经济政策不确定性的增加给发展中国家带来的影响更大。从国外经济政策不确定性指标来看，第（2）列的估计系数在1%的水平上显著为负，其值为 -0.157，第（5）列的估计系数为 -0.434，同样在1%的水平上显著，说明发展中国家经济政策的变化会给中国出口带来更大的影响。第（3）列和第（6）列是同时将国内和国外经济政策不确定性指数加入回归后得到的结果。结果显示，国内经济政策不确定性的增加更容易对发达国家市场造成影响，而国外经济政策不确定性的增加则会显著减少对发展中国家市场的出口。其主要原因是发达国家作为中国出口的传统市场，其经济运行周期与中国基本一致，当中国进入经济政策调整期时，发达国家经济体往往也存在着经济下行的风险，制约中国出口贸易的发展；而发展中国家作为中国正在扩张的出口市场，国内经济政策不确定性的增加对其影响并不显著。但由于中国在发达国家市场的出口较为成熟，而在发展中国家的出口额还相对较少，所以国外经济政策不确定性的增加对发展中国家经济体的边际影响更为明显。

表6-2　　　　　　　　按照经济发展程度划分的子样本回归结果

变量	发达国家经济体			发展中国家经济体		
	（1）	（2）	（3）	（4）	（5）	（6）
	Exports	Exports	Exports	Exports	Exports	Exports
$\ln EPU_{it}$	-0.225 *** (0.046)	—	-0.166 *** (0.053)	-0.365 *** (0.101)	—	-0.153 * (0.087)
$\ln EPU_{jt}$	—	-0.157 *** (0.041)	-0.091 ** (0.045)	—	-0.434 *** (0.057)	-0.407 *** (0.058)
国家对固定效应	是	是	是	是	是	是
时间固定效应	是	是	是	是	是	是
N	328	312	312	198	173	173
R^2	0.944	0.938	0.940	0.923	0.943	0.944

注：*、** 和 *** 分别表示在10%、5%和1%的水平上显著，括号内的数值为标准差。

2. 按照经济危机发生前后划分的子样本回归结果

2008年首先在美国爆发的金融危机随后迅速席卷全球，形成了国际性的金融危机，许多国家和地区的经济都受到了前所未有的冲击，全球经济低迷，世界经济增长乏力，许多国家甚至陷入了负增长的状态。为了应对金融危机，各国政府不断出台新政策，全球经济政策不确定性明显提高。因此，为了探究国际金融危机的发生是否会影响到本书的估计结果，我们借鉴格陵兰等（Greenland et al.）的研究，以 2008 年的金融危机为界，将全样本划分为金融危机前和金融危机后这两个子样本，分别回归，估计结果如表 6 - 3 所示。

表 6 - 3　　　　　　　　按照经济危机发生前后划分的子样本回归结果

变量	金融危机发生前 (1997 ~ 2007 年)			金融危机发生后 (2008 ~ 2018 年)		
	（1）	（2）	（3）	（4）	（5）	（6）
	Exports	Exports	Exports	Exports	Exports	Exports
$lnEPU_{it}$	0.151 ** (0.063)	—	0.186 *** (0.057)	- 0.109 *** (0.029)	—	- 0.064 ** (0.030)
$lnEPU_{jt}$		0.018 (0.045)	- 0.039 (0.047)		- 0.147 ** (0.029)	- 0.124 *** (0.031)
国家对固定效应	是	是	是	是	是	是
时间固定效应	是	是	是	是	是	是
N	273	234	234	275	272	272
R^2	0.930	0.949	0.951	0.735	0.728	0.733

注：*、** 和 *** 分别表示在 10%、5% 和 1% 的水平上显著，括号内的数值为标准差。

　　根据表 6 - 3 的回归结果，我们发现，在金融危机前国内经济政策不确定性对中国出口贸易发展的影响是显著正向的，国外经济政策不确定性对中国出口贸易发展的影响并不显著。其可能的原因是在金融危机前中国国内经济正处于快速发展阶段，政府的经济政策也相对比较平稳。根据中国国内 EPU 趋势图（见图 3 - 1），金融危机前中国国内经济政策不确定性出现较大波动时，正处于中国加入世界贸易组织之际，但是这一政策变化对中国出口企业来说利大于弊，反而会促进中国出口贸易的发展。另外，表 6 - 3 中第（4）列 ~ 第（6）列的结果显示，2008 ~ 2018 年国内外经济政策不确定性的估计系数均在 5% 的水平上显著为负，说明金融危机后，国内或国外经济政策不确定性增加都会给中国出口贸易的发展带来显著的阻碍作用，而且与国内经济政策不确定性指数相比，国外经济政策不确定性的影响程度更大。与金融危机前相比，金融危机发生后，各国经济都处于萧条时期，各国为了刺激经济复苏不断调整其经济政策，但各国刺激经济复苏计划的效果并不一致，加剧了经济政策不确定性的波动，又进一步强化了经济政策不确定性给中国出口贸易带来的负面影响。

三、稳健性检验

尽管前文的分析已经得到了基本的估计结果，验证了国内外经济政策不确定性的增加对中国出口贸易的发展有着显著的负面作用，但为了保证结果的可靠性，本书从替换经济政策不确定性指数的角度进行稳健性检验。具体而言，在前文我们通过算术平均法将月度经济政策不确定性指数调整为年度指数，在本章节我们使用几何平均法得到年度经济政策不确定性指标，表 6-4 是对经济政策不确定性指数进行重新测算后得到的回归结果。

表 6-4　　　　　　　　　　稳健性检验估计结果

变量	（1）Exports	（2）Exports	（3）Exports
$\ln EPU_{it}$	-0.207*** (0.026)	—	-0.049 (0.052)
$\ln EPU_{jt}$	—	-0.314*** (0.084)	-0.300*** (0.096)
$\ln gdp_{it}$	0.705*** (0.068)	0.662*** (0.067)	0.684*** (0.061)
$\ln gdp_{jt}$	1.344*** (0.192)	1.294*** (0.155)	1.288*** (0.155)
$\ln D_{ijt}$	-6.646*** (2.728)	-5.726** (2.188)	-5.638*** (2.195)
$contig_{ij}$	-3.058*** (1.217)	-2.631** (0.974)	-2.593*** (0.977)
FTA_{ij}	-0.386*** (0.173)	-0.422*** (0.140)	-0.414*** (0.142)

续表

变量	(1) Exports	(2) Exports	(3) Exports
常数项	27.569 (21.143)	22.282 (17.172)	21.188 (17.182)
国家对固定效应	是	是	是
时间固定效应	是	是	是
N	548	506	506
R^2	0.922	0.945	0.935

注：*、** 和 *** 分别表示在 10%、5% 和 1% 的水平上显著，括号内的数值为标准差。

表 6-4 中的数据显示，国内和国外经济政策不确定性指数的估计系数均在 1% 的水平上显著为负，前者的估计系数为 -0.207，说明国内经济政策不确定性每增加 10%，中国出口贸易额平均下降 2.07% 左右，后者的估计系数为 -0.314，表明国外经济政策不确定性每增加 10%，中国对该国的出口贸易额平均下降 3.14% 左右。综合考虑国内外经济政策不确定性对中国出口贸易的影响，国内经济政策不确定性的估计系数为负，但不显著，而国外经济政策不确定性指标则在 1% 的水平上显著为负，且其估计系数的绝对值要远远高于国内经济政策不确定性的系数，说明国内外经济政策的不确定性均会阻碍中国出口贸易的发展，但后者的影响程度更为显著。这与通过算术平均值计算得到的经济政策不确定性指数的回归结果一致，说明更换经济政策不确定性指标基本不会改变前面得到的基本结论，因此，本书的基准回归结果是稳健的、可靠的。

四、结论

为了探究经济政策不确定性对中国出口贸易的影响，本节利用拓展的引力模型，采用 1997~2018 年中国对其他 25 个贸易伙伴的贸易数据进行实证检验，并从发达国家和发展中国家、金融危机前和金融危机后等异质性维度进行讨论，其基本结论如下：

第一，不论是国内经济政策不确定性还是国外经济政策不确定性，都会对中国出口贸易带来负面影响，而且，与国内经济政策不确定性指标相比，国外经济政策不确定性对中国出口贸易的影响程度更大。在进行稳健性检验后，我们发现这一回归结果在替换经济政策不确定性指标的情况下也是可靠的、稳健的。

第二，经济政策不确定性对中国出口贸易的影响在发达国家经济体和发展中国家经济体中都表现为显著的负面效应，但影响程度在不同的经济体中存在差异。其中，国内经济政策不确定性在发达国家和发展中国家之间的差异不大，而国外经济政策不确定性的波动对发展中国家的出口贸易更为敏感。

第三，2008 年国际金融危机发生前后，国内外经济政策不确定性对中国出口贸易的影响也不尽相同。与金融危机前相比，金融危机后国内外经济政策不确定性对中国出口贸易的负面影响更为显著，说明在全球经济发生重大变革时期，国内外经济政策的调整会给中国国内出口贸易带来更大的负面影响。

基于上述结论，本书提出以下政策建议。第一，对于中国政府来说，由于经济政策不确定性的增加会给中国出口贸易带来不利影响，所以中国政府必须重视维持中国经济政策的稳定性，这不仅关系到中国经济的良好发展，同时还会影响中国企业的对外扩张，帮助中国企业"走出去"。同时，中国政府还应加大对国内外经济风险的监管和预警，强化中国与其他国家之间的经济政治联系，根据国内外经济环境的变化，制定适合本国经济发展的相关政策。第二，对于出口企业来说，应该及时关注国内外经济政策的最新动态，强化风险防范意识和预警机制，降低国内外经济政策的变化给企业带来的损失，提升企业抵御外来风险的能力。

第二节　经济政策不确定性对中国出口贸易产品结构的影响

一、模型构建

为了更加准确地分析经济政策不确定性对中国出口产品结构的影响，

本书利用国际经济学中研究双边贸易流量的重要模型——引力模型进行实证研究。经典的引力模型认为双边贸易规模（X_{ijt}）与他们之间的经济总量（Y_{it}和Y_{jt}）成正比，与他们之间的距离（D_{ijt}）成反比，即：

$$X_{ijt} = \varphi_{ijt} \frac{Y_{it} Y_{jt}}{D_{ijt}} \qquad (6-4)$$

在实证研究中，我们在应用引力模型时一般采用对数形式，即：

$$\ln X_{ijt} = \alpha_0 + \alpha_1 \ln Y_{it} + \alpha_2 Y_{jt} + \alpha_3 \ln D_{ijt} + \varepsilon_{ijt} \qquad (6-5)$$

根据本书的研究目的以及出口贸易的特征，在传统引力模型的基础上引入了国外经济政策不确定性指数和其他控制变量以及国家和时间固定效应，得到扩展的引力模型，实证模型设置如下：

$$\ln X_{ijt} = \alpha_0 + \beta_1 \ln EPU_{j,t-1} + \beta_2 \ln GDP_{j,t} + \beta_3 \ln POP_{j,t} + \beta_4 \ln PROD_{j,t} +$$
$$\beta_5 \ln EF_{j,t} + \beta_6 FTA_{ijt} + \gamma_j + \mu_t + \varepsilon_{ijt} \qquad (6-6)$$

在式（6-6）中，i 为出口国，本书中，i 表示中国，j 为进口国，t 为时间。X_{ijt}是本书的因变量，分别为 t 期中国对其他 25 个国家或地区的出口额、出口产品的扩展边际和集约边际、出口产品的要素结构、技术结构及经济用途结构指标；$EPU_{j,t-1}$是本书的核心变量，表示 t-1 期出口目的国 j国的经济政策不确定性指数，考虑到经济政策的影响往往具有滞后性，故本书中采用的 EPU 指数均为滞后一期的变量；$GDP_{j,t}$和$POP_{j,t}$分别表示 t 期进口国 j 国的经济规模和人口水平；$PROD_{j,t}$表示 t 期进口国 j 相对于中国的劳动生产率水平；$EF_{j,t}$表示 t 期进口国的经济自由度水平；FTA_{ijt}表示中国与贸易伙伴是否签订自由贸易协定；γ_j 和 μ_t 分别表示国家固定效应和年度固定效应；ε_{ijt}表示随机误差项。另外，由于在方程中引入了国家固定效应和时间固定效应，而且本书只研究中国的出口数据，因此贸易引力模型中的距离变量以及出口国经济规模等都会被固定效应所吸收，故无须加入方程中。

二、变量选取与说明

（一）被解释变量

1. 出口贸易规模（export）

由于经济政策不确定性网站只提供了包括中国在内的 26 个国家或地区

的 EPU 数据，因此本书以中国与其他 25 个国家或地区的出口贸易数据作为研究对象，选取联合国商品贸易统计数据库中 HS96 六位数贸易数据，对 2001～2019 年中国与其他贸易伙伴的贸易数据进行研究。

2. 二元边际（IM & EM）

目前有关出口二元边际的测算方法繁多，其中胡梅尔斯和克莱诺（Hummels & Klenow，2005）提出的测算方法应用较为广泛。借鉴其定义及测算方法，本节将中国在第 t 年对贸易伙伴国 j 的出口分解为集约边际（intensive margin，IM）和扩展边际（extensive margin，EM）。计算出口来源国对目的国的二元边际所涉及的原始数据来自联合国商品贸易统计数据库中的 HS－1996 版本子库。

3. 要素结构（RI，LI & CI）

根据联合国际贸易标准分类（SITC）可将商品划分为三类：第一类为初级产品，包括 SITC0～SICT4 类产品；第二类为工业制成品，包括 SITC5～SITC8 类产品；第三类为未分类的其他商品，包括 SICT9 类产品。通常将初级产品定义为资源密集型产品（RI），将工业制成品中的第 6 类和第 8 类产品归为劳动密集型产品（LI），而 SITC5、SITC7 及未分类的其他产品 SITC9 定义为资本密集型产品（CI）。

4. 技术结构（LT，MT & HT）

根据拉尔（2000）的分类方式，在 OECD 分类的基础上，首先将 SITC（rev. 2）的所有产品归为初级产品（PP）和制成品，再把制成品分为资源性产品（RB）、低技术产品（LT）、中技术产品（MT）和高技术产品（HT）4 大类。

本书在拉尔（2000）分类的基础上，将初级产品（PP）和资源性产品（RB）都归类为低技术产品（LT），从而将 SITC（rev. 2）的所有产品分为低技术产品（LT）、中技术产品（MT）和高技术产品（HT）三大类，分别分析经济政策不确定性对技术含量不同的产品出口的影响。

5. 经济用途结构（capital，intermed & consump）

按照联合国民核算体系（SNA）中的基本货物类别分类，将出口商品分为资本货物（capital）、中间货物（intermed）和消费品（consump）三类，进一步考察经济政策不确定性对不同经济用途结构产品的异质性影响。

（二）解释变量：经济政策不确定性指数（EPU）

关于经济政策不确定性指数这一指标，本书采用的是贝克等（2020）编制的月度经济政策不确定性指数，并通过取算术平均值的方法将月度指标转换为年度指标。受到指标的限制，本书只选取中国与其他25个贸易伙伴作为研究对象，具体国别参见第六章第一节，中国对这些国家或地区的出口贸易总额在中国对世界总出口贸易额中的占比超过70%，具有一定的代表性。

（三）控制变量

借鉴既有文献的做法，本书将影响中国出口的其他变量作为控制变量引入模型。

1. 出口目的国经济规模（lngdp）

本书采用实际GDP（以2010年的不变美元价格表示）来衡量出口目的国的经济规模，原始数据来源于世界银行的WDI数据库。根据引力模型，双边贸易流量与GDP成正比，因此本书预期出口国GDP对二元边际的影响为正，对出口产品贸易结构也会产生正向的影响效果。

2. 出口目的国人口水平（lnPOP）

人口因素也会对国家间的贸易流量产生影响。一般而言，一国人口越多，消费需求越大，进而引起贸易量的增加，但人口的增加也可能会因为国内分工深化而减少国家贸易。该原始数据来源于世界银行的WDI数据库。

3. 相对劳动生产率水平（lnPROD）

借鉴钱学锋和熊平（2010）的做法，我们采用各国的相对劳动生产率来代替以工人工资来衡量的企业生产率以及工人的工资，即用各国的生产率比中国的生产率。数据来源于BvD全球各国宏观数据库，选取ln（1 + PROD）进入方程。

4. 经济自由度（lnEF）

借鉴钱学锋和熊平（2010）的做法，本书采用美国传统基金会（the heritage foundation）发布的《经济自由度指数》来衡量经济自由度指标，该指标是从贸易、货币、政府、财政、金融、投资、知识产权、规制等角度来评价一国的经济自由度，得分越高，说明经济自由度越高；反之，经济自由度越低。

5. 双边贸易协定（FTA）

FTA 是一个虚拟变量，若中国与贸易伙伴国签订了区域贸易协定，那么 FTA = 1；反之，FTA = 0，该数据来源于中国自由贸易区服务网。

本书选取 2001 ~ 2019 年中国与 25 个贸易伙伴的出口数据作为统计样本进行检验，各变量的描述性统计结果如表 6 - 5 所示。

表 6 - 5   变量的描述性统计

变量	观测值	均值	标准差	最小值	最大值
lnEPU	457	4. 680	0. 421	3. 296	6. 297
lngdp	475	27. 49	1. 265	24. 60	30. 54
lnEF	475	4. 228	0. 154	3. 886	4. 502
lnPROD	475	1. 757	0. 578	0. 390	2. 933
lnPOP	475	10. 59	1. 423	8. 254	14. 13
FTA	475	0. 137	0. 344	0	1
lnexport	475	23. 49	1. 554	18. 54	26. 90
lnEM	473	− 0. 234	0. 165	− 0. 888	− 0. 00295
lnIM	473	− 2. 140	0. 610	− 3. 647	− 0. 756
lnRI	475	20. 40	1. 810	15. 42	23. 66
lnLI	475	22. 66	1. 494	18. 32	26. 03
lnCI	475	22. 75	1. 678	16. 17	26. 31
lnHT	475	22. 12	1. 860	14. 87	26. 15
lnMT	475	22. 02	1. 573	16. 04	25. 40
lnLT	475	22. 70	1. 485	18. 35	25. 97
lnConsump	475	22. 29	1. 503	18. 13	25. 78
lnIntermed	475	22. 55	1. 611	16. 45	25. 91
lnCapital	475	22. 03	1. 776	15. 11	25. 86

资料来源：笔者根据有关数据计算所得。

三、实证结果与分析

对回归模型的选取，本书分别采用 F 检验和豪斯曼检验来确定模型

是选取混合 OLS、固定效应模型还是随机效应模型。首先，对模型进行
F 检验，p 值为 0，强烈拒绝原假设，故固定效应模型 FE 明显优于 OLS
回归；接着对模型采取豪斯曼检验，p 值也是 0，强烈拒绝原假设，说明
固定效应模型优于随机效应模型，因此本书最终选择固定效应模型进行
回归分析。

（一）经济政策不确定性对中国出口贸易二元边际的影响

本书检验了目的国经济政策不确定性对出口贸易总额及二元边际的
影响，回归结果如表 6-6 所示。其中，第（1）列、第（3）列和第（5）
列是利用基本引力模型估计的结果，仅包括基本解释变量经济政策不确定
性 EPU、进口国经济规模水平 GDP 以及固定效应；第（2）列、第（4）
列和第（6）列是利用扩展引力模型估计的结果，包括人口规模（POP）、
劳动生产率（PROD）、经济自由度水平（EF）和是否签订区域贸易协定
（FTA）等控制变量。第（1）列和第（2）列的结果显示，经济政策不
确定性指标的估计系数均为负，且都在 1% 的水平上显著，说明出口目
的国经济政策不确定性与中国的出口贸易额呈显著负相关关系，出口目
的国经济政策不稳定性的增加会抑制中国出口贸易的发展，与预期一致。
平均来看，国外经济政策不确定性每增加 10%，中国出口贸易额会降
低 1.86%。

表 6-6 出口贸易二元边际的回归结构

变量	(1) lnexport	(2) lnexport	(3) lnEM	(4) lnEM	(5) lnIM	(6) lnIM
lnEPU	-0.184*** (-5.12)	-0.186*** (-5.23)	-0.007 (-0.54)	-0.011 (-0.93)	-0.139*** (-4.71)	-0.130*** (-4.58)
lngdp	1.268*** (11.87)	0.349 (1.25)	0.176*** (4.81)	0.062 (0.64)	0.287*** (3.28)	-0.534** (-2.40)
lnPOP		1.389*** (2.99)		-0.140 (-0.87)		2.205*** (5.95)
lnPROD		1.045*** (3.70)		0.220** (2.25)		0.684*** (3.04)

续表

变量	(1) lnexport	(2) lnexport	(3) lnEM	(4) lnEM	(5) lnIM	(6) lnIM
lnEF		0.070 (0.22)		0.055 (0.50)		0.076 (0.30)
FTA		-0.092 (-1.43)		-0.007 (-0.30)		-0.156*** (-3.05)
Constant	-12.117*** (-4.10)	-3.520 (-0.68)	-5.065*** (-5.01)	-1.318 (-0.74)	-9.655*** (-3.98)	-11.037*** (-2.69)
Observations	457	457	457	457	457	457
Number of Importer	25	25	25	25	25	25
R-squared	0.925	0.929	0.352	0.371	0.689	0.722
Importer FE	YES	YES	YES	YES	YES	YES
Year FE	YES	YES	YES	YES	YES	YES

注：***、** 和 * 分别表示在1%、5%和10%的水平上显著，括号内为t统计量值。

表6-6中第（3）～第（6）列汇报了国外经济政策不确定性影响中国出口二元边际的检验结果。表6-6中第（5）列和第（6）列汇报了国外经济政策不确定对中国出口贸易集约边际的检验结果，根据表中数据可以看出，无论是否加入其他控制变量，国外经济政策不确定性指标的估计系数均在1%的水平上显著为负，说明国外经济政策不确定性增加将会阻碍中国出口贸易集约边际的发展，不利于中国出口产品数量的增加，平均来看，国外经济政策不确定性每增加10%，中国出口贸易集约边际约下降1.3%。与集约边际的估计结果相比，国外经济政策不确定性对扩展边际的影响并不明显。表6-6中第（3）列和第（4）列对应扩展边际的估计结果显示，国外经济政策不确定性对中国出口贸易扩展边际估计系数为负但并不显著，说明经济政策不确定性对扩展边际的影响较小，与集约边际相比，扩展边际具有更高的抗风险能力，这意味着如果中国出口更多地向扩展边际而非集约边际方向发展，中国在遭遇外部冲击时，其经济波动幅度也会更小。

（二）经济政策不确定性对中国出口贸易产品结构的影响

为了进一步分析国外经济政策不确定性对中国出口贸易产品结构的影响，本书根据国际贸易标准分类 SITC1（standard international trade classification）位数分类、Lall 分类和经济大类 BEC 分类原则，从要素结构、技术结构和经济用途结构这三个不同的角度来探究国外经济政策不确定性对中国不同类别产品出口的差异。其中，根据要素不同将出口产品划分为资源密集型产品、劳动密集型产品和资本密集型产品，根据技术的高低将出口产品划分为低技术产品、中等技术产品和高技术产品，最后根据经济用途结构不同将出口产品划分为消费品、中间品和资本品。

1. 按不同要素结构划分

表 6－7 是按照劳动密集型产品、资源密集型产品和资本密集型产品划分得到的回归结果。其中，第（1）列和第（2）列是对资源密集型产品出口规模的回归结果，第（3）列和第（4）列是对劳动密集型产品出口规模的回归结果，第（5）列和第（6）列是对资本密集型产品出口规模的回归结果。回归结果显示，国外经济政策不确定性对中国劳动密集型产品和资本密集型产品的回归系数均为负，且在 1% 的水平上显著为负，说明国外经济政策不确定性会显著阻碍中国劳动密集型产品和资本密集型产品的出口，不利于中国出口商品结构的优化。其中，对资本密集型产品出口的影响最大，系数为 － 0.198，表明国外经济政策不确定性每增加 10%，中国资本密集型产品出口会降低 1.98%；对劳动密集型产品出口的回归系数为 － 0.153，表明国外经济政策不确定性每增加 10%，中国劳动密集型产品出口将会降低 1.53%。另外，根据表中结果可以发现，加入一系列控制变量后，国外经济政策不确定性对中国资源密集型产品的回归系数为负但并不显著，而且其系数值要明显小于国外经济政策不确定性对劳动密集型和资本密集型产品的系数值，说明国外经济政策不确定性并不会对资源密集型产品出口产生显著的阻碍作用。对于这三类产品而言，资本密集型产品的出口质量相对更高，需要投入的资本更多，因此，当国外经济政策不确定性增加时，企业更倾向于减少投资来规避风险，因此当国外经济政策不确定性发生波动时，中国资本密集型产品出口更容易受到冲击。

表 6 – 7　　　　　　　　　不同要素结构产品的回归结果

变量	(1) lnRI	(2) lnRI	(3) lnLI	(4) lnLI	(5) lnCI	(6) lnCI
lnEPU	- 0. 102 ** (- 2. 16)	- 0. 069 (- 1. 53)	- 0. 166 *** (- 4. 18)	- 0. 153 *** (- 4. 08)	- 0. 174 *** (- 4. 02)	- 0. 198 *** (- 4. 67)
lngdp	0. 868 *** (6. 20)	1. 049 *** (2. 97)	1. 261 *** (10. 66)	- 0. 012 (- 0. 04)	1. 437 *** (11. 16)	0. 650 * (1. 95)
lnPOP		1. 349 ** (2. 30)		3. 136 *** (6. 41)		- 0. 566 (- 1. 02)
lnPROD		- 0. 979 *** (- 2. 75)		1. 204 *** (4. 05)		1. 319 *** (3. 91)
lnEF		0. 202 (0. 50)		- 0. 321 (- 0. 95)		0. 407 (1. 06)
FTA		0. 306 *** (3. 79)		- 0. 249 *** (- 3. 69)		0. 038 (0. 50)
Constant	- 3. 939 (- 1. 02)	- 20. 897 *** (- 3. 22)	- 12. 621 *** (- 3. 86)	- 10. 385 * (- 1. 92)	- 17. 796 *** (- 5. 00)	4. 449 (0. 72)
Observations	457	457	457	457	457	457
Number of Importer	25	25	25	25	25	25
R-squared	0. 797	0. 821	0. 908	0. 921	0. 910	0. 916
Importer FE	YES	YES	YES	YES	YES	YES
Year FE	YES	YES	YES	YES	YES	YES

注：***、**和*分别表示在1%、5%和10%的水平上显著，括号内为 t 统计量值。

2. 按不同技术结构划分

表 6 – 8 是按照低技术产品、中技术产品和高技术产品划分得到的回归结果。其中，第（1）列和第（2）列是对高技术产品出口规模的回归结果，第（3）和第（4）列是对中技术产品出口规模的回归结果，第（5）和第（6）列是对低技术产品出口规模的回归结果。回归结果显示，无论是否加入其他控制变量，国外经济政策不确定性对低技术产品、中技术产品和高技术产品出口的系数均在1%的水平上显著为负，说明这三类产品的出口均会随着国外经济政策不确定性的增加而下降。从系数的大小来

看，国外经济政策不确定性对高技术产品出口的影响最大，其系数为
−0.267，将近中、低技术产品出口的 2.5 倍，这表示国外经济政策不确定
性每增加 1%，高技术产品出口将下降 0.267%，而中技术产品出口将下降
0.107%，低技术产品出口则下降 0.120%。与资本密集型产品相似，高技
术产品的出口价格和出口质量相对较高，企业投入的研发成本也相对更
高，所以当国外经济政策不确定性增加时，企业往往会选择减少投资来降
低风险，因此高技术产品出口受到的影响更大。

表 6 − 8 不同技术结构产品的回归结果

变量	(1) lnHT	(2) lnHT	(3) lnMT	(4) lnMT	(5) lnLT	(6) lnLT
lnEPU	− 0.238 *** (− 4.44)	− 0.267 *** (− 5.12)	− 0.095 ** (− 2.43)	− 0.107 *** (− 2.79)	− 0.139 *** (− 3.93)	− 0.120 *** (− 3.58)
lngdp	1.002 *** (6.31)	− 0.017 (− 0.04)	1.780 *** (15.31)	0.653 ** (2.17)	1.128 *** (10.69)	0.157 (0.60)
lnPOP		− 0.844 (− 1.24)		0.921 * (1.84)		3.008 *** (6.87)
lnPROD		1.732 *** (4.17)		1.496 *** (4.93)		0.727 *** (2.73)
lnEF		0.313 (0.67)		0.102 (0.30)		− 0.309 (− 1.02)
FTA		0.094 (1.00)		− 0.075 (− 1.09)		− 0.188 *** (− 3.11)
Constant	− 6.361 (− 1.45)	24.432 *** (3.23)	− 28.184 *** (− 8.77)	− 10.493 * (− 1.90)	− 8.895 *** (− 3.05)	− 12.596 *** (− 2.60)
Observations	457	457	457	457	457	457
Number of Importer	25	25	25	25	25	25
R-squared	0.879	0.888	0.926	0.931	0.916	0.927
Importer FE	YES	YES	YES	YES	YES	YES
Year FE	YES	YES	YES	YES	YES	YES

注：***、** 和 * 分别表示在 1%、5% 和 10% 的水平上显著，括号内为 t 统计量值。

3. 按经济用途结构划分

除了上述从生产的角度出发探讨国外经济政策不确定性对不同类型产品出口的影响外，本书还从需求的角度出发，利用联合国经济大类（BEC）分类数据分析国外经济政策不确定性对中国出口贸易产品结构的影响，表6-9是按照消费品、中间品和资本品划分得到的回归结果。其中，第（1）列和第（2）列是对消费品出口规模的回归结果，第（3）列和第（4）列是对中间品出口规模的回归结果，第（5）列和第（6）列是对资本品出口规模的回归结果。如表6-9所示，国外经济政策不确定性对消费品、中间品和资本品的回归系数均为负，且都在1%的水平上显著，说明国外经济政策不确定性的增加对这三类产品出口均会产生显著的负面作用。从系数的大小上来看，国外经济政策不确定性对资本品出口的影响大于对消费品出口的影响，而对中间品出口的影响则最小，具体体现为国外经济政策不确定性每增加1%，资本品出口会降低约0.231%，而消费品和中间品出口则分别降低约0.158%和0.110%。

表6-9　　　　　　　　不同经济用途结构产品的回归结果

变量	(1) lnConsump	(2) lnConsump	(3) lnIntermed	(4) lnIntermed	(5) lnCapital	(6) lnCapital
lnEPU	-0.166 *** (-3.99)	-0.158 *** (-4.11)	-0.091 ** (-2.15)	-0.110 *** (-2.61)	-0.213 *** (-4.43)	-0.231 *** (-4.87)
lngdp	1.458 *** (11.80)	-0.321 (-1.06)	1.139 *** (9.06)	0.559 * (1.69)	1.569 *** (10.97)	0.636 * (1.70)
lnPOP		3.089 *** (6.15)		0.153 (0.28)		-0.009 (-0.01)
lnPROD		1.975 *** (6.47)		0.774 ** (2.31)		1.443 *** (3.82)
lnEF		-0.579 * (-1.67)		1.048 *** (2.76)		0.046 (0.11)
FTA		-0.183 *** (-2.64)		-0.050 (-0.66)		-0.007 (-0.08)
Constant	-18.153 *** (-5.32)	-2.324 (-0.42)	-10.092 *** (-2.90)	-2.116 (-0.35)	-22.021 *** (-5.57)	-0.043 (-0.01)

续表

变量	（1） lnConsump	（2） lnConsump	（3） lnIntermed	（4） lnIntermed	（5） lnCapital	（6） lnCapital
Observations	457	457	457	457	457	457
Number of Importer	25	25	25	25	25	25
R-squared	0.882	0.902	0.907	0.910	0.904	0.909
Importer FE	YES	YES	YES	YES	YES	YES
Year FE	YES	YES	YES	YES	YES	YES

注：***、**和*分别表示在1%、5%和10%的水平上显著，括号内为t统计量值。

四、稳健性检验

考虑到潜在的贸易零值问题所带来的样本选择性偏误，我们还利用希尔瓦和特内雷罗（Silva & Tenreyro，2006）提出的泊松拟似然估计方法（Poisson pseudo-maximum-likelihood estimation，PPML）进行估计，以作为基于OLS方法得到的估计结果的稳健性检验，其回归结果如表6-10和表6-11所示。

表6-10　　　　　　出口贸易二元边际的回归结果（PPML估计方法）

变量	（1） export	（2） EM	（3） IM
lnEPU	-0.053* (-1.85)	-0.006 (-0.55)	-0.129*** (-4.63)
lngdp	0.509* (1.70)	0.034 (0.34)	-0.947*** (-4.37)
lnEF	-0.430 (-1.47)	0.080 (0.81)	0.409 (1.47)
lnPROD	0.375 (1.24)	0.228** (2.15)	0.993*** (4.43)
lnPOP	1.839*** (4.09)	-0.056 (-0.36)	2.689*** (7.11)
FTA	-0.046 (-1.16)	-0.011 (-0.54)	-0.124** (-2.15)

续表

变量	(1) export	(2) EM	(3) IM
Constant	−7.944 (−1.24)	−1.251 (−0.73)	−7.157* (−1.73)
Observations	457	457	457
Pseudo R-squared	0.992	0.008	0.067
Importer FE	YES	YES	YES
Year FE	YES	YES	YES

注：***、** 和 * 分别表示在1%、5%和10%的水平上显著，括号内为 t 统计量值。

表6-11　　　　不同出口贸易产品结构的回归结果（PPML 估计方法）

变量	要素结构		技术结构		经济用途结构				
	(1) lnRI	(2) lnLI	(3) lnCI	(4) lnHT	(5) lnMT	(6) lnLT	(7) lnConsump	(8) lnIntermed	(9) lnCapital
lnEPU	−0.004* (−1.90)	−0.007*** (−4.25)	−0.009*** (−4.71)	−0.012*** (−5.54)	−0.005** (−2.52)	−0.006*** (−3.60)	−0.008*** (−4.39)	−0.005*** (−2.60)	−0.011*** (−4.65)
lngdp	0.046** (2.29)	−0.010 (−0.66)	0.020 (1.11)	−0.013 (−0.58)	0.023 (1.45)	−0.001 (−0.10)	−0.025* (−1.65)	0.016 (0.90)	0.019 (0.94)
lnEF	0.015 (0.71)	−0.010 (−0.52)	0.025 (1.23)	0.022 (0.89)	0.009 (0.49)	−0.010 (−0.59)	−0.022 (−1.19)	0.055*** (2.77)	0.009 (0.33)
lnPROD	−0.042** (−2.10)	0.064*** (4.67)	0.065*** (4.18)	0.089*** (4.51)	0.074*** (5.05)	0.041*** (3.75)	0.106*** (7.30)	0.039*** (2.62)	0.076*** (3.97)
lnPOP	0.085*** (2.61)	0.161*** (6.73)	−0.007 (−0.22)	−0.019 (−0.49)	0.061* (1.96)	0.154*** (6.76)	0.165*** (6.42)	0.024 (0.74)	0.022 (0.59)
FTA	0.014** (2.11)	−0.012*** (−3.22)	0.001 (0.30)	0.004 (0.86)	−0.004 (−1.11)	−0.009** (−2.49)	−0.009** (−2.43)	−0.003 (−0.62)	−0.001 (−0.23)
Constant	0.887** (2.04)	1.646*** (4.94)	2.478*** (7.85)	3.479*** (7.54)	1.668*** (5.95)	1.527*** (4.98)	2.005*** (5.69)	2.137*** (6.45)	2.238*** (6.42)
Observations	457	457	457	457	457	457	457	457	457
Pseudo R-squared	0.983	0.983	0.992	0.991	0.985	0.986	0.987	0.988	0.991
Importer FE	YES	YES	YES	YES	YES	YES	YES	YES	YES
Year FE	YES	YES	YES	YES	YES	YES	YES	YES	YES

注：***、** 和 * 分别表示在1%、5%和10%的水平上显著，括号内为 t 统计量值。

　　表 6 - 10 汇报了用 PPML 估计方法检验目的国经济政策不确定性对出口贸易产品二元边际结构的影响的回归结果。其中，第（1）列显示了目的国经济政策不确定性对出口贸易总额的估计系数为 - 0.053，在 10% 的水平上显著；从第（3）列可以对集约边际的估计系数为 - 0.129，在 1% 的水平上显著，其结果与用 OLS 估计方法得到的检验结果基本一致，进一步证实了目的国经济政策不确定性会给中国出口贸易总额及集约边际带来一定的不利影响。而在第（2）列对扩展边际的回归结果中，可以发现无论用 OLS 估计方法还是 PPML 估计方法，国外经济政策不确定性的估计系数虽为负数但均没有通过显著性水平检验，说明扩展的贸易边际受目的国经济政策不确定性变动的影响不大，因此促进中国出口产品多元化发展将有利于降低中国产品出口的风险，提高抵御外部风险的能力。

　　表 6 - 11 汇报了用 PPML 估计方法检验目的国经济政策不确定性对不同出口贸易产品结构的影响的回归结果。其中，第（1）~（3）列汇报了国外经济政策不确定性指数对不同要素结构的检验结果，第（4）~（6）列汇报了对不同技术结构的检验结果，第（7）~（9）列则汇报了对不同经济用途结构的检验结果。从要素结构上来看，国外经济政策不确定性对中国资源密集型产品的估计系数在 10% 的水平上显著为负，对劳动密集型产品和资本密集型产品出口的估计系数在 1% 的水平上显著为负。而且从系数的大小上来看，对资本密集型产品的影响更大；从不同技术结构上来看，国外经济政策不确定性对中国中技术产品的估计系数在 5% 的水平上显著为负，对低技术产品和高技术产品出口的估计系数在 1% 的水平上显著为负，而且与中低技术产品出口相比，目的国经济政策不确定性更容易给高技术产品出口带来的负面影响；从不同经济用途结构上来看，国外经济政策不确定性对消费品、中间品和资本品三类产品出口的估计系数均在 1% 的水平上显著为负，且对资本品出口的影响最大，这些估计结果与用 OLS 估计方法得到的结果基本一致。但从系数的大小来看，PPML 得到的估计系数更小，说明用 OLS 估计方法进行回归很可能高估了国外经济政策不确定性对不同出口贸易产品结构的影响。

五、结论

本章节以出口贸易结构作为研究对象，选取 2001~2019 年中国对其他贸易伙伴国的出口数据为样本，从产品的角度对中国出口贸易的产品结构进行分解，包括二元边际结构、要素结构、技术结构和经济用途结构，同时结合（2016）编制的其他 25 个贸易伙伴的 EPU 指数，利用拓展的引力模型实证检验了目的国经济政策不确定性对中国出口贸易结构产生的影响。研究结果表明：

第一，从中国二元边际的发展状况上来看，中国出口贸易的扩展边际始终高于集约边际，但就变化趋势来看，中国产品出口的扩展边际发展较为平稳，其年均增长率仅为 0.25%，而集约边际则一直处于不断上升的趋势，其年均增长率高达 3.52%，可见中国出口贸易集约边际的增长速度明显高于扩展边际的增长速度，说明中国对外出口的增加主要是被集约边际的增长所拉动的；从其他出口贸易产品结构的发展状况上来看，中国出口贸易结构正处于不断优化的过程中，资本密集型产品和高技术产品出口占比在不断增加，资本品和中间品的出口占比也呈不断增加的态势。

第二，出口国目的国经济政策不确定性的上升会显著抑制中国出口贸易的发展，而且这种抑制作用主要是通过抑制中国集约边际的发展来实现的。从回归结果上来看，出口国目的国经济政策不确定性对出口规模和集约边际的回归系数均为负，且在 1% 的水平上显著，对扩展边际的回归系数虽为负但并不显著，说明目的国经济政策不确定性的增加会阻碍中国出口贸易的发展，也不利于中国出口集约边际的增加，但并不会对中国出口的扩展边际造成明显的负面影响，这反映了与出口的扩展边际相比，中国出口规模和出口集约边际的发展更容易受到外部冲击的影响，而扩展边际则具有更强的抗风险能力。

第三，较低的伙伴国经济政策不确定性有助于改善中国出口贸易的产品结构，促进中国出口贸易产品结构的优化与升级。具体来说，从要素结构上来看，出口国目的国经济政策不确定性的上升会显著影响中国劳动密集型产品和资本密集型产品的出口，对资源密集型产品出口的影响并不显著，而且从系数的大小上来看，中国资本密集型产品出口更容易受到国外经济政策不确定性波动的冲击；从技术结构上来看，目的国经济政策不确定性的上升对中国低技术产品、中技术产品以及高技术产品的出口都存在着显著的抑制作用，其中，对高技术产品出口的抑制作用最强，不利于中国出口产品技术结构的转型；从经济用途结构上来看，无论是消费品出口、中间品出口还是资本品出口均会受到国外经济政策不确定性显著的负面影响，根据系数的大小可以发现，当目的国经济政策不确定性上升，资本品出口受到的阻碍最大，也就是说，较低的伙伴国经济政策不确定性对中国资本品出口更为有利，其次是消费品和中间品的出口。

第三节 经济政策不确定性对中国企业 出口产品质量的影响

随着贸易保护主义的抬头和逆全球化思潮在全球范围内的兴起，全球经济政策不确定的程度陡然加深，这不仅给微观企业的出口行为带来很大的不确定性，同时对中国出口贸易结构优化造成重大影响。当前，虽有学者将企业出口产品的规模和质量等作为贸易结构的度量指标，研究经济政策不确定性对贸易结构优化的影响，但总产品出口规模和质量的提升并不能很好地代表贸易结构的转变。因此，本节首先采用贝克等（2016）编制的经济政策不确定性指数作为经济政策不确定性的代理指标，同时运用拉尔（2000）的分类方法筛选出高技术含量的产品，将其出口规模、出口质量及出口比重作为贸易结构优化的度量指标，运用固定效应模型，考察经济政策不确定性对中国出口贸易结构优化的影响。其次，本节还从不同所有制、贸易方式和产品类别等异质性角度，考察了经济政策不确定性对中国贸易结构优化的影响。最后，本节还替换了经济政策不确定性指数的计算方法，进行稳健性检验。研究表明：（1）进口国经济政策不确定性的提升对中国企业高技术含量产品的出口规模、出口质量和比重均有显著的促进作用。（2）在考虑了贸易方式、产品类别和所有制的异质性后，除资本品的出口规模和出口质量不显著外，经济政策不确定性在各分组下的促进作用均正向显著。（3）在替换了经济政策不确定性指数后回归结果依然稳健。本节的研究不仅创新性地将高技术含量产品的出口规模、质量及比重与经济政策不确定性结合起来，研究结果还表明进口国经济政策不确定性的上升并不会抑制中国出口贸易结构的优化，这为中国贸易结构转型升级提供了新的政策启示。

一、理论模型

本书在一般均衡模型中引入梅里兹（2003）的理论，用于分析进口国经济政策不确定性对中国微观企业出口的影响，进而探讨其对中国出口贸易结构优化的作用。可以从两个方面进行推理：第一，出口目的国经济政策不确定性会造成该国物价的波动，中国企业若想参与全球竞争，则必须摆脱低端贸易，出口高质量的产品；第二，出口目的国经济政策不确定性的提升会导致出口企业生产率阈值的提高，从而使生产率较低的企业退出出口市场，出口产品质量得到较大提升。

（一）基本假设

假设有两个对称的国家，国家中的生产者和消费者均是连续分布的。市场结构是垄断竞争的，每种商品只由一家企业生产，并按照生产率从低到高的顺序对企业进行排列。同时假设企业要从三个方面进行决策：（1）如果企业 i 只在国内销售其生产的产品，则设定 $i \in (0, 1)$。（2）如果企业 i 还在国外销售其生产的产品，则设定其生产的对外出口商品 $i \in (n, 1)$。（3）同理，如果国外企业 i 生产的产品只在本国销售，则 $i \in (1, 2)$；如果国外企业生产的产品还出口到国内，则 $i \in (1 + n^*, 2)$。因此，国内企业生产的不可在国内贸易的产品为 $i \in (0, n)$，国外企业的不可在本国进行贸易的产品为 $i \in (1, 1 + n^*)$。本书借鉴樊海潮、郭光远（2015）和约翰逊（Johnson，2012）的做法，在代表消费者的效用函数中加入代表各类消费品质量水平的变量。本书进一步假定两个国家要素市场的工资水平是外生变量。由于假定两个国家是对称的，"一价定律"成立，因此两个国家的物价和工资水平并无显著差异。

1. 消费者

假定两个国家具有代表性的消费者的效用函数为：

$$U(C_t, L_t) = \ln C_t - zL_t \tag{6-7}$$

C_t 代表消费者消费商品的数量，且 $C_t = \left\{\int_0^1 \left[c_t^d(i)q_t^d(i)\right]^{\frac{\sigma-1}{\sigma}} di + \int_{1+n^*}^2 \left[c_t^f(i)q_t^f(i)\right]^{\frac{\sigma-1}{\sigma}} di\right\}^{\frac{\sigma}{\sigma-1}}$，其中，$c_t^d(i)$ 和 $q_t^d(i)$ 分别代表本国消费者消费国内生产商品的数量和质量水平；$c_t^f(i)$ 和 $q_t^f(i)$ 则分别代表本国消费者消费国外生产商品的数量和质量水平；σ 取值大于 1，代表任意两种商品的替代弹性。参数 $z > 0$，L_t 是消费者劳动时间的代表。据此可推断出，消费者消费商品数量的增加、消费商品质量的提高可以带给消费者正向效用，而劳动时间的增加则会给消费者带来负向效用。消费者所满足的预算约束条件为：

$$P_t C_t = M_{t-1} + W_t L_t \tag{6-8}$$

M_{t-1} 代表 $t-1$ 时期消费者的非劳动收入，W_t 为 t 时期消费者工作单位时间的工资收入水平，由此可计算出本国物价水平：

$$P_t = \left\{\int_0^1 \left[\frac{p_t^d(i)}{q_t^d(i)}\right]^{1-\sigma} di + \int_{1+n^*}^2 \left[\frac{p_t^f(i)}{q_t^f(i)}\right]^{1-\sigma} di\right\}^{\frac{1}{1-\sigma}} \tag{6-9}$$

$p_t^d(i)$ 代表消费者消费的本国商品的价格，$p_t^f(i)$ 代表消费者消费的外国商品的价格。根据效用最大化的一阶条件可得式（6-10）、式（6-11）：

$$c_t^d(i) = \left[\frac{p_t^d(i)}{P_t}\right]^{-\sigma} C_t q_t^d(i)^{\sigma-1} \tag{6-10}$$

$$c_t^f(i) = \left[\frac{p_t^f(i)}{P_t}\right]^{-\sigma} C_t q_t^f(i)^{\sigma-1} \tag{6-11}$$

同理，对国外的消费者也成立。

$$C_t = \frac{1}{z}\frac{W_t}{P_t} \tag{6-12}$$

2. 生产者

将企业异质性考虑在内后，我们设定企业的生产函数满足：$C_t^x(i) = A_t(i)L_t^x(i)$，$x = \{d, d^*, f, f^*\}$。$A_t(i)$ 代表企业的全要素生产率。d 代表生产的产品仅供国内市场使用的本国厂商，d^* 代表生产的产品供国外市场使用的本国厂商，f 代表生产的产品仅供自身使用的国外厂商，f* 代表生产的产品供出口使用的国外厂商。依据企业利润最大化的目标，我们将国内厂商的利润函数表述为：

$$MAX: \pi_t^d(i) + \max \pi_t^f(i) \qquad (6-13)$$

$$\pi_t^d(i) = p_t^d(i) c_t^d(i) - w_t l_t - f_1 q_t^d(i)^\sigma - fx_t(i) \qquad (6-14)$$

$$\pi_t^{d*}(i) = s_t p_t^{d*}(i) c_t^{d*}(i) - s_t \varphi_t(i) c_t^{d*}(i) - w_t l_t^{d*} - f_2 q_t^{d*}(i)^\sigma - fx_t(i) - fexp_t(i) \qquad (6-15)$$

s_t 是用直接标价法表示的名义汇率，即一单位外国货币可兑换多少本国货币。$\varphi_t(i)$ 表示以外币计价的单位数量可贸易品的运输成本。$fx_t(i)$ 表示生产的产品供本国使用的厂商所必须支付的固定成本。$fexp_t(i)$ 表示生产的产品对外出口的企业必须支付的固定成本（以本币计），$f_1 q_t^d(i)^\sigma$ 和 $f_2 q_t^{d*}(i)^\sigma$ 均表示当产品质量为既定时，企业在生产过程中所必须支付的额外成本，同时，本书假设产品的边际质量和企业的边际成本存在正相关的关系，即产品边际质量的提升伴随企业边际成本的增加。最后，本书假定两个国家的市场是分割的，套利行为并不存在。

若企业生产的产品仅供国内消费，则根据一阶条件的求解可得：

$$p_t^d(i) = \frac{\sigma}{\sigma - 1} \frac{w_t}{A_t(i)} \qquad (6-16)$$

$$q_t^d(i) = \frac{W_t P_t^{\sigma-1}}{z\sigma f_1} \left(\frac{\sigma}{\sigma-1}\right)^{\sigma-1} \left[\frac{w_t}{A_t(i)}\right]^{1-\sigma} \qquad (6-17)$$

若企业生产的产品还销往国外，则根据一阶条件的求解可得：

$$p_t^{d*}(i) = \frac{\sigma}{\sigma-1} \left[\frac{w_t}{A_t(i)s_t} + \varphi_t(i)\right] \qquad (6-18)$$

$$q_t^{d*}(i) = \frac{S_t W_t^* P_t^{*\sigma-1}}{z\sigma f_2} \left(\frac{\sigma-1}{\sigma}\right)^\sigma \left[\frac{w_t}{A_t(i)S_t} + \varphi_t(i)\right]^{1-\sigma} \qquad (6-19)$$

综上可通过推断计算出企业产品 i 的出口数量和出口规模：

$$c_t^{d*}(i) = \left(\frac{\sigma-1}{\sigma}\right)^{\sigma^2} \left[\frac{w_t}{A_t(i)S_t} + \varphi_t(i)\right]^{-\sigma^2+\sigma-1} \frac{S_t^{\sigma-1} W_t^{*\sigma} P_t^{*\sigma^2-\sigma}}{z^\sigma (\sigma f_2)^{\sigma-1}} \quad (6-20)$$

$$export_t^{d*}(i) = \left(\frac{\sigma-1}{\sigma}\right)^{\sigma^2-1} \left[\frac{w_t}{A_t(i)S_t} + \varphi_t(i)\right]^{-\sigma^2+\sigma} \frac{S_t^{\sigma-1} W_t^{*\sigma} P_t^{*\sigma^2-\sigma}}{z^\sigma (\sigma f_2)^{\sigma-1}}$$

$$(6-21)$$

3. 生产率阈值

若企业生产的产品仅在国内市场上销售，则仅需满足国内市场利润为正 [即 $\pi_t^d(i) \geqslant 0$] 即可，由此计算出企业能够在国内市场生存的生产率阈值为：

$$A_{t0}(i) = w_t \left\{ \frac{fx_t(i)}{f_1 \left[\sigma \left(\frac{\sigma}{\sigma-1} \right)^{1-\sigma^2} + \sigma \left(\frac{\sigma}{\sigma-1} \right)^{-\sigma^2} + \left(\frac{\sigma}{\sigma-1} \right)^{-\sigma^2} \right]} \right\}^{\frac{1}{\sigma(\sigma-1)}} \left(\frac{z\sigma f_1}{W_t P_t^{\sigma-1}} \right)^{\frac{1}{\sigma-1}}$$

$$(6-22)$$

若除国内市场外，企业生产的产品还销往国外，即从事出口贸易，则其还要满足在国外市场利润为正 [即 $\pi_t^{d*}(i) \geqslant 0$]，由此计算出企业能够从事出口贸易（或能够在国外市场生存）的生产率阈值为：

$$A_{t1}(i) = \frac{w_t}{S_t} \cdot \frac{1}{\left\{ \frac{fx_t(i) + fexp_t(i)}{f_2 \left[\sigma \left(\frac{\sigma}{\sigma-1} \right)^{1-\sigma^2} + \sigma \left(\frac{\sigma}{\sigma-1} \right)^{-\sigma^2} + \left(\frac{\sigma}{\sigma-1} \right)^{-\sigma^2} \right]} \right\}^{\frac{1}{\sigma(1-\sigma)}} \left(\frac{z\sigma f_2}{S_t W_t^* P_t^{*\sigma-1}} \right)^{\frac{1}{1-\sigma}} - \varphi_t(i)}$$

$$(6-23)$$

在模型最初我们假设两个国家是对称的，同时"一价定律"成立，因此通过对比可轻易得到 $A_{t1}(i) > A_{t0}(i)$。若将两国对称的条件放宽，同时用 $A_{t1}(i)$ 除以 $A_{t0}(i)$，则满足生产率分离均衡的条件如下：

$$\ln f_2 > \ln f_1 + [\ln(W_t^* S_t) + (\sigma-1)\ln(P_t^* S_t)] - [\ln W_t + (\sigma-1)\ln P_t] > 0$$

$$(6-24)$$

只要该条件成立，则可推断出生产率较低的企业只能满足国内本土市场，只有生产率较高的企业才能将其产品销往国外市场，从事出口贸易。也可理解为，如果一个企业从事出口贸易，那么它在承担出口贸易各项成本的同时，还需要额外承担出口高质量商品的成本，即"出口商品质量成本"。

（二）理论命题

考虑到一国的经济政策不确定性会影响其消费、物价及产出，本书参考陈国进等（2017）的做法，记 epu_{jt} 为 j 国在 t 时期的经济政策不确定性，同时假设消费水平对经济政策不确定性的偏导数为负，即 $\frac{\partial C_t}{\partial epu_t} < 0$，

$\frac{\partial C_t^{*}}{\partial epu_t^{*}} < 0$。可见，相较于不确定的经济政策，消费者更偏好经济政策的确定性。国内外居民的消费水平和效用水平会随着经济政策不确定性的提升而降低。我们知道，$\frac{\partial C_t}{\partial P_t} < 0$，据此可以推导出 $\frac{\partial P_t}{\partial epu_t} = \frac{\partial P_t}{\partial C_t} \frac{\partial C_t^{*}}{\partial epu_t^{*}} > 0$。同理可算出 $\frac{\partial P_t^{*}}{\partial epu_t^{*}} > 0$。综上可得出以下引理：经济政策不确定性的提高在降低国内外消费水平的同时，也拉高了国内外的物价水平（或通货膨胀水平）。

随后，考虑企业的出口贸易与经济政策不确定的关系，根据上述引理和式（6-21），我们可以很容易推导出企业出口规模和经济政策不确定性的关系，即 $\frac{\partial export_t^{d^{*}}(i)}{\partial epu_t^{*}} > 0$。进一步，我们从出口数量和出口价格两个方面对企业的出口贸易进行分解。更细致地考察其经济政策不确定性的关系，结合式（6-20）可类比推导出 $\frac{\partial C_t^{d^{*}}(i)}{\partial epu_t^{*}} > 0$。据此可以得出命题6-1。

命题6-1：进口国经济政策不确定的提升能够提高出口国企业对该国的出口规模。

根据前文的引理及式（6-19），可以推导出 $\frac{\partial q_t^{d^{*}}(i)}{\partial epu_t^{*}} > 0$。据此可以得出命题6-2。

命题6-2：进口国经济政策不确定的提升能够促进出口国企业出口到该国商品质量的提高。

这意味着，从事出口贸易的企业在面临较高的经济政策不确定性时，更倾向于进行高端品贸易，即出口更多的高质量产品到这些经济政策不确定性较高的国家，并以此作为其最佳应对策略，打开这些国家的市场，待各项不确定的政策落地后，则可进一步进行贸易的扩张。

此外，出口国总的出口贸易规模与经济政策不确定性的关系并非一成不变的，后者可能会对前者产生负向影响。根据前文的引理及式（6-23），可以推导出 $\frac{\partial A_{t1}(i)}{\partial epu_t^{*}} > 0$。即经济政策不确定性的提升会提高从事出口贸易的企业的生产率阈值，进而使得更多的低效率企业退出出口市场，倒逼出口企业从低质量产品贸易转向高质量产品的出口贸易，提升自身的全球竞争力。设满足 $A_{tl}(i)$ 的企业为 i_0，则本国从事出口的企业为 $i \in [i_0, 1)$，进一步本国总体的出口贸易规模表示为：

$$\text{export}_t^{d*}(i) = \left(\frac{\sigma-1}{\sigma}\right)^{\sigma^2-1} \frac{S_t^{\sigma-1} W_t^{*\sigma} P_t^{*\sigma^2-\sigma}}{z^\sigma(\sigma f_2)^{\sigma-1}} \int_{i_0}^1 \left[\frac{w_t}{A_t(i)S_t} + \varphi_t(i)\right]^{-\sigma^2+\sigma} di,$$

$$A_t(i) \geq A_{tl}(i_0)$$

从该式可推导出 $\dfrac{\partial \text{export}_t^{d*}}{\partial i_0} < 0$。虽然随着进口国经济政策不确定性的提升及随之而来的通货膨胀，出口国参与出口的企业对该国的出口规模和出口数量都会增加，但是由于 $\dfrac{\partial A_{tl}(i)}{\partial epu_t^*} > 0$，经济政策不确定性的提升会带来出口贸易生产率阈值的提高，使得更多的低效率企业退出出口市场，i_0 的增加会进一步导致出口国总的出口贸易规模的显著下降。

二、实证策略

针对前面的理论分析，本节主要使用 2000~2006 年的中国工业企业数据库、中国海关统计数据库和联合国双边贸易数据库，并结合计量经济学的方法对其进行实证分析和检验。

（一）数据来源

中国工业企业数据库（I 企库）是国内目前最为权威的企业层面数据库，它覆盖了年主营业务收入在 500 万元及以上的非国有企业和全部的国有企业，同时针对每个企业给出了两类信息：第一，企业经营成果相关的信息（资产负债表、现金流量表等）；第二，企业身份、状态及经营内容有关的信息（该信息多以代码形式呈现）。首先，本书参考勃兰特等（Brandt et al.，2012）的做法，利用企业名称、地址和电话等信息将各个企业所有年份的数据匹配起来。其次，参考费恩斯拉等（Feenstra et al.，2014）和聂辉华等（2012）的做法，对存在错误信息的原始数据进行如下删除处理：（1）删除控制变量缺失的观测值，如生产率缺失；（2）删除存在明显错误的观测值，如登记时间错误、产出为零或者负值等；（3）删除很显然不符合会计准则的观测值，如固定资产或流动资产大于总资产，当期折旧大于累积折旧等。

中国海关统计数据库记录的是各企业 HS8 产品层面的进出口数据，为了后续匹配的方便，我们将 HS8 位产品层面的数据加总到 HS6 位产品层面。鉴于本书主要研究经济政策不确定性对中国企业出口贸易的影响，因此我们仅保留企业出口的数据。另外，在对原始数据进行处理后，我们将其整理为"企业—年份—产品—进口国"四个维度的数据。

联合国双边贸易数据库（CEPII - BACI 数据库）包含了自 1995 年起 HS6 位产品层面全世界各个国家双边的贸易规模和贸易数量。随后我们按照"年份—产品—目的国"将其与海关数据库进行匹配，为后续计算控制变量和实证回归做准备。

（二）模型设定

本书参考张夏等（2019）的做法，基于克莱因和香博（Klein & Shambaugh，2006）的引力模型框架，引入经济政策不确定性（EPU），研究 EPU 对中国企业出口贸易结构优化的影响。计量模型如下：

$$lnZ_{ijht} = \beta_0 + \beta_1 epu_{jt} + \beta_2 tfp_{it} + \sum_{m=1}^{n} \gamma_m X_m + \lambda_i + \lambda_h + \lambda_t + \varepsilon_{ijht}$$

$$(6-25)$$

其中，i、j、h、t 分别表示企业、进口国、产品分类和年份。被解释变量 lnZ_{ijht} 包含三个维度：中国企业高技术含量产品的出口规模、标准化的产品质量和出口比重。epu_{jt} 表示出口目的国 j 在 t 时期的经济政策不确定性程度，tfp_{it} 表示出口企业 i 在 t 时间的全要素生产率，X_m 为一系列国家层面和企业层面的控制变量，主要包括：进口国的经济规模、双边地理距离、双边汇率水平、双边汇率波动、多边阻力、企业规模和企业年龄。λ_i、λ_h 和 λ_t 分别表示企业、产品和时间固定效应，ε_{ijht} 表示随机误差项。

（三）变量选取与说明

1. 被解释变量

本书的被解释变量有三个：高技术含量产品的出口规模、质量及比重。我们分别从高技术含量产品的筛选、出口规模、质量测算和比重测算三个方面来介绍。

首先，对于高技术含量产品的筛选，本书参考拉尔（2000）的分类方法，将所有产品分为5大类：初级（PP）、资源性（RB）、低技术（LT）、中技术（MT）和高技术（HT）产品，随后在此基础上，再将其细分到各类产品，形成10大分类。随后，我们用高技术产品对应的SITC4位产品代码匹配工企库中的HS6位产品代码，筛选出高技术含量产品。

其次，产品规模的数据来自中国海关统计数据库，我们将原始数据整理为"企业—年份—进口国—产品"四个维度。

再次，对于产品质量的测算，本书参考施炳展（2014）的做法，对前面的式（6-18）和式（6-19）进行整理，得到 $\ln q_t^{d^*}(i) = \ln \dfrac{S_t W_t (P_t^*)^{\sigma-1}}{zf_2} + \sigma \ln \dfrac{\sigma-1}{\sigma^2} - (\sigma-1)\ln p_t^{d^*}(i)$；分别将 $\ln \dfrac{S_t W_t (P_t^*)^{\sigma-1}}{zf_2}$、$\sigma \ln \dfrac{\sigma-1}{\sigma^2}$ 视为"国家—时间"二维固定效应、"产品类别"固定效应；通过回归得出 $\ln \hat{q}_t^{d^*}(i)$，最终逆向推导出产品质量 $quality_{ijht} = \dfrac{\ln q_t^{d^*}(i) - \ln \hat{q}_t^{d^*}(i)}{\sigma-1}$，由于无法直接比较不同属性的产品及其质量，我们又对其进行了标准化处理。

最后，对于高技术产品比重测算，我们将中国工业企业数据库和中国海关库进行匹配，之后将每个企业各类产品的出口规模除以其总出口规模，即可求出各类产品的出口比重，并从中筛选出高技术产品的出口比重。

2. 核心解释变量

经济政策不确定性。目前学者对经济政策不确定性的有效测度方法主要分为三类：代理指标法、定义法和估计法。考虑到数据可得性、操作便捷性以及方法实用性，代理指标法是目前应用最为广泛的测度经济政策不确定的方法。其中，贝克等（2016）用"经济""政策""不确定性"作为关键字，测算包含此类关键字的文章在销量排名靠前的报纸上出现的频率，以此构建的BBD月度指数对不确定的来源作了区分，很好地对不确定性进行了量化，进而得到比较广泛的应用。因此，本书采用贝克等（2016）编制的包含全球20个主要经济体的不确定性指数作为经济政策不确定性的代理指标，研究进口国经济政策不确定性对中国出口贸易结构优化的影响。

由于原始数据以月度为单位，我们采用算术平均法将其加总到年度层面，进而得到各进口国经济政策不确定性年度数据。有：

$$epu_{jt} = \frac{\sum_{m=1}^{12} epu_{jm}}{12} \qquad (6-26)$$

其中，j，m 和 t 分别表示进口国、月份和年份。

3. 控制变量

为了最大限度地减少遗漏变量，本书参考已有研究，还设定以下变量作为控制变量：

（1）企业全要素生产率。

鉴于企业全要素生产率会对企业出口产品质量产生间接影响，我们参考克莱和香博（Klein & Shambaugh，2006）的做法，在模型中引入全要素生产率（tfp）作为控制变量。其中，原始计算数据源自 2000～2006 年中国工业企业数据库，采用 Levinsohn – Petrin 方法计算企业的全要素生产率。

（2）经济规模。

我们借鉴既有的研究文献，用 GDP 对数来衡量进口国的经济规模，原始数据来自世界银行的世界发展指数（WDI 数据库），以 2010 年不变美元价格计算。

（3）地理距离。

中国与贸易伙伴国的地理距离采用双边首都的地理距离来衡量，原始数据源自 CEPII 数据库。根据胡梅尔斯和斯奇巴（Hummels & Skiba，2004）的研究，双边的地理距离越远，出口的产品质量就越高。

（4）双边汇率。

采用直接标价法表示中国与贸易伙伴国的实际汇率水平，数据源自国际货币基金组织的国际金融统计（IFS）。

（5）双边汇率波动。

汇率波动会对不同风险偏好的企业的投资和生产活动产生不同的影响，进而影响企业的出口行为。我们参考埃里库尔和庞塞（Héricourt & Poncet，2013）的方法，对双边汇率月度数据进行一阶差分，算出差分后数据的标准差之后用其衡量双边汇率的波动。具体等式为：$volatility_{jt} = std.\ dev[exrate_{jm+1} - exrate_{jm}]$，$m = 1，2，\cdots，11$。

（6）多边阻力。

由于双边贸易不仅受双边贸易成本的影响，还受到一国与其他国家贸易成本的影响，因此，我们在回归中加入多边阻力。用双边贸易自由度加权平均值的倒数来衡量，权重为贸易对象的经济规模占整体规模的比重，计算等式为 $mres_i = \left(\dfrac{\sum_{j=1}^{N} Y_j \phi_{ij}}{Y} \right)^{-1}$，其中，$\phi_{ij}$ 为贸易自由度，$\phi_{ij} = \sqrt{\dfrac{E_{ij}E_{ji}}{E_{ii}E_{jj}}}$，$E_{ij}$ 和 E_{ji} 为双边贸易量，E_{ii} 和 E_{jj} 分别代表双边国家各自的国内贸易量，具体用总产出减去净出口计算而得，双边贸易数据来自 CEPII 的 BACI 数据库。

（7）企业规模。

用企业的从业人数来衡量，数据来自中国工业企业数据库。

（8）企业年龄。

用企业当前所处年份减去企业设立年份来衡量，数据来自中国工业企业数据库。

表 6 - 12 显示了各变量的描述性统计，时间为 2000~2006 年。

表 6 - 12　　　　　　　　　　　　各变量描述性统计

变量名	观测值	均值	标准差	最小值	最大值
产品规模	251477	10. 183	2. 817	3. 912	21. 398
产品质量	251477	0. 435	0. 15	0	1
产品比重	251477	0. 049	0. 137	0	1
epu	251477	87. 633	26. 134	29. 214	202. 308
全要素生产率	251477	7. 107	1. 404	0. 17	12. 66
gdp	251477	28. 191	1. 43	23. 799	30. 302
地理距离	251477	8. 898	0. 582	7. 649	9. 856
汇率水平	251477	4. 617	0. 139	4. 053	4. 871
汇率波动	251477	- 0. 086	0. 586	- 1. 649	1. 468
多边阻力	251477	3. 659	0. 534	2. 527	5. 944
企业规模	251477	6. 252	1. 376	2. 079	12. 145
企业年龄	251477	1. 91	0. 731	0	4. 913

注：除标准化产品质量、产品比重、EPU、全要素生产率外，其余变量均已做对数处理。

三、实证结果与分析

（一）基准回归结果

本书将中国企业出口的高技术产品的出口规模、质量和出口比重作为被解释变量，将进口国的经济政策不确定性指数作为核心解释变量，在参考克莱因和香博（2006）引力模型的基础上，同时加入上述一系列国家层面和企业层面的控制变量进行回归。另外，为了更好地说明进口国经济政策不确定性对中国出口贸易结构优化的影响，在基准回归中加入进口国经济政策不确定性对所有产品的回归结果与高技术产品的回归结果进行对照。回归结果如表 6 – 13 所示，为了控制企业特征、产品特征和时间特征，我们每列均控制了企业固定效应、产品固定效应和时间固定效应，采用产品层面聚类稳健标准误。

表 6 – 13　　　　　　　　　　基准回归结果

解释变量	所有产品		高技术产品		
	（1）	（2）	（3）	（4）	（5）
	出口规模	出口质量	出口规模	出口质量	出口比重
epu	0. 00140 ***	4. 08e – 05 ***	0. 00377 ***	0. 000106 ***	0. 000152 ***
	（0. 000132）	（6. 28e – 06）	（0. 000353）	（1. 19e – 05）	（1. 46e – 05）
tfp	0. 0842 ***	0. 0155 ***	0. 122 ***	0. 0210 ***	– 0. 00539 ***
	（0. 00894）	（0. 000598）	（0. 0283）	（0. 00141）	（0. 000788）
lngdp	0. 253 ***	– 0. 00114 ***	0. 245 ***	– 0. 00193 ***	0. 0129 ***
	（0. 00650）	（0. 000131）	（0. 0152）	（0. 000348）	（0. 000915）
lndist	0. 0184	0. 00200 ***	– 0. 0605 *	0. 00206 ***	– 0. 00948 ***
	（0. 0129）	（0. 000221）	（0. 0308）	（0. 000671）	（0. 00182）
lnexrate	0. 355 ***	0. 0145 ***	0. 242 ***	0. 00819 ***	0. 00400
	（0. 0271）	（0. 00146）	（0. 0700）	（0. 00301）	（0. 00290）
lnvolatility	0. 0522 ***	0. 00105 **	0. 0640 ***	0. 00252 ***	0. 00341 ***
	（0. 00749）	（0. 000428）	（0. 0220）	（0. 000710）	（0. 000791）
lnmres	– 0. 0496 ***	– 0. 00292 ***	– 0. 227 ***	– 0. 00924 ***	– 0. 00376 ***
	（0. 00871）	（0. 000355）	（0. 0199）	（0. 000741）	（0. 000931）

续表

解释变量	所有产品		高技术产品		
	（1）	（2）	（3）	（4）	（5）
	出口规模	出口质量	出口规模	出口质量	出口比重
lncyrs	0.0910 *** （0.00910）	0.000831 （0.000544）	0.184 *** （0.0209）	− 0.00240 * （0.00137）	− 0.0164 *** （0.000799）
lnage	− 0.0277 *** （0.00733）	− 0.000145 （0.000476）	− 0.0862 *** （0.0233）	− 0.00476 *** （0.00147）	− 0.000943 （0.00108）
Constant	− 0.0357 （0.309）	0.388 *** （0.00848）	1.335 ** （0.583）	0.333 *** （0.0198）	− 0.105 *** （0.0400）
企业固定	是	是	是	是	是
产品固定	是	是	是	是	是
时间固定	是	是	是	是	是
N	1930339	1930339	251419	251419	251419
R^2	0.219	0.281	0.199	0.369	0.138

注：括号中为标准误，*** 、** 和 * 分别表示在1%、5%和10%的水平上显著。

　　从核心解释变量的回归结果分析：首先，从整体系数的正负号和显著性可以看出，进口国经济政策不确定性指数的提升对中国所有产品和高技术产品的出口规模、出口质量的回归结果均在1%的水平上显著为正，这表明进口国经济政策不确定性的上升有利于中国出口贸易质量的提升。其次，对比所有产品和高技术产品出口规模和质量的回归系数大小可以发现，进口国经济政策不确定性对高技术产品的出口规模和出口质量的促进作用均大于对所有产品的影响作用，这进一步表明相较于所有产品，进口国经济政策不确定性更加有利于高技术产品出口规模和质量的提升。再次，由于进口国经济政策不确定性对中国高技术产品出口比重的促进作用显著为正，因此，当进口国经济政策不确定性上升时，中国企业高技术产品的出口比重会相应增加，即企业的出口会从低技术产品转向高技术产品，凸显了出口贸易结构的优化。最后，考虑到高技术产品出口质量和比重的取值范围均在0~1，对比回归系数大小可以发现，进口国经济政策不确定性对高技术产品出口比重的促进作用要略高于出口质量，这表明，在进口国经济政策不确定性上升的状况下，相较于提升高技术产品的质量，企业略倾向于扩大高技术产品的出口数量。

从控制变量的回归结果来看①：企业全要素生产率对高技术出口规模和出口质量的促进作用显著为正，而对出口比重的影响显著为负，这表明在其他条件不变的情况下，随着企业全要素生产率的提高，其高技术产品的出口规模和质量都会得到相应的提升，但可能由于其出口数量的增加量要小于中低端产品的增加量，导致其出口比重下降。以 GDP 衡量的进口国经济规模对高技术产品出口规模和出口比重的促进作用显著为正，而对出口质量的影响显著为负，这表明对于经济规模更大的国家，中国企业更倾向于向其出口更多的高技术产品，但可能由于经济规模较大的国家对中国高技术产品需求较少或其本身高端产品的质量就高于中国企业，因此其对中国企业高技术产品出口质量影响为负。中国与贸易伙伴国的地理距离对高技术产品出口质量的促进作用显著为正，而对其出口规模和出口比重的影响显著为负，这表明对于距离越远的伙伴国，企业出口的产品质量越高，这也与胡梅尔斯和斯奇巴（2004）的发现一致；但距离越远成本越高，因此高技术产品规模和比重则呈下降趋势。双边汇率水平和汇率波动对高技术产品的出口规模、出口质量和比重的回归系数均在 1% 的水平上显著为正，但相较于高技术产品的出口比重，汇率水平对出口质量的促进作用更大，汇率波动则相反。多边阻力对高技术产品的出口规模、出口质量和比重的回归系数均显著为负，这表明多边阻力越大，中国与进口国的双边贸易成本越低；相较于高技术产品，企业更倾向于出口低端产品，不利于中国出口贸易结构的优化。企业规模较大，成立时间较久，占据一定的出口市场份额，会导致其研发动能不足，因此对其高技术产品的出口质量和比重有显著的负向影响；但规模较大的企业，其高技术产品的出口规模难免较大，因此，企业规模对产品规模具有显著的促进作用。

①　鉴于我们加入所有产品的回归结果是为了更好地阐明核心解释变量——进口国经济政策不确定性对中国出口贸易结构优化的影响；同时，其他控制变量对所有产品的出口规模和质量的影响与高技术产品的结果基本一致，因此，我们仅对高技术产品样本下，其他控制变量的回归结果进行分析。

（二）分样本回归结果

1. 按贸易方式分类

中国的出口贸易除了和自身因素有关，还和对外贸易方式有关。因此，按照贸易方式的不同，我们将样本分为一般贸易和加工贸易两类进行分样本回归，结果如表6-14所示。

表6-14　　　　　　　　　按贸易方式分组回归的结果

解释变量	出口规模		出口质量		出口比重	
	（1）	（2）	（3）	（4）	（5）	（6）
	一般贸易	加工贸易	一般贸易	加工贸易	一般贸易	加工贸易
epu	0.00293 ***	0.00423 ***	7.69e-05 ***	0.000116 ***	0.000119 ***	0.000166 ***
	(0.000339)	(0.000449)	(1.63e-05)	(1.44e-05)	(2.20e-05)	(1.62e-05)
tfplp	0.0233	0.360 ***	0.0144 ***	0.0313 ***	-0.00703 ***	-0.00189
	(0.0218)	(0.0326)	(0.00110)	(0.00173)	(0.000966)	(0.00139)
lngdp	0.209 ***	0.324 ***	-0.00410 ***	0.00165 ***	0.0112 ***	0.0140 ***
	(0.0141)	(0.0235)	(0.000470)	(0.000541)	(0.00102)	(0.00125)
lndist	0.140 ***	-0.198 ***	0.00892 ***	-0.00153	0.00124	-0.0156 ***
	(0.0271)	(0.0401)	(0.00103)	(0.00108)	(0.00172)	(0.00272)
lnexrate	-0.0325	0.296 ***	0.000839	0.0108 ***	-0.00572	0.0160 ***
	(0.0687)	(0.0969)	(0.00341)	(0.00374)	(0.00433)	(0.00360)
lnvolatility	-0.0322	0.112 ***	-0.000907	0.00402 ***	-0.000465	0.00521 ***
	(0.0218)	(0.0322)	(0.000900)	(0.000971)	(0.00102)	(0.00109)
lnmres	-0.104 ***	-0.386 ***	-0.00527 ***	-0.0141 ***	-0.00372 ***	-0.00410 ***
	(0.0194)	(0.0275)	(0.000930)	(0.00113)	(0.00117)	(0.00107)
lncyrs	-0.0565 ***	0.113 ***	-0.00906 ***	-0.00478 ***	-0.0171 ***	-0.0229 ***
	(0.0194)	(0.0336)	(0.00146)	(0.00176)	(0.00100)	(0.00154)
lnage	0.0512 **	-0.0732 **	0.00333 **	-0.0113 ***	0.00439 ***	-0.00745 ***
	(0.0202)	(0.0332)	(0.00151)	(0.00200)	(0.00123)	(0.00161)
Constant	2.593 ***	0.107	0.407 ***	0.239 ***	-0.109 ***	-0.0983 *
	(0.488)	(0.918)	(0.0187)	(0.0293)	(0.0382)	(0.0575)
企业固定	是	是	是	是	是	是
产品固定	是	是	是	是	是	是
时间固定	是	是	是	是	是	是
N	131465	119263	131465	119263	131465	119263
R^2	0.245	0.276	0.406	0.482	0.186	0.206

注：括号中为标准误，***、**和*分别表示在1%、5%和10%的水平上显著。

从回归结果可以看出，无论是一般贸易还是加工贸易，进口国经济政策不确定性对其高技术产品的出口规模、出口质量和比重的影响均在 1% 的水平上显著为正。企业全要素生产率对高技术产品的出口质量的促进作用存在贸易方式上的差异，其对加工贸易的促进作用更大；同时，生产率更高的企业加工贸易产品的出口规模更大且统计显著，但对一般贸易产品出口规模的促进作用并不显著；此外，在一般贸易方式下，企业全要素生产率对高技术产品出口比重的影响负向显著，而在加工贸易方式下并不显著。进口国经济规模对中国企业高技术产品的出口规模和比重的影响与基准回归结果一致；从产品质量看，其对一般贸易的产品具有负显著的影响，而对加工贸易的产品具有正显著的影响，可能的原因是，加工贸易反映了各国在全球产业分工中的地位，当进口国经济规模越大时，从事加工贸易的企业越倾向于向其出口更高质量的产品。地理距离对产品质量和产品比重的影响与基准回归结果一致（不显著的除外），其对一般贸易的产品规模有促进作用，对加工贸易的产品规模有抑制作用，可能是因为地理距离越远，相较于一般贸易，加工贸易的成本越高，因此企业更愿意从事一般贸易。双边汇率水平和汇率波动对加工贸易的产品规模、质量和比重的影响与基准回归结果一致，而对一般贸易的影响并不显著，可能是因为一般贸易对汇率水平及其波动并不敏感。多边阻力和企业规模对产品规模、产品质量和比重的影响与基准回归结果基本一致。在产品规模、质量和比重三个维度上，企业年龄对一般贸易有显著的促进作用，而对加工贸易的影响显著为负，这意味着在一般贸易中，企业成立时间越久越有优势，而在加工贸易中则相反。

2. 按产品类别分类

按照产品类别的不同，我们将样本分为：消费品、中间品和资本品三类。

企业高技术产品出口规模维度（见表 6 - 15）：从结果可以看出，经济政策不确定性对消费品和中间品的出口规模具有显著的促进作用，从回归系数大小来看，经济政策不确定性对中间品的促进作用要略大于消费品，然而可能由于中国高技术的资本品出口并不多，因而促进作用并不明显。企业的全要素生产率越高，其高技术消费品和中间品的出口规模越大，而对资本品的促进作用并不显著。进口国经济规模越大，中国企业对其出口的高技术的消费品、中间品和资本品规模就越大，且回归系数均在1%的水平上显著。地理距离对企业高技术中间品的出口规模有显著的负向影响，而对消费品和资本品的影响并不显著。双边汇率水平对高技术消费品、中间品和资本品的出口均有显著的促进作用，这也与基准回归结果一致。汇率波动对高技术中间品的出口规模有显著的促进作用，对消费品和资本品的促进作用并不明显。多边阻力对高技术的消费品、中间品和资本品的出口规模有显著的负向影响。企业规模对消费品、中间品和资本品的出口规模均有促进作用，但对资本品的促进并不显著。同时，企业成立时间越久，其高技术消费品和中间品的出口规模越小，资本品的出口规模越大。

表6–15　　　　　　　　　按产品类别分组回归的结果（出口规模维度）

解释变量	（1）	（2）	（3）
	消费品	中间品	资本品
epu	0.00315 ***	0.00480 ***	0.000155
	（0.000510）	（0.000513）	（0.00137）
tfplp	0.0741 **	0.142 ***	0.0532
	（0.0355）	（0.0361）	（0.0726）
lngdp	0.280 ***	0.220 ***	0.408 ***
	（0.0119）	（0.0226）	（0.0425）
lndist	− 0.00250	− 0.133 ***	0.154
	（0.0429）	（0.0418）	（0.0924）
lnexrate	0.237 **	0.238 **	0.571 **
	（0.0974）	（0.115）	（0.204）
lnvolatility	0.0386	0.0715 **	0.0367
	（0.0272）	（0.0358）	（0.0920）
lnmres	− 0.245 ***	− 0.202 ***	− 0.249 ***
	（0.0309）	（0.0326）	（0.0756）
lncyrs	0.220 ***	0.148 ***	0.197
	（0.0299）	（0.0328）	（0.115）
lnage	− 0.106 ***	− 0.111 ***	0.224 **
	（0.0316）	（0.0305）	（0.0988）
Constant	0.208	2.515 ***	− 5.663 **
	（0.962）	（0.664）	（2.417）

续表

解释变量	(1)	(2)	(3)
	消费品	中间品	资本品
企业固定	是	是	是
产品固定	是	是	是
时间固定	是	是	是
N	129391	109056	11658
R²	0.251	0.228	0.456

注：括号中为标准误，*** 、** 和 * 分别表示在1%、5%和10%的水平上显著。

企业高技术产品出口质量维度（见表6-16）：从结果可以看出，经济政策不确定性对消费品和中间品的出口质量具有显著的促进作用，而对资本品的出口质量影响作用并不显著，这与出口规模的结果一致，其原因不再赘述。企业全要素生产率的提高均有利于高技术消费品、中间品和资本品质量的提升。进口国经济规模对中国企业高技术消费品和中间品的出口质量有显著的负向影响，对资本品的影响并不显著，原因与基准回归相同。地理距离对三类产品的出口质量均有显著的促进作用。双边汇率水平对高技术资本品出口质量的促进作用显著高于消费品，对中间品的促进作用并不显著。汇率波动越大，越有利于三类产品出口质量的提升，但对资本品的影响并不显著。多边阻力对高技术的消费品、中间品和资本品的出口质量有显著的负向影响。企业规模对高技术消费品的出口质量有显著的抑制作用，同时对中间品和资本品出口质量的促进作用并不显著，这也与基准回归保持一致。企业成立时间越长，越不利于高技术中间品出口质量的提升，而对消费品和资本品的影响并不显著。

表 6-16　　　　　　　　按产品类别分组回归的结果（出口质量维度）

解释变量	(1)	(2)	(3)
	消费品	中间品	资本品
epu	8.62e-05 *** (1.51e-05)	0.000128 *** (1.81e-05)	6.13e-06 (6.65e-05)
tfplp	0.0231 *** (0.00203)	0.0180 *** (0.00156)	0.0211 *** (0.00692)

续表

解释变量	(1)	(2)	(3)
	消费品	中间品	资本品
lngdp	−0.00157 *** (0.000523)	−0.00169 *** (0.000561)	0.000916 (0.000837)
lndist	0.00258 ** (0.00109)	0.00197 * (0.00106)	0.0106 *** (0.00287)
lnexrate	0.00863 * (0.00461)	0.00654 (0.00398)	0.0237 ** (0.00974)
lnvolatility	0.00202 ** (0.000895)	0.00215 ** (0.00101)	0.00448 (0.00457)
lnmres	−0.00917 *** (0.000896)	−0.00871 *** (0.00121)	−0.0104 ** (0.00428)
lncyrs	−0.00644 *** (0.00172)	0.00203 (0.00166)	0.00534 (0.00763)
lnage	−0.00174 (0.00178)	−0.00879 *** (0.00196)	0.00470 (0.00581)
Constant	0.309 *** (0.0310)	0.344 *** (0.0233)	0.0700 (0.0757)
企业固定	是	是	是
产品固定	是	是	是
时间固定	是	是	是
N	129391	109056	11658
R^2	0.391	0.414	0.709

注：括号中为标准误，*** 、** 和 * 分别表示在1%、5%和10%的水平上显著。

企业高技术产品出口比重维度（见表6－17）：从回归结果中可以看出，经济政策不确定性对中国企业高技术产品出口比重的影响不存在产品差异，无论消费品、中间品、还是资本品，进口国经济政策不确定性的提升均会使其出口比重显著增加。企业全要素生产率的提升会使企业消费品和中间品的出口比重显著下降，但对资本品出口比重的影响并不显著。进口国经济规模越大，中国企业对其出口的消费品、中间品和资本品的比重就越大，与基准回归一致，原因不再赘述。地理距离越远，消费品、中间品的出口比重越会显著减少，资本品的出口比重越会显著增加。双边汇率

水平和汇率波动对三类产品的出口比重均有促进作用，但除汇率水平对中
间品的影响并不显著，汇率波动对资本品的影响并不显著外，与基准回归
结果基本一致。多边阻力越大，企业高技术消费品和中间品的出口比重越
会显著下降，但对资本品的影响并不显著。企业规模对出口比重的影响不
存在产品差异，且与基准结果一致。企业年龄对三类产品出口比重的影响
均不显著。

表 6 - 17　　　　　　　　按产品类别分组回归的结果（出口比重维度）

解释变量	(1) 消费品	(2) 中间品	(3) 资本品
epu	0.000140 *** (1.64e - 05)	0.000159 *** (2.59e - 05)	0.000101 * (5.61e - 05)
tfplp	- 0.00550 *** (0.00131)	- 0.00600 *** (0.00104)	- 0.00447 (0.00292)
lngdp	0.0137 *** (0.000761)	0.0109 *** (0.00152)	0.0194 *** (0.00418)
lndist	- 0.00454 * (0.00251)	- 0.0140 *** (0.00227)	0.00964 ** (0.00448)
lnexrate	0.00781 * (0.00405)	0.00152 (0.00386)	0.0338 * (0.0186)
lnvolatility	0.00168 * (0.00101)	0.00442 *** (0.00122)	0.00162 (0.00324)
lnmres	- 0.00181 * (0.00104)	- 0.00529 *** (0.00150)	- 0.00208 (0.00208)
lncyrs	- 0.0149 *** (0.00115)	- 0.0185 *** (0.00132)	- 0.0162 *** (0.00449)
lnage	- 7.76e - 05 (0.00157)	- 0.00244 (0.00162)	- 0.00365 (0.00719)
Constant	- 0.208 *** (0.0430)	0.0297 (0.0517)	- 0.594 *** (0.180)
企业固定	是	是	是
产品固定	是	是	是
时间固定	是	是	是
N	129391	109056	11658
R^2	0.171	0.186	0.299

注：括号中为标准误，***、** 和 * 分别表示在 1%、5% 和 10% 的水平上显著。

3. 按所有制分类

按照企业所有制的不同，我们将样本分为：民营企业、国有企业、中国港澳台企业和外资企业四类。

企业高技术产品出口规模维度（见表6-18）：从回归结果中可以看出，无论何种所有制企业，进口国经济政策不确定性对其高技术产品出口规模均有显著的促进作用，对比回归系数的大小，经济政策不确定性对国有企业出口规模的促进作用最大，对其他三类所有制企业的促进作用类似。除国有企业外，企业全要素生产率的提高均能显著促进其高技术产品出口规模的扩大。进口国经济规模对不同所有制企业的产品出口规模均有显著的正向影响。地理距离对中国港澳台企业出口规模促进作用为正，对外资企业促进作用为负。双边汇率水平和汇率波动均对中国港澳台和外资企业的出口规模具有显著的促进作用。除国有企业外，多边阻力对民营企业、中国港澳台企业和外资企业均有显著的负向作用。同样，企业规模对除国有企业外的其他三类所有制企业均有显著的促进作用。企业年龄对民营和外资企业出口规模的作用为负且显著，对国有企业和中国港澳台企业的作用为正但并不显著。

表6-18 按所有制分组回归的结果（出口规模维度）

解释变量	(1) 民营企业	(2) 国有企业	(3) 中国港澳台企业	(4) 外资企业
epu	0.00355 *** (0.000519)	0.00596 *** (0.00151)	0.00332 *** (0.000471)	0.00334 *** (0.000463)
tfplp	0.0480 * (0.0247)	0.0680 (0.145)	0.145 *** (0.0314)	0.0851 * (0.0449)
lngdp	0.262 *** (0.0152)	0.305 *** (0.0450)	0.306 *** (0.0163)	0.229 *** (0.0181)
lndist	0.0665 (0.0427)	0.0788 (0.105)	0.0943 *** (0.0346)	- 0.0590 * (0.0323)
lnexrate	0.0582 (0.0972)	- 0.201 (0.253)	0.440 *** (0.0992)	0.0960 (0.122)

续表

解释变量	（1）	（2）	（3）	（4）
	民营企业	国有企业	中国港澳台企业	外资企业
lnvolatility	- 0.00694	- 0.0346	0.00700	0.0853 ***
	（0.0294）	（0.0859）	（0.0260）	（0.0262）
lnmres	- 0.0824 ***	- 0.0695	- 0.197 ***	- 0.395 ***
	（0.0252）	（0.0592）	（0.0268）	（0.0356）
lncyrs	0.140 ***	- 0.213	0.187 ***	0.272 ***
	（0.0272）	（0.161）	（0.0363）	（0.0308）
lnage	- 0.0483 *	0.0444	0.0194	- 0.0874 **
	（0.0265）	（0.231）	（0.0496）	（0.0430）
Constant	0.576	2.292	- 3.190 ***	2.971 ***
	（0.653）	（1.544）	（0.782）	（0.821）
企业固定	是	是	是	是
产品固定	是	是	是	是
时间固定	是	是	是	是
N	66858	5798	66256	110121
R^2	0.307	0.446	0.295	0.248

注：括号中为标准误，*** 、** 和 * 分别表示在1%、5%和10%的水平上显著。

企业高技术产品出口质量维度（见表6-19）：从回归结果中可以看出，经济政策不确定性对不同所有制企业出口质量的促进作用均为正向且显著，其中，对国有企业的促进作用最大。企业全要素生产率越高，四类所有制企业出口产品质量的提升就越大。进口国经济规模对民营和外资企业的出口质量的影响负向显著，而对国有和中国港澳台企业的影响并不显著。除国有企业外，地理距离对其他三类企业的出口质量有正向显著的作用。双边汇率水平和汇率波动均对中国港澳台、外资企业的出口质量有显著的促进作用。除国有企业外，多边阻力对民营企业、中国港澳台企业和外资企业的出口质量影响均负向显著。相反，企业规模则只对国有企业的出口质量有抑制作用。成立时间越久的中国港澳台和外资企业，对其出口质量的提升越有不利影响。

表6－19 按所有制分组回归的结果（出口质量维度）

解释变量	（1）	（2）	（3）	（4）
	民营企业	国有企业	中国港澳台企业	外资企业
epu	9.94e－05 *** （2.44e－05）	0.000221 *** （7.37e－05）	9.86e－05 *** （1.90e－05）	7.52e－05 *** （1.74e－05）
tfplp	0.0129 *** （0.00174）	0.0274 *** （0.00889）	0.0212 *** （0.00197）	0.0197 *** （0.00163）
lngdp	－0.00265 *** （0.000568）	0.000301 （0.00197）	－0.000738 （0.000655）	－0.00141 *** （0.000448）
lndistcap	0.00752 *** （0.00149）	0.00563 （0.00391）	0.0103 *** （0.00141）	0.00324 *** （0.00112）
lnexrate	0.00620 （0.00475）	－0.0100 （0.0132）	0.0156 *** （0.00457）	0.00323 （0.00504）
lnvolatility	－0.000491 （0.00120）	－0.00510 （0.00377）	－0.000117 （0.00106）	0.00292 *** （0.000829）
lnmres	－0.00358 *** （0.00114）	－0.00326 （0.00337）	－0.00720 *** （0.00126）	－0.0139 *** （0.00127）
lncyrs	－0.00289 （0.00175）	－0.0320 *** （0.00875）	－0.00105 （0.00215）	－0.00107 （0.00208）
lnage	0.00287 （0.00183）	0.0157 （0.0123）	－0.00889 *** （0.00265）	－0.00773 *** （0.00273）
Constant	0.331 *** （0.0256）	0.410 *** （0.0844）	0.162 *** （0.0369）	0.369 *** （0.0289）
企业固定	是	是	是	是
产品固定	是	是	是	是
时间固定	是	是	是	是
N	66858	5798	66256	110121
R^2	0.491	0.634	0.473	0.414

注：括号中为标准误，*** 、 ** 和 * 分别表示在1%、5%和10%的水平上显著。

企业高技术产品出口比重维度（见表6－20）：从回归结果中可以看出，经济政策不确定性对四类所有制企业出口比重的促进作用均在1%的水平上显著，按其促进作用从大到小排列依次为：国有企业、民营企业、中国港澳台企业和外资企业。全要素生产率越高的民营企业和外资企业，其高技术产品的出口比重就越小，而国有企业和中国港澳台企业的全要素生产率对其产品比重的影响并不显著。进口国经济规模对四类所有制企业出口比重的促进作用及大小并无明显差异，均表现为经济规模越大，企业出口比重越大。地理距离则只对外资企业的出口比重有明显的抑制作用。双边汇率水平和汇率波动均对中国港澳台企业和外资企业的影响显著，但方向相反。与基准回归一致，不同所有制企业的规模越大，其高技术产品的出口比重就越小。成立时间越久的民营企业，其高技术产品的出口比重就越大，外资企业则相反。

表 6 - 20　　　　　　　　按所有制分组回归的结果（出口比重维度）

解释变量	（1）	（2）	（3）	（4）
	民营企业	国有企业	中国港澳台企业	外资企业
epu	0.000165 ***	0.000248 ***	0.000114 ***	0.000122 ***
	(2.52e−05)	(9.16e−05)	(1.91e−05)	(1.57e−05)
tfplp	−0.00912 ***	−0.0108	−0.00245	−0.00479 ***
	(0.00208)	(0.0189)	(0.00163)	(0.00104)
lngdp	0.0153 ***	0.0121 ***	0.0118 ***	0.0101 ***
	(0.00109)	(0.00257)	(0.000857)	(0.00103)
lndist	−0.00279	0.00715	0.00181	−0.0126 ***
	(0.00325)	(0.00734)	(0.00179)	(0.00175)
lnexrate	−0.00156	0.0200	0.0152 ***	0.00735 **
	(0.00578)	(0.0147)	(0.00404)	(0.00341)
lnmres	−0.000615	−0.00283	−0.00357 ***	−0.00368 ***
	(0.00130)	(0.00317)	(0.000714)	(0.00104)
lnvolatility	0.000907	0.00352	0.00106	0.00321 ***
	(0.00152)	(0.00449)	(0.000779)	(0.000787)
lncyrs	−0.0182 ***	−0.0323 *	−0.0143 ***	−0.0170 ***
	(0.00208)	(0.0182)	(0.00176)	(0.00124)
lnage	0.00545 ***	0.0174	−0.00357	−0.0103 ***
	(0.00203)	(0.0225)	(0.00229)	(0.00206)
Constant	−0.195 ***	−0.202	−0.262 ***	0.00391
	(0.0548)	(0.171)	(0.0459)	(0.0454)
企业固定	是	是	是	是

续表

解释变量	(1)	(2)	(3)	(4)
	民营企业	国有企业	中国港澳台企业	外资企业
产品固定	是	是	是	是
时间固定	是	是	是	是
N	66858	5798	66256	110121
R^2	0.264	0.376	0.221	0.206

注：括号中为标准误，*** 、** 和 * 分别表示在1%、5%和10%的水平上显著。

四、稳健性检验

鉴于本书的核心解释变量是经济政策不确定性，我们在本部分对经济政策不确定性的计算方法进行替换，进而对基准回归结果进行稳健性检验。具体参照刘洪铎和陈和（2016）的做法，采用加权平均的方法把经济政策不确定指数核算到年度层面，以替换基准回归时的简单算术平均法。如：1月的权重设为1，2月的权重设为2，以此类推。具体有：

$$epu_{jt} = \frac{\sum_{m=1}^{12} m \times epu_{jm}}{\sum_{m=1}^{12} m} \qquad (6-27)$$

其中，j、m、t分别表示进口国、月份和年份。

稳健性检验的具体回归结果如表6-21所示，我们同样加入所有产品的回归结果，同时采用产品层面聚类稳健的标准误。从结果可以看出：首先，无论是所有产品还是高技术产品，替换后的经济政策不确定性指数对其出口规模和出口质量均有显著的促进作用，相比之下，对高技术产品的出口规模和出口质量的促进作用更大，这表明，当进口国经济政策不确定性上升时，相较于其他产品，中国企业更倾向于提升高技术产品的出口规模和质量（该结论与基准回归一致）。其次，替换后的经济政策不确定性指数对中国高技术产品出口比重的促进作用显著为正，这表明，当进口国经济政策不确定性上升时，中国企业会从低技术产品的出口转向高技术产品的出口，体现了出口贸易结构的优化（该结论与基准回归一致）。最后，其他控制变量对所有产品和高技术产品的出口规模、出口质量，以及高技术产品出口比重的影响大小、方向和显著性与基准回归结果基本一致。

由于在替换经济政策不确定性指数后得出的结论及其他控制变量的回归结果均与基准回归一致，说明了回归结果的稳健性；另外，对比经济政策不确定性指数替换前后回归系数的大小可以发现，除高技术产品出口比重的系数略有下降外，出口规模和出口质量的系数均有所上升，进一步验证了结果的稳健性。

表 6 – 21　　　　　　　　　　　稳健性检验的回归结果

解释变量	所有产品		高技术产品		
	（1）	（2）	（3）	（4）	（5）
	出口规模	出口质量	出口规模	出口质量	出口比重
epuw	0.00145 ***	4.34e – 05 ***	0.00398 ***	0.000110 ***	0.000126 ***
	（0.000139）	（6.64e – 06）	（0.000387）	（1.32e – 05）	（1.43e – 05）
tfp	0.0842 ***	0.0155 ***	0.122 ***	0.0210 ***	– 0.00539 ***
	（0.00894）	（0.000598）	（0.0283）	（0.00141）	（0.000789）
lngdp	0.254 ***	– 0.00112 ***	0.247 ***	– 0.00189 ***	0.0130 ***
	（0.00653）	（0.000130）	（0.0152）	（0.000347）	（0.000918）
lndist	0.0211	0.00207 ***	– 0.0569 *	0.00217 ***	– 0.00923 ***
	（0.0129）	（0.000220）	（0.0306）	（0.000669）	（0.00182）
lnexrate	0.369 ***	0.0149 ***	0.272 ***	0.00902 ***	0.00473
	（0.0271）	（0.00146）	（0.0694）	（0.00300）	（0.00288）
lnvolatility	0.0549 ***	0.00114 ***	0.0720 ***	0.00274 ***	0.00343 ***
	（0.00754）	（0.000422）	（0.0224）	（0.000712）	（0.000805）
lnmres	– 0.0494 ***	– 0.00291 ***	– 0.226 ***	– 0.00921 ***	– 0.00373 ***
	（0.00871）	（0.000355）	（0.0200）	（0.000742）	（0.000933）
lncyrs	0.0909 ***	0.000828	0.184 ***	– 0.00241 *	– 0.0164 ***
	（0.00910）	（0.000544）	（0.0209）	（0.00137）	（0.000799）
lnage	– 0.0276 ***	– 0.000143	– 0.0860 ***	– 0.00476 ***	– 0.000935
	（0.00733）	（0.000476）	（0.0233）	（0.00147）	（0.00107）
Constant	– 0.145	0.384 ***	1.098 *	0.326 ***	– 0.111 ***
	（0.309）	（0.00849）	（0.580）	（0.0199）	（0.0402）
企业固定	是	是	是	是	是
产品固定	是	是	是	是	是
时间固定	是	是	是	是	是
N	1930339	1930339	251419	251419	251419
R²	0.219	0.281	0.199	0.369	0.138

注：括号中为标准误，*** 、** 和 * 分别表示在 1% 、5% 和 10% 的水平上显著。

五、结论

本节首先在一般均衡模型中引入梅里兹（2003）理论，用于分析进口国经济政策不确定性对中国微观企业出口的影响，进而探讨其对中国出口贸易结构优化的作用机理。其次，运用2000～2006年中国工业企业数据库、中国海关统计数据库和联合国双边贸易数据库中的数据，将中国出口贸易结构分为高技术产品出口规模、标准化的出口质量及出口比重三个维度，同时基于克莱因和香博（2006）的引力模型框架，实证检验贸易伙伴国经济政策不确定性对中国出口贸易结构升级的影响。回归结果表明，伙伴国经济政策不确定性在产品规模、产品质量及比重三个维度对中国出口贸易结构升级均有显著的促进作用。最后，在替换经济政策不确定性指标测算方法后，上述结果仍保持稳健。

除此之外，我们分别按照贸易方式、产品类别和所有制的不同对整体样本进行分组回归研究，结果发现无论是一般贸易还是加工贸易，消费品还是中间品，企业的所有制是民营、国有、中国港澳台还是外资，伙伴国经济政策不确定性对中国出口贸易结构优化均有显著的促进作用。但可能由于中国高技术的资本品出口并不多，经济政策不确定性在资本品的出口规模和出口质量两个维度对其促进作用并不显著。

同时，生产率越高的企业不仅越有利于其从事出口贸易，而且对其高技术产品的出口规模和出口质量越有显著的促进作用，但可能由于我们的样本仅为高技术产品，而企业生产率的提高对中低端产品的出口增加量影响更大，因此其对高技术产品出口比重的影响作用显著为负。在考虑了产品差异性后发现，企业生产率的提高在出口规模、出口质量和比重三个维度均对高技术中间品的促进作用最大且显著。

另外，考虑到各控制变量回归系数的大小，我们不能忽略多边阻力在中国出口贸易结构优化中的作用。从实证结果可以看出，无论是基准回归、分样本回归，还是稳健性检验，多边阻力对中国出口贸易结构升级的作用始终为负，虽然存在个别不显著的情况，但并不能改变总体趋势。

第四节　贸易政策不确定性对中国企业
出口技术复杂度的影响

2001 年中国加入 WTO 后，美国授予中国永久正常贸易关系（PTNR），并且给予中国进口产品最惠国待遇，这给中国企业带来了出口产品关税的降低及贸易政策的确定，本节以此为研究背景，采用 2000 ~ 2006 年的中国工业企业数据库与中国海关贸易数据库相匹配的微观层面数据，结合 WTO 的关税下载（tariff download facility）数据库以及罗梅尔（Romail）整理的 1989 ~ 2001 年的美国关税数据，以中国加入 WTO 前的关税变动情况衡量贸易政策的不确定性，从企业这一微观层面研究贸易政策不确定性对中国出口技术复杂度的影响。研究结果表明：首先，贸易政策不确定性的降低显著提高了中国制造业企业的出口技术复杂度，贸易政策不确定性可以通过竞争激励效应、信号传导效应及出口学习效应影响企业的出口技术复杂度，同时通过进一步测算企业的贸易自由化水平，发现贸易自由化也对中国出口技术复杂度的提升有促进作用。其次，在企业异质性方面，贸易政策不确定性下降对私营企业出口技术复杂度的影响大于国有企业和外资企业，对于从事一般贸易的企业的影响大于从事加工贸易的企业。再次，在企业是否出口方面，出口企业的出口技术复杂度要高于非出口企业的出口技术复杂度。最后，在影响机制方面，本节使用中介效应模型，将企业生产率引入回归模型中，发现企业生产率的提高有助于出口技术复杂度的提升。

一、研究背景

自 2001 年底中国加入 WTO 以来，对外贸易一直保持持续增长的态势，进出口总额从 2000 年的 3.93 万亿美元，增长到 2018 年的 30.51 万亿美元，连续多年稳居世界第一①。国际贸易在拉动中国经济发展的同时，也

---

① 资料来源：联合国统计数据库 UN COMTRADE。

进一步提高了中国在国际市场的贸易依存度，使中国的经济发展对外部贸易政策的变动越发敏感。自 2008 年以来，伴随着美国次贷危机和欧洲债务危机的爆发和英国"脱欧"等事件，逆全球化浪潮涌动，贸易保护主义倾向加剧，许多国家尝试通过对经济政策调整来减少风险带来的不利影响，全球政治经济环境越发不稳定，政策不确定性有上升趋势。在此背景下，中国的对外贸易增速总体上也持续下降，出口增长面临巨大压力。

与此同时，中国入世后多年贸易高速增长的一些深度弊端也正在日益加剧，严重影响了出口贸易的可持续增长。如长期依靠出口低成本、低附加值的劳动密集型产品面临"低端锁定"的风险；出口产品质量偏低、过度依赖价格竞争、出口企业之间过度集聚形成了市场拥挤等。随着劳动力成本上升，人口红利下降以及土地等生产要素成本的上升，中国的出口面临来自越南等其他发展中国家的冲击以及发达国家"再工业化"政策的双重挤压；中国企业在关键领域的创新和核心竞争力亟待加强，传统的低附加值、低成本的贸易模式难以为继。

因此，探讨政策不确定性对中国企业出口，特别是对中国企业出口技术复杂度的影响，就成为一个非常重要的问题。

二、文献综述

不确定性是经济活动主体进行投资、运营决策的重要决定因素，它将影响企业的成本、需求和利润水平（Bernanke，1983），国际贸易也是如此。因此，学者很早就开始讨论不确定性对国际贸易的影响（Helpman & Razin，1978；Grossman & Razin，1985）。迪克西特（1989）建立的"市场进入沉没成本"（sunk market entry costs）模型指出，由于贸易过程中企业进入和退出需要大量的沉没成本，当未来贸易价格存在较大不确定性时，出口商倾向于等待，直到他们能够获得更多信息。后续文献包括罗伯茨和提波特（1997）、坎帕（Campa，2004）、达斯（2007）、阿尔科拉基斯（Arkolakis，2011）等均强调，沉没成本确实是影响企业进入和退出出口行为的重要因素，而不确定性会放大这种成本作用。马洛尼和阿泽维多（Maloney & Azevedo，1995）利用墨西哥贸易改革这一自然实验进行实证

分析，发现不确定性的降低促进了墨西哥的出口规模。诺维和泰勒（Novy &
Taylor，2014）认为，企业需要从国内和国外供应商购买中间品，但由于
采购企业持有中间品存货会产生固定成本，导致后者成本更高，因此，在
面临不确定性冲击时，企业将更大幅度地减少国外供应商的订单来实现存
货水平最优化，从而导致国际贸易收缩幅度大于国内经济活动。

　　近几年来，以汉德利和利马奥为代表的学者在上述研究的基础上，重
点讨论了贸易政策不确定性对国际贸易的影响，并利用个别国家的数据进
行了实证考察。基于传统的沉没成本理论，汉德利和利马奥（2015）认为
贸易政策不确定性的存在会影响国际贸易中企业投资水平和进入决定，在
不确定性得到改善和解决之前，"等等看"成为出口企业的一种"期权"
而具有现实价值。当贸易政策不确定性很高时，贸易投资会减少，进入国
际出口市场的决定也会被推迟，因此，当贸易壁垒为零时，通过签订区域
贸易协议（PTAs）等方式，有助于降低贸易政策的不确定性，对出口商来
说仍然是有价值的。利马奥和马吉（Limão & Maggi，2015）进一步认为，
随着外部贸易成本不断下降，关税等贸易政策不确定性下降带来的收益比
关税税率本身的下降更大。汉德利（2014）通过一个动态异质性贸易企业
行为模型指出，贸易政策的不确定性不但会延缓出口商的新市场进入，还
会使出口商对现有的关税减免反应不足，因为出口商难以确定关税减免是
否是一个"可信的承诺"（binding commitment）。利用澳大利亚的企业数
据，他发现如果澳大利亚没有对产品关税减免作出可信承诺，其进口的产品
种类将下降7%。类似地，汉德利（2015）在研究葡萄牙加入欧共体（欧
盟）对贸易影响的程度时发现，葡萄牙进入外国市场的企业数量与出口贸易
流量的增加都和该国加入欧共体后所面临的政策不确定性下降有很大关系。

　　汉德利和利马奥（2017）基于一个异质性企业的一般均衡模型，强调
贸易政策不确定性会降低出口商在市场进入和技术升级上的投资水平，进
而降低贸易规模和进口国消费者的福利水平，并以中国加入世界贸易组织
（WTO）作为自然实验，考察了美国对华贸易政策不确定性的影响。他们
认为，中国加入WTO使得中国获得永久正常贸易地位，并免于每年的斯
穆特－霍利（Smoot－Hawley）关税法案威胁，美国对华贸易政策不确定性
的下降可以解释中国加入WTO后对美贸易量增长的22%～30%。除了这两

位学者之外，冯等（Feng et al.，2017）同样以中国加入 WTO 为自然实验，通过中国对美国和欧盟出口的企业层面数据发现，贸易政策不确定性下降的同时会影响企业的贸易进入和退出决定，其中新进入者具有更高的生产率、更低的价格和更好的产品质量，因此，贸易政策不确定性下降还具有重要的选择效应和资源配置效应。

国内关于贸易政策不确定性（TPU）的研究目前还不是很多，现有的研究大都是以中国加入 WTO 所带来的关税降低为背景。佟家栋和李胜旗（2015）以新产品产值衡量企业创新，研究了 TPU 降低对中国企业出口产品的创新的影响。苏理梅、彭冬冬和兰宜生（2016）基于行业层面对 TPU 与出口产品质量进行了研究。徐卫章和李胜旗（2016）基于企业异质性视角研究了对企业加成率的影响，结果显示 TPU 的下降有利于提高企业的加成定价能力。陈虹和徐阳（2018）研究得出 TPU 下降增加了企业的就业人数。汪亚楠（2018）实证研究了 TPU 对于出口企业利润水平的长短期影响。毛其淋和许家云（2018）将研究重点放在了企业储蓄行为上，结果显示，TPU 的上升会以"下游关联渠道"在一定程度上提高企业储蓄率。周定根等（2019）研究 TPU、关税约束承诺与出口稳定性的关系时，从信号传递机制和风险调整机制这两个理论机制出发，得到 TPU 下降有助于提升出口持续时间并改善出口稳定性的结论。邓小华和陈慧玥（2021）研究了 TPU 对出口二元边际的影响。

本部分研究的可能贡献如下：首先，从目前的研究来看，很少有文献从 TPU 角度研究贸易政策的变化对企业出口技术复杂度的影响。本节以中国加入 WTO 后引发的大范围关税减免为背景，从 TPU 角度出发，研究其对中国制造业企业出口贸易技术结构的影响，具有开拓性。其次，从以往文献研究层面来看，大多是从省级、行业或者国家层面对出口技术复杂度进行测算，本节与之前文献的不同之处在于，本节基于中国大样本微观数据库—规模以上制造业工业企业数据库和海关数据库的合并数据进行企业层面的相关研究，从微观层面深入揭示中国制造业企业出口技术复杂度的趋势特征。最后，在基准回归考察 TPU 对出口技术复杂度的影响后，本节进一步考虑了贸易自由化的影响，并区分了 TPU 对不同类型企业出口技术复杂度的影响差异。另外，不同于之前基于文本分析的 EPU 指标构建，

TPU 主要采用事件研究法，是对之前章节研究视角及结论的补充。

三、影响机制分析及理论假说

本节认为贸易政策不确定性可以通过竞争激励效应、信号传导效应和出口学习效应等渠道影响企业出口技术复杂度。

（一）竞争激励效应

贸易政策不确定性的下降增强了出口市场的活力，贸易环境趋向良好将促使出口企业积极开展贸易活动。双边贸易或多边贸易量的扩大降低了企业的贸易成本的同时，也降低了出口贸易壁垒，使得大量企业进入出口市场，从而导致市场竞争加剧。一方面，这将鼓励一批具有高生产率的企业进入，从而对低生产率企业造成很大威胁，甚至会将其挤出出口市场（Handly，2014），整个市场由于高效率企业的进入，行业整体的生产率得到提高，进而有利于企业出口技术复杂度的提升。另一方面，由于市场上竞争加剧，企业为了自身的生存及发展不得不进行技术改进及升级，提升生产率，使得企业处于一种良性的发展状态，进而促使企业形成规模经济，最终使得企业的出口技术复杂度得到进一步提升。

（二）信号传导效应

企业进行出口活动时都会面临一个固定成本（Melitz，2003），这个固定成本的存在使得企业权衡自身经营效益的同时需要外部提供融资支持。银行在进行企业的贷款审核时不仅需要考虑企业的现金流情况、企业的资产负债情况，而且需考虑企业在进行出口贸易时面临的贸易政策不确定性。当 TPU 上升时，企业在出口过程中遭受进口国不平等待遇的概率就会上升，这将提高企业的违约风险，银行基于对此方面因素的考虑，会降低对企业的贷款额度及提高贷款利率甚至不提供贷款，这样会提高企业的融资成本。高的融资成本无法帮助企业克服出口的固定成本困难，从而会降低企业的出口意愿，不利于企业形成规模经济，因此不利于企业出口技术复杂度的提升。

（三）出口学习效应

贸易政策不确定性较小时，企业的生产经营环境较为稳定，面临的外部风险较低，出口企业会积极地从事国际贸易活动，国家之间的经贸往来也会增多。国外同类产品提供者的高质量及高标准的要求促使企业不断学习其先进技术及先进的生产理念，并采用新技术生产更加优质且具有竞争力的产品。同时国内外消费者更倾向于购买质量及技术含量高的产品，促使企业逐步减少低质量和低技术含量产品的生产，进而加大高质量及高技术含量产品的生产，同时提升出口产品的多样性，促进企业国际出口竞争力的提升，进一步提高了企业的出口技术复杂度。

基于以上机制分析，本章节提出理论假说如下：

假说 6 - 1：TPU 降低将显著提高制造业企业出口技术复杂度；

假说 6 - 2：由于私营企业和从事一般贸易企业面临更大的融资约束，TPU 降低对私营企业出口技术复杂度的影响大于国有企业和外资企业；对于从事一般贸易企业的影响大于从事加工贸易企业；

假说 6 - 3：企业生产率是 TPU 影响出口技术复杂度的中介渠道。

四、实证分析

（一）计量模型

针对贸易政策不确定性对中国制造业出口技术复杂度的整体影响，本节构建如下基准计量模型：

$$lnesi_{ijt} = \alpha + \beta * tpu_{it} + \gamma * X_{ijt} + \mu_i + \nu_t + \varepsilon_{ijt} \qquad (6-28)$$

考虑到在以 2001 年 12 月中国加入 WTO 大幅度减让关税为背景来研究贸易政策不确定性的同时，贸易自由化的程度也在不断上升，因此本节将关税作为次要解释变量纳入回归，衡量贸易自由化的程度，以体现贸易自由化及贸易政策不确定性对企业出口技术复杂度的作用。回归方程如下：

$$lnesi_{ijt} = \alpha + \beta * tpu_{it} + \gamma * lntar_{it} + \gamma_0 * X_{ijt} + \mu_i + \nu_t + \varepsilon_{ijt} \qquad (6-29)$$

其中，α 为常数项，$lnesi_{ijt}$ 为企业层面的出口技术复杂度，取对数表示，其中下标 i, j, t 分别表示企业、行业及年份。tpu_{it} 为贸易政策不确定性，$lntar_{it}$ 表示用企业关税水平衡量的贸易自由化，X_{ijt} 表示需要控制的其他解释变量，分别包括企业员工的平均技能、企业年龄、资本密集度、企业规模、政府补贴、融资约束及赫芬达尔指数。μ_i 表示企业固定效应，ν_t 表示时间固定效应，ε_{ijt} 表示未被观测的随机误差项。

（二）变量的设定与说明

本书的核心解释变量为贸易政策不确定性（tpu），其衡量采用汉德利和利马奥（2017）的测算方法构造 tpu 指数：$tpu = 1 - (1 + \tau_{COL\,2}/1 + \tau_{MFN})^{-\sigma}$，其中 $\tau_{COL\,2}$ 表示二类关税；τ_{MFN} 表示最惠国关税税率，借鉴汉德利和利马奥（2017）的经验，对于 σ 的大小，本书取 2，3，4。计算贸易政策不确定性的关税数据来自罗梅尔整理的 1989 ~ 2001 年的美国进口关税数据，该数据包括 HS8 位产品层面的非正常贸易关税率与最惠国关税，该指数越高说明贸易政策不确定性下降的幅度越大。

另外，式（6 - 29）中用企业总体关税水平表示贸易自由化，根据以往文献，本书使用进口关税来表示对贸易自由化的测度（盛斌和毛其淋，2015），企业的关税计算等式如下：

$$tariff_{it} = \sum_{z}^{Q_i} \frac{value_{zt}}{\sum_z value_{zt}} * tariff_{zt} \qquad (6 - 30)$$

其中，下标 i 和 t 分别表示企业和年份，z 表示企业 i 进口的第 z 种产品（包括最终品和中间品），Q_i 表示企业 i 进口的所有产品的集合，$tariff_{zt}$ 表示 z 产品的进口关税水平，$value_{zt}$ 表示产品 z 在 t 年份的进口额，本书采用的进口关税税率是在 WTO 网站下载得到的 HS6 位产品层面的中国关税数据，由于 WTO 中缺少 1998 ~ 2000 年的关税数据，而考虑到 1997 ~ 2000 年的关税变动的幅度非常微小，因此本书参照余淼杰（2011）的方法，使用 1997 年的关税数据代替 2000 年的关税数据。本书的控制变量的设定说明如下：（1）企业员工的平均技能（tec），本书用企业的平均工资来反映该企业从业人员的平均技能水平（刘慧，2013；赵伟和赵金亮，2011），员工的工资总额包括本年应付工资总额、本年应付福利总额、劳动和待业保险费、养老和医疗保险费、住房公积金。实证中用员工的工资总额除以就业人数并取对数表示。（2）medium 和 large 分别表示中型企业和大型企业的虚拟变量，本书将企业的销售额按照从小到大进行划分，当企业属于中型企业时取值为 1，否则为 0；当企业为大型企业时，取值为 1，否则为 0。（3）资本密集度（kl），用企业固定资产年平均余额除以企业从业人员的人数，并取对数表示。（4）政府补贴（subsidy），采用补贴收入与工业销售产值之比表示。（5）企业利润率（profit），采用营业利润与销售总产值之比表示，企业的利润越高，越有能力更新设备，越能加大企业的研发投入从而提高企业的出口技术复杂度。（6）赫芬达尔指数（HHI），计算式为 $HHI_{jt} = \sum_i (sale_{it}/sale_{jt})^2 = \sum_i S_{it}^2$。其中 $sale_{it}$ 表示企业 i 在 t 年的销售额，$sale_{jt}$ 表示行业 j 在 t 年的总销售额，S_{it} 表示企业 i 在 t 年的市场占有率。

　　本节研究用到的数据主要有：2000～2006 年的中国工业企业数据库、海关贸易数据库、罗梅尔整理的美国关税数据和 WTO 的关税数据库（tariff download facility）及 CEPII - BACI 数据库。本节首先借鉴余森杰（2014）的方法对工业企业库数据进行了一定的清理，之后将产品层面的出口技术复杂度与海关数据库的合并数据库和工业企业数据库进行匹配，匹配之后的数据则为我们需要的非平衡面板数据。

（三）基本估计结果与分析

1. 基本回归

　　表 6 - 22 报告了 TPU 与样本企业出口技术复杂度的基准回归结果，出于对稳健性的考虑，第（1）列、第（3）列、第（5）列分别将 σ 取值 2、3、4，这三列单独考察 TPU 对出口技术复杂度的影响，未加任何控制变量，从回归结果看，σ 分别取 2、3、4 时其系数均显著为正，说明加入世界贸易组织后中国面临的 TPU 下降显著促进了中国制造企业出口技术复杂度的提升。进一步地，第（2）、第（4）、第（6）列分别加入了其他控制变量，从结果可以看出，TPU 的系数虽然有微弱的减小，但是仍然在 1% 的水平上显著为正，这也进一步说明在考虑其他控制变量对企业出口技术复杂度的影响作用后，贸易政策不确定性下降对企业出口技术复杂度的影响仍然较为明显，这验证了我们的"假说 6 - 1"。

表6－22   贸易政策不确定性的基准回归结果

变量	(1) lnesi	(2) lnesi	(3) lnesi	(4) lnesi	(5) lnesi	(6) lnesi
qytpu2	0.0189 *** (22.15)	0.0183 *** (21.99)				
qytpu3			0.0146 *** (21.59)	0.0142 *** (21.43)		
qytpu4					0.0126 *** (21.19)	0.0122 *** (21.04)
lntec		0.0206 *** (2.96)		0.0205 *** (2.94)		0.0204 *** (2.93)
medium		0.170 *** (16.47)		0.171 *** (16.47)		0.171 *** (16.48)
large		0.303 *** (18.18)		0.302 *** (18.05)		0.301 *** (17.96)
kl		-0.00282 (-0.51)		-0.00287 (-0.52)		-0.00292 (-0.53)
subsidy		-0.0492 (-0.45)		-0.0483 (-0.45)		-0.0475 (-0.44)
profit		0.000263 ** (2.46)		0.000263 ** (2.47)		0.000262 ** (2.48)
HHI		-0.280 * (-1.80)		-0.279 * (-1.78)		-0.277 * (-1.77)
_cons	10.21 *** (762.50)	10.04 *** (369.52)	10.20 *** (752.42)	10.04 *** (369.06)	10.20 *** (745.29)	10.04 *** (368.76)
year	Yes	Yes	Yes	Yes	Yes	Yes
N	130056	129609	130056	129609	130056	129609
R^2	0.148	0.153	0.148	0.153	0.148	0.153

注：括号内的值为纠正异方差后的 t 值；*** 、** 和 * 分别表示1%、5%和10%的显著性水平（ * p < 0.1， ** p < 0.05， *** p < 0.01）。

另外，控制变量系数的估计结果同样具有启发意义。第一，企业员工平均技能的估计系数显著为正，说明员工平均技能的提升对企业出口技术复杂度的改善具有显著的促进作用，因为具有高技能的劳动者一般都要求高水平的工资。高技术员工的增多会给企业带来技术的提升，提高企业的生产率进而提高企业的出口技术复杂度，也侧面说明"人力资本"在企业创新和产品升级中的重要作用，因此企业需要重视对员工的能力培训并加大人才引进力度。第二，从企业规模来看，大中型规模的企业系数均在1%的水平上显著，表明规模越大的企业占据的市场份额越多，其技术水平、生产效率、生产能力与其他小微企业相比处于较高的地位，可以显著促进企业出口技术复杂度。第三，资本密集度与政府补贴的系数为负但是不显著，表明企业资本密集度的提高对企业出口技术复杂度的提高没有显著影响。而企业接受政府补贴对企业竞争力的提高没有显著促进作用，因为政府补贴降低了该企业的生产成本，可能促进企业参加低价格、低利润的竞争，使得企业"粗放式"成长，从而导致补贴的效率微弱（余娟娟和余东升，2018），进而不利于企业出口技术复杂度的提升。第四，企业的利润率越高，企业越可以有更多的资金用于改进设备、提高企业的生产效率进而提升企业的出口技术复杂度。赫芬达尔指数在10%水平上显著为负，说明市场竞争会促进企业生产效率的提高，从而在一定程度上提高企业的出口技术复杂度。

　　在上述基本回归的基础上，本节进一步将用关税衡量的贸易自由化作为次要解释变量纳入回归方程中，对计量模型（2）进行回归得到如表6-23所示的估计结果。同基准回归类似，表6-23的第（1）列、第（3）列、第（5）列仅考虑σ取值2、3、4的贸易政策不确定性与关税的解释变量对企业出口技术复杂度的影响，没有加入任何控制变量，从回归结果可以看出，当加入关税指标之后，贸易政策不确定性的系数与基准回归相比稍有下降，但仍在1%的水平上显著。且企业关税与出口技术复杂度均在5%的显著性水平上呈负相关关系，这也初步说明贸易自由化带来的关税减让提高了企业的出口技术复杂度水平。第（2）列、第（4）列、第（6）列分别加入了贸易政策不确定性、关税及控制变量，可以看到加入关税及控制变量之后，贸易政策不确定性的系数有了较小幅度的下降，但是仍在1%的水平上显著，表明在贸易政策不确定性下降的同时，贸易自由化的推进对企业出口技术复杂度的提升也有一定的帮助。

表 6 - 23　　　　　　　贸易政策不确定性及关税的基准回归结果

变量	(1) lnesi	(2) lnesi	(3) lnesi	(4) lnesi	(5) lnesi	(6) lnesi
qytpu2	0.0188 *** (21.99)	0.0182 *** (21.85)				
qytpu3			0.0145 *** (21.44)	0.0141 *** (21.29)		
qytpu4					0.0125 *** (21.05)	0.0121 *** (20.90)
lntariff	− 0.0106 ** (− 1.98)	− 0.0105 * (− 1.95)	− 0.0106 ** (− 1.97)	− 0.0104 * (− 1.94)	− 0.0105 ** (− 1.96)	− 0.0104 * (− 1.93)
lntec		0.0202 *** (2.88)		0.0200 *** (2.86)		0.0199 *** (2.85)
medium		0.169 *** (16.25)		0.169 *** (16.26)		0.169 *** (16.26)
large		0.298 *** (17.82)		0.297 *** (17.70)		0.296 *** (17.61)
kl		− 0.00181 (− 0.33)		− 0.00186 (− 0.34)		− 0.00191 (− 0.34)
subsidy		− 0.0670 (− 0.69)		− 0.0661 (− 0.68)		− 0.0653 (− 0.67)
profit		0.000265 ** (2.48)		0.000264 ** (2.49)		0.000264 ** (2.50)
HHI		− 0.266 * (− 1.69)		− 0.264 * (− 1.68)		− 0.263 * (− 1.67)
_cons	10.24 *** (533.49)	10.07 *** (327.85)	10.23 *** (529.82)	10.07 *** (327.53)	10.23 *** (527.22)	10.07 *** (327.33)
year	Yes	Yes	Yes	Yes	Yes	Yes
N	127975	127534	127975	127534	127975	127534
R^2	0.148	0.153	0.148	0.153	0.148	0.153

注：括号内的值为纠正异方差后的 t 值；*** 、** 和 * 分别表示 1%、5% 和 10% 的显著性水平。

2. 区分企业不同类型的回归

不同类型所有制的企业在经济行为上存在一定的差异。本节参考瓜里格利亚等（Guariglia et al.，2006）的做法，按照企业所有制性质将企业分为国有企业、私营企业和外资企业。回归结果如表 6 - 24 所示。

表 6 - 24　　　　　　　贸易政策不确定性对不同类型企业分组的回归结果

变量	(1) 国有企业	(2) 私营企业	(3) 外资企业	(4) 一般	(5) 加工
qytpu2	0.00976 *** (22.30)	0.0149 *** (22.84)	0.0121 *** (67.33)	0.0120 *** (45.79)	0.0116 *** (49.80)
lntariff	− 0.00941 (− 0.72)	− 0.0272 (− 1.53)	− 0.00959 * (− 1.81)	− 0.00840 (− 1.16)	− 0.0159 ** (− 2.16)
lntec	− 0.0427 (− 1.52)	0.0113 (0.36)	0.0270 *** (3.79)	0.00200 (0.17)	0.0199 ** (2.24)
medium	0.239 *** (4.76)	0.206 *** (5.04)	0.163 *** (15.43)	0.183 *** (10.06)	0.124 *** (9.49)
large	0.400 *** (6.30)	0.315 *** (5.35)	0.279 *** (17.72)	0.284 *** (11.07)	0.222 *** (11.15)
kl	0.0487 ** (2.22)	0.0329 (1.51)	− 0.0167 *** (− 2.96)	0.00317 (0.34)	− 0.0193 *** (− 2.78)
subsidy	0.453 (1.28)	− 0.134 (− 1.16)	0.255 (1.12)	− 0.361 (− 1.13)	− 0.0655 (− 0.71)
profit	0.00946 (0.72)	0.275 (1.49)	0.000238 (0.61)	0.000242 (0.56)	0.00890 ** (2.08)
HHI	− 0.787 * (− 1.69)	0.710 (0.97)	− 0.191 (− 1.31)	− 0.264 (− 1.17)	− 0.193 (− 1.01)
_cons	9.674 *** (87.14)	9.404 *** (71.07)	10.18 *** (339.92)	9.890 *** (198.97)	10.42 *** (283.84)
year	Yes	Yes	Yes	Yes	Yes
N	14313	12438	100706	63402	58293
R^2	0.161	0.223	0.145	0.165	0.128

注：括号内的值为纠正异方差后的 t 值；*** 、** 和 * 分别表示 1%、5% 和 10% 的显著性水平。

根据表 6 - 24 第（1）列 ~ 第（3）列的回归结果，三组样本的核心变量 TPU 的系数均在 1% 水平上显著，即 TPU 的下降对国有企业、私营企业及外资企业的出口技术复杂度均有显著提升作用。通过对比发现，私营企业的 TPU 系数比国有企业和外资企业的系数更大，说明 TPU 的下降对私营企业出口技术复杂度的提升要大于国有企业和外资企业，其中对国有企业出口技术复杂度的提升作用最小。这可能是因为相比于私营企业，国有企业具有充裕且雄厚的资金，且生产经营环境较稳定，受到国家政策的保护力度较大，企业面临的市场竞争压力小，所以对贸易政策改变的敏感度不是很强。而私营企业的规模较国有企业小，并且私营企业在企业融资及抵抗风险方面能力较差，企业所承受的生存压力较大（张杰和郑文平，2017），因此相较于国有企业，私营企业对贸易政策不确定性下降的反应更为敏感。而外资企业本身拥有先进的生产技术及生产力水平，一般投资中国的加工贸易企业，主要利用中国相对廉价的劳动力成本，其企业的研发创新及产品的最终销售均在国外，故 TPU 的提高对于外资企业的影响相对较小。这验证了我们的"假说 6 - 2"。

进一步按照海关数据库中的贸易方式分类，将样本分为一般贸易企业和加工贸易企业，表 6 - 24 第（4）列和第（5）列报告了两种不同分类企业的估计结果。可以看到，核心变量 TPU 对两类企业均在 1% 水平上显著，但是一般贸易企业的系数更大，表明 TPU 下降对一般贸易企业的激励作用更大，因此对该类企业出口技术复杂度的提升作用更明显。再次验证"假说 6 -2"。

3. 企业生产率中介渠道检验

根据前面的理论机制分析，本节认为企业生产率是 TPU 影响企业出口技术复杂度的中介渠道，将企业生产率（TFP）作为中介变量进行中介效应检验。本节使用巴伦和肯尼（Baron & Kenny，1986）的方法，参考温忠麟和叶宝娟（2014）的文章建立中介效应模型，研究 TPU 对企业出口技术复杂度的机制影响，回归方程如下：

$$\text{Tfp}_{ijt} = \alpha + \beta * \text{tpu}_{it} + \gamma * \text{lntar}_{it} + \gamma_0 * X_{ijt} + \mu_i + v_t + \varepsilon_{ijt} \quad (6-31)$$

$$\text{lnesi}_{ijt} = \alpha + \beta * \text{tpu}_{it} + \gamma * \text{lntar}_{it} + \delta * \text{tfp}_{ijt} + \gamma_0 * X_{ijt} + \mu_i + v_t + \varepsilon_{ijt}$$
$$(6-32)$$

式（6 - 31）的被解释变量为企业的全要素生产率，本节采用 OP 法计算得出，数据来源于中国工业企业数据库，式（6 - 31）验证了 TPU 对企业生产率的影响，式（6 - 32）在全样本回归的基础上加入企业生产率来验证机制。

回归结果如表 6 - 25 所示，其中第（1）列为式（6 - 29）的回归结果，与上文结果一样，这里不再说明。第（2）列的被解释变量为企业生产率，可以看到 TPU 的估计系数在 1% 的水平上显著为正，说明 TPU 下降会促进企业生产率的提高。第（3）列将 TPU 与企业生产率同时纳入回归方程中，结果显示，TPU 与企业生产率的系数均显著为正。这意味着，TPU 下降引起了企业生产率的提升，从而显著提高了企业的出口技术复杂度，说明企业生产率的提高的确是 TPU 下降促进企业出口技术复杂度的可能渠道。验证了"假说 6 - 3"。

表 6 - 25　　　　贸易政策不确定性对出口技术复杂度影响机制的估计结果

变量	(1) lnesi	(2) tfp_op	(3) lnesi
qytpu2	0. 0182 *** (21. 85)	0. 00135 *** (5. 96)	0. 0179 *** (21. 27)
tfp_op			0. 0190 *** (4. 02)
lntariff	- 0. 0105 * (- 1. 95)	- 0. 00255 (- 0. 60)	- 0. 0115 ** (- 2. 08)
lntec	0. 0202 *** (2. 88)	0. 262 *** (33. 75)	0. 0129 * (1. 75)
medium	0. 169 *** (16. 25)	0. 535 *** (52. 96)	0. 161 *** (14. 62)
large	0. 298 *** (17. 82)	0. 986 *** (63. 46)	0. 280 *** (15. 74)
kl	0. 00181 (0. 33)	0. 0449 *** (7. 33)	0. 00365 (0. 62)
subsidy	- 0. 0670 (- 0. 69)	- 0. 153 (- 1. 00)	- 0. 0723 (- 0. 80)
profit	0. 000265 ** (2. 48)	- 0. 000326 (- 1. 14)	0. 000212 *** (5. 55)
HHI	- 0. 266 * (- 1. 69)	- 0. 0933 (- 0. 53)	- 0. 299 * (- 1. 79)

续表

变量	(1) lnesi	(2) tfp_op	(3) lnesi
_cons	10.07 *** (327.85)	1.879 *** (61.86)	10.06 *** (303.67)
year	Yes	Yes	Yes
N	127534	121936	121936
R^2	0.153	0.120	0.153

注：括号内的值为纠正了异方差后的 t 统计量；*** 、** 和 * 分别表示 1%、5% 和 10% 显著性水平。

五、稳健性检验

（一）倍差法

中国加入 WTO 这一历史事件属于外生政策背景，而中国企业在加入 WTO 前后所面临的关税变动幅度存在明显差异，这是一次良好的"自然实验"。为了稳健性起见，本节将中国加入 WTO 作为准自然实验，采用倍差法来估计 TPU 对制造业企业出口技术复杂度的影响。本节借鉴毛其淋和许家云（2018）的方法，构造以下模型：

$$lnesi_{ijt} = \alpha + \beta * tpu_{it} * post02_t + \gamma * lntar_{it} + \gamma_0 * X_{ijt} + \mu_i + V_t + \varepsilon_{ijt}$$

$$(6-33)$$

其中，$post02_t$ 为时间虚拟变量，2002 年及其之后的年份取值为 1，2002 年之前的年份取值为 0，tpu_{it} 表示企业面临的 TPU，交叉项的系数是我们比较关注的，该系数刻画了 TPU 下降对企业出口技术复杂度的影响效应。回归结果如表 6-26 所示。

表 6-26　　　　　　　　稳健性检验的估计结果

变量	(1) 倍差法	(2) lnesi_non	(3) lnesi	(4) lnesi	(5) lnesi	(6) lnesi
DID	0.452 *** (46.47)					

续表

变量	（1） 倍差法	（2） lnesi_non	（3） lnesi	（4） lnesi	（5） lnesi	（6） lnesi
qytpu2		0.0182 *** (21.76)				
qytpu1			0.0268 *** (23.93)	0.0259 *** (23.77)		
qytpu3					0.0209 *** (26.54)	0.0202 *** (26.36)
lntariff	− 0.0101 * (− 1.84)	− 0.00846 (− 1.59)	− 0.011 (− 2.03)	− 0.0107 (− 2.00)	− 0.0114 (− 2.13)	− 0.0112 (− 2.09)
lntec	0.0235 *** (3.29)	0.0210 *** (3.01)		0.0211 *** (3.02)		0.0217 *** (3.10)
medium	0.179 *** (16.95)	0.171 *** (16.37)		0.171 *** (16.50)		0.171 *** (16.53)
large	0.361 *** (22.18)	0.300 *** (17.94)		0.306 *** (18.60)		0.308 *** (18.97)
k1	− 0.00248 (− 0.43)	− 0.00231 (− 0.42)		− 0.00271 (− 0.49)		− 0.00284 (− 0.51)
subsidy	− 0.0594 (− 0.55)	− 0.0844 (− 0.88)		− 0.0511 (− 0.47)		− 0.0518 (− 0.47)
profit	0.000209 ** (2.11)	0.000282 ** (2.33)		0.000266 ** (2.43)		0.000269 ** (2.43)
HHI	− 0.289 * (− 1.80)	− 0.256 * (− 1.65)		− 0.286 * (− 1.84)		− 0.295 * (− 1.90)
_cons	10.27 *** (335.06)	11.04 *** (361.15)	10.04 *** (371.00)	10.21 *** (794.49)	10.04 *** (373.11)	10.21 *** (832.51)
year	Yes	Yes	Yes	Yes	Yes	Yes
N	127534	127534	129609	130056	129609	130056
R^2	0.120	0.162	0.151	0.146	0.150	0.145

注：括号内的值为纠正了异方差后的 t 统计量；*** 、** 和 * 分别表示 1%、5% 和 10% 显著性水平。

（二）企业出口技术复杂度的其他衡量

在基准回归中，使用的是经过质量调整之后的产品层面出口技术复杂度衡量的制造业企业出口技术复杂度，出于稳健性考虑，再使用豪斯曼

（2007）的做法，将未经质量调整的企业层面出口技术复杂度作为被解释变量对方程进行回归。

（三）贸易政策不确定性的其他测算方法

为了稳健性起见，采用不同的测算方法进行回归，首先，借鉴皮尔斯和斯科特（Pierce & Schott, 2016）的做法，产品层面的 TPU 用非正常贸易关系关税率（二类关税）与最惠国关税率的差额测算，即 $TPU2 = \tau_{col2} - \tau_{MFN}$。其次，采用刘和马（Liu & Ma, 2016）的方法，将产品层面的 TPU 用非正常贸易关系关税税率与最惠国关税之比的对数来表示，即 $TPU3 = \log(\tau_{col2}/\tau_{MFN})$。最后，分别计算出企业层面的 TPU 指数。

表 6-26 报告了以上三种稳健性检验的回归结果，第（1）列是基于式（6-33）的估计结果，可以看到使用倍差法估计的 $tpu_{it} * post02_t$ 交乘项 β 的系数在 1% 水平上显著为正，表明 TPU 下降显著提高了中国企业的出口技术复杂度。第（2）列为未经质量调整的企业层面出口技术复杂度，其结果显著为正，且控制变量的系数显著性也与基本回归中的一致，说明本节的核心结论在总体上并不因为企业出口技术复杂度在衡量方法上的差异而受到影响。TPU 其他衡量的方法结果报告在第（3）列~第（6）列，第（3）列和第（5）列的结果与基准回归类似，仅考虑了两种不同方法测算的 TPU 对出口技术复杂度的影响，不含其他控制变量，估计结果显著为正，第（4）列和第（6）列分别为加入一系列控制变量之后的结果，其系数仍然在 1% 水平上显著，进一步说明，TPU 测算方法的不同也并没有改变 TPU 下降提高中国制造业企业出口技术复杂度这一结论。因此，可以认为本节的基准回归结果是有效且可靠的。

六、结论

本节研究了贸易政策不确定性对中国制造业企业出口技术复杂度的影响。研究发现：（1）企业出口技术复杂度受 TPU 影响，TPU 提高将不利于中国制造业企业出口技术复杂度的提升；（2）TPU 对出口技术复杂度的影响存在企业异质性。具体而言，TPU 对私营企业的出口技术复杂度的影响要大于国有企业和外资企业，对从事一般贸易企业的出口技术复杂度的影响要大于从事加工贸易的企业；（3）企业生产率是 TPU 影响企业出口技术复杂度的中介渠道。

　　基于上述研究，本章节提出以下政策建议。

　　第一，为降低贸易政策不确定性，中国政府应利用并依托当前的"一带一路"倡议，积极与沿线国家制定互利共赢的贸易政策，扩大合作范围，提高双边贸易的自由化水平及贸易政策的效率。政府应该致力于签订自由贸易协定并积极参与国际规则的制定，以此来降低企业在国际市场上面临的贸易政策潜在的不确定性，为企业营造良好的贸易环境。对企业而言，首先，企业可以从自身宏观经济环境出发，建立风险控制预警机制，对未知的风险进行预处理，并灵活运用多种衍生金融工具进行资金对冲，尽可能降低贸易目的国的政策不确定性给企业带来的经济损失。其次，企业也要注重内部创新，加强高科技人才引进，增强企业的自主创新能力，逐步生产出口高质量的核心产品，进而提高企业的综合竞争力。最后，企业应积极响应《中国制造2025》的号召，积极扩展产品出口的范围，增强企业内部资本市场的形成，从而减少对外部资本市场的依赖，在外部贸易政策不确定性提高的时候，有抵御此项风险的能力。

　　第二，对于中国企业出口技术复杂度的提升，首先，政府在创新投入上应加大对企业的研发支持，加大对制造业企业的投资，包括研发经费的投入。对出口企业实行税收优惠政策，给予创新企业适度的政府研发补贴，并为初创企业技术创新提供必要的资金保证。企业需要提高自身的自主创新能力及研发能力，并高度注重创新规模与效率的协同发展，加强知识产权保护意识。其次，无论是政府还是企业均需要加强人力资本的投入。一方面，政府部门要增强教育方面的投入，完善已有的教育体系，建立有吸引力的机制以吸引国内外优秀的管理人才。另一方面，企业应提高老员工的创新技能，增强其运用到实践中的能力，并创造良好的文化氛围。最后，政府应该注重对外资的合理利用，以增强国内企业对于新技术的有效吸收能力，充分达到引进外资的有效目的。

第七章

宏观经济不确定性与出口

第一节　引言

学者很早就针对不确定性对国际贸易的影响展开了讨论，并且认为不确定性是经济活动主体进行投资、运营决策时的重要决定因素，除了影响企业的成本、需求和利润水平，也会影响国际贸易的开展（Bernanke，1983）。尽管早有学者涉及不确定性对国际贸易的影响研究，但 2008 年的金融危机导致的"贸易大崩溃"现象给该领域的研究提供了新的事实背景。许多学者不仅开始对不确定性进行测算，还对不确定性影响国际贸易进行理论解释。在不确定性研究的早期，大多数文献侧重于分析汇率不确定性的影响，如达斯等（2007）、格林纳韦等（Greenaway et al.，2010）从进入成本的角度，分析了汇率不确定性对一国贸易的影响。近年来，随着相关研究的推进，探讨政策不确定性如何影响国际贸易逐渐成为该研究领域的一个重要分支。首先，一些学者在传统沉没成本理论（Dixit，1989）的基础上，重点探讨了贸易政策不确定性对国际贸易的影响，并利用个别国家数据进行实证分析。汉德利和利马奥（2015）通过对葡萄牙企业进入出口市场的经验研究发现，贸易政策不确定性的下降促使企业进入出口市场，可以解释 61% 的市场进入。汉德利和利马奥（2017）运用 2000~2005 年的中美贸易数据检验美国贸易政策不确定性对中国出口的影响。研究发现，公司为了进入国外市场需要承担沉重的进入成本，并且贸易政策不确定性的下降增加了企业进入出口市场意愿。其次，在探讨贸易政策不确定性对国际贸易影响的同时，一些学者也开始关注经济政策不确定性对贸易的影响。谭（Tam，2018）使用了 1998～2016 年 31 个国家的季度数据，发现美国和中国经济政策不确定性对全球贸易流量产生了负面影响。许锐翔等（2018）通过对国别配对数据的研究发现，进口国经济政策不确定性的加剧对出口国贸易规模存在抑制效应，但出口国经济政策不确定性的影响不显著。

2008 年的国际金融危机、欧债危机、英国脱欧以及近期的中美贸易摩擦等一系列国际重大经济事件的发生，使"经济不确定性"再次成为全球关注的焦点，全球范围内的宏观经济不确定性（macroeconomic uncertainty）水平不断攀升。根据奥兹图克和盛（Ozturk & Sheng，2018）测算的宏观经济不确定性指数，在 2008 年金融危机爆发之前，全球宏观经济不确定性水平呈现相对平稳的趋势，但在金融危机爆发之后，该指数立即飙升到最高点，表明全球宏观经济不确定性在经济衰退期间表现出强烈的反周期并且不断上升。与此同时，宏观经济不确定性也必然会影响到国际贸易的发展。例如，在 2008 年国际金融危机发生后，全球的贸易规模都出现了暂时性大幅下滑，并且在持续很长一段时间里，全球贸易都处于低速增长时期。

现有的文献关于宏观经济不确定性的测度和不确定性对国际贸易的影响程度研究都取得了一定的进展，但是在以下两个方面还存在不足：（1）直接讨论宏观经济不确定性与国际贸易关系的文献相对缺乏。虽然诸多学者对各类不确定性与国际贸易影响研究已经积累了一定的文献，但是未能有效关注整体的宏观经济状态对贸易产生的影响。诸如 2008 年的金融危机、欧债危机等一系列的经济事件，导致贸易政策、经济政策等不确定性一直处于高位，却忽视了宏观经济状态不佳对全球贸易低速增长产生的影响，对二者的研究鲜有交集。（2）现有文献对宏观经济不确定性的贸易转移效应讨论较少。上述文献大多局限于研究出口国和进口国宏观经济不确定性对国家间相互贸易的影响，对于国家间宏观经济不确定性水平的差异而产生的贸易转移效应缺乏讨论。

因此，本书参考迪克西特和平狄克（Dixit & Pindyck，1994）以及刘慧和綦建红（2018），构建经典实物期权模型，探讨宏观经济不确定性对贸易的影响机制并提出理论假设。利用贸易引力模型对宏观经济不确定性和国际贸易的关系进行实证研究。本书的主要贡献在于：第一，为传统贸易理论的影响因素研究提供了新的解释，扩展了国际贸易的影响因素范围。传统的贸易理论认为，任何国家的双边或多边贸易更多地受到地理位置、自然资源、政治因素和经济发展水平等影响，对宏观经济不确定性的研究较少。本书采用新的预测性的宏观经济不确定性指标，反映了一国整体的宏观经济走势，首次尝试利用实物期权理论模型研究经济不确定性对贸易出口的影响，为贸易决定理论提供更多的解释依据。第二，本书研究了宏观经济不确定的贸易转移效应，具有较强的政策含义。如何理解宏观经济不确定性与国际贸易的关系是各国政府制定政策的前提，本书的研究不但有助于各国政府制定贸易政策，也为加强各国政府的宏观经济政策协调和合作提供更多的理论依据。

第二节　理论模型和基本假说

假设在一国市场中只存在一家出口企业。在出口中，该企业需支付不可逆的进入成本 I，且企业出口价值为：

$$V = UD(Q) \qquad (7-1)$$

其中，D（Q）衡量了排除市场波动后企业所面临的市场需求，U 代表国内外市场的波动情况，即衡量企业出口所面临的宏观经济不确定性。

参照迪克西特和平狄克（1994）的经典实物期权模型，本书假设 U 服从标准几何布朗运动的变化，即：

$$dU = \alpha U dt + \varphi \sigma_M U dz \qquad (7-2)$$

其中，α 是市场前景的漂移率；σ_M 代表市场波动的方差，由目标国市场波动（σ_i）和国内市场波动（σ_H）两部分组成；$\varphi > 0$ 衡量了出口企业对市场波动的敏感程度。dz 是维纳过程的增量，其均值和方差分别为 0 和 dt。式（7-2）表示国内外市场的现状已知，但未来情况存在不确定性且随时间 t 波动。

由于企业对国内市场较为熟悉，对国内经济不确定性的把控力较强，相同大小的国内市场波动给企业造成的不确定性程度要小于国外市场，故市场波动的方差如式（7-3）所示：

$$\sigma_M = \sigma_{i+\tau H} = \sigma_i + \tau\sigma_H + 2\rho_{iH}\sigma_i(\tau\sigma_H) \tag{7-3}$$

其中，σ_i 和 σ_H 为目标国和国内市场波动的方差，$\tau < 1$ 衡量企业对国内市场波动的控制，ρ_{iH} 为目标市场和国内波动的相关系数。基于世界经济的联动性，本书假设 $0 < \rho_{iH} < 1$。

企业在宏观经济不确定环境下的出口选择如同持有一个延迟期权，赋予其在未来某一时间出口的权利。如果预期未来国内外市场情况较好，企业会执行期权，进行出口；但是如果未来市场情况变差，企业会放弃期权，即减少或放弃现阶段的出口。因此，企业出口选择的价值即可视为市场波动 U 的函数，企业目标为出口选择价值的最大化，即：

$$F(U) = \max E\left[(V(U) - I)e^{-rT}\right] \tag{7-4}$$

其中，$E(\cdot)$ 为期望算子，$V(U) - I$ 为企业在 t 时期的出口净收益，r 为贴现率。本书假设 $\alpha < r$，否则 T 越大，$F(U)$ 越大，企业会无限期延迟出口，式（7-4）不存在最优解。

根据实物期权理论，为准确衡量企业的出口选择，需要找出企业进行出口的临界条件 U^*，当市场条件 $U \leqslant U^*$ 时，企业出口的价值不小于持有期权的价值，则企业执行期权，开始出口。据此，本书参照迪克西特和平狄克（1994）的方法，采用或有权益分析法（contingent claims analysis），将企业持有的期权价值与某种资产组合对冲，以保证企业可以获得市场无风险利率。

本书构建一个包括一单位延迟期权（F）多头和 $n = F'(V)$ 单位出口资产（V）空头的组合。在时间 t + dt 中，一方面，组合持有者可获得该组合的价值增值，其中包含延迟期权的价值增值（dF）和出口资产的价值增值（ndV），即 dF - ndV；另一方面，企业持有每单位出口资产空头还必须支付给多头一定的利息，即 δVdt，其中，$\delta = r - \alpha$ 为企业持有延迟期权的机会成本。故而在时间 t + dt 内，持有该组合的总收益为 dF - ndV - $n\delta Vdt$。根据伊藤引理有：

$$dF = F'(V)dV + 1/2F''(V)(dV)^2 \tag{7-5}$$

将式（7-1）和式（7-2）代入，所构建资产组合的总收益为：

$$dF - ndV - n\delta Vdt = 1/2F''(V)\varphi^2\sigma^2D^2U^2dt - F'(V)\delta UDdt \quad (7-6)$$

假设该组合收益为无风险收益，为求解延迟期权机制 F 和最优出口收益的临界值 V^*，函数 F（V）必须满足以下条件：

初始条件：$F(0) = 0$；最优条件：$F(V^*) = V^* - I$；$F'(V^*) = 1$

为满足初始条件，F（V）应采取以下形式：

$$F(V) = A_1V^{\beta_1} + A_2V^{\beta_2} \quad (7-7)$$

其中，A_1 和 A_2 为待解参数 β_1 和 β_2 方程的根。求得企业出口的市场条件临界值和出口价值临界值分别为：

$$U^* = \frac{\beta}{\beta-1} \times \frac{\delta I}{D} \text{ 和 } V^* = \frac{\beta}{\beta-1} \times I \quad (7-8)$$

根据式（7-8）知，V^* 是关于 β 的减函数，可得 V^* 关于 σ_i 和 σ_H 的导数：

$$\frac{\partial V^*}{\partial \sigma_i} = -\frac{\partial V^*}{\partial \beta} \cdot \frac{\partial \beta}{\partial \sigma_i} = \frac{\varphi^2\sigma_M\beta I(1 + 2\rho_{iH}\tau\sigma_H)}{(\beta-1)\left[\varphi^2\sigma_M^2(\beta-\frac{1}{2}) + (r-\delta)\right]} > 0 \quad (7-9)$$

$$\frac{\partial V^*}{\partial \sigma_H} = -\frac{\partial V^*}{\partial \beta} \cdot \frac{\partial \beta}{\partial \sigma_H} = \frac{\tau\varphi^2\sigma_M\beta I(1 + 2\rho_{iH}\tau\sigma_H)}{(\beta-1)\left[\varphi^2\sigma_M^2(\beta-\frac{1}{2}) + (r-\delta)\right]} > 0$$

$$(7-10)$$

根据式（7-8）、式（7-9）和式（7-10），在其他变量不变的情况下，σ 增大会使 β 值减小，V^* 值增大。这是因为 σ 越大，企业出口面临的不确定性越大，其持有的延期期权价值就越大，会导致企业推迟执行或减少出口。由此得到本书的"假说7-1"。

假说7-1：宏观经济不确定性的增大会导致企业放弃或减少出口，从而导致一国出口额下降。

根据式（7-9）和式（7-10），其中 $0 < \tau < 1$，可知 $\frac{\partial V^*}{\partial \sigma_i} > \frac{\partial V^*}{\partial \sigma_H}$，由此得到本书的"假说7-2"。

假说7-2：与国内经济不确定性相比，目标国宏观经济不确定性对一国的出口冲击力更大。

第三节　实证分析

一、宏观经济不确定性指标选取

本书选取的指标来自奥兹图克和盛（2018）的研究，该指标通过整合专业分析师在调查中反映的丰富信息，制定经济不确定性的综合衡量标准。衡量标准是基于市场参与者的主观预测，并反映了他们感知到的不确定性。文章将与宏观经济不确定性有关的基本面，包括 GDP、消费、投资、工业产出、通货膨胀、长短期利率以及失业率指标的不确定性分解为共同不确定性（common uncertainty）和特殊不确定性（idiosyncratic uncertainty），再将二者加权平均得到总体不确定性（total uncertainty），有：

$$\sum_{i=1}^{N} w_{it} Var(e_{it}) = Var(e_t) + D_t \tag{7-11}$$

式（7-1）的右边的第一个组成部分是共同不确定性，第二个组成部分是预测分歧而导致的特殊不确定性。一方面，由于一些共同不确定性和特殊不确定性的估计值高度相关，如果只使用预测的分歧来估计国家层面的不确定性，那么由于个别不确定性的特殊冲击，会出现太多的不确定性峰值。另一方面，如果仅使用预测估计的共同不确定性，那么该指标将太平滑。这说明两者的综合估算能够更好地反映整个经济的不确定性，因此本书使用总体不确定性来衡量一国的宏观经济变化。

该指标相较于其他不确定性指标具有如下优势。第一，使用市场分析师的实际预测，而不是使用后见之明来计量预测，避免了模型估计和预测中未使用的相关信息而导致的对不确定性的虚假估计。第二，该指标与贸易联系紧密，不仅考虑 GDP、消费等影响需求的不确定性因素，还考虑了如利率等与金融价格有关的不确定性因素。因此，本书不确定性指标包含了丰富的信息，可以捕捉市场参与者的感知不确定性，并且对未来贸易趋势具有预测作用，衡量更加精确。

(一) 模型设定

贸易引力模型对影响两国贸易流动的因素具有较强的解释力，并在许多应用中取得了较大成功。本书在传统贸易引力模型的基础上，引入宏观经济不确定性变量，在参考借鉴已有文献的基础上，设定的实证模型如下：

$$\ln(\text{export}_{ij,t}) = \alpha_0 + \beta_0 \ln(\text{pmu}_{i,t-1}) + \beta_1 \ln(\text{pmu}_{j,t-1}) + \psi \text{control}_{ij,t} + \varepsilon_{ij,t}$$

$$(7-12)$$

其中，$\text{control}_{ij,t}$ 表示影响两国贸易的控制变量。为了减少方程估计中出现的偏差，参考安德森和范·温科普（2003）的研究引入多边贸易阻力因子（multilateral - resistance factors，MRT），设定的基本回归方程如下：

$$\ln(\text{export}_{ij,t}) = \alpha_0 + \beta_1 \ln(\text{pmu}_{j,t-1}) + \beta_2 \ln(\text{pmu}_{i,t-1}) + \beta_3 \ln(\text{gdp}_{i,t}) +$$
$$\beta_4 \ln(\text{gdp}_{j,t}) + \beta_5 \ln(\text{rex}_{ij,t-1}) + \beta_6 \ln(\text{dis}_{ij}) +$$
$$\beta_7 \text{border}_{ij} + \beta_8 \text{fta}_{ij} + \beta_9 \text{lang}_{ij} + \beta_{10} \text{currency}_{ij,t} + \text{MRT}_{ij,t} + \varepsilon_{ij,t}$$

$$(7-13)$$

其中，$\text{export}_{ij,t}$ 表示 i 国向 j 国的出口规模，$\text{pmu}_{j,t-1}$ 和 $\text{pmu}_{i,t-1}$ 分别表示进口国和出口国的宏观经济不确定指数，$\text{gdp}_{i,t}$ 和 $\text{gdp}_{j,t}$ 分别表示出口国和进口国的 GDP，$\text{rex}_{ij,t-1} = (\text{ex}_{ij,t-1} \times \text{cpi}_{j,t-1}/\text{cpi}_{i,t-1})$ 表示实际汇率，$\text{cpi}_{i,t-1}$ 和 $\text{cpi}_{j,t-1}$ 分别表示出口国和进口国的 CPI 水平，dis_{ij} 表示两国间距离。虚拟变量包括：border_{ij} 表示共同边界，如果两国相邻记为 1，反之为 0；fta_{ij} 表示两国签署的 FTA 或 RTA 协议，如果两国签署 FTA 或 RTA 记为 1，反之为 0；lang_{ij} 表示共同语言，如果两国使用同一种语言记为 1，反之为 0；currency_{ij} 表示共同货币，在本书的样本中欧元区内国家间为 1，其余均为 0。由于贸易决策往往具有滞后性，需要根据上一期信息判断，也为了减小变量之间的内生性问题，本书将宏观经济不确定性指数进行滞后一期回归。$\text{MRT}_{ij,t}$ 和 $\varepsilon_{ij,t}$ 分别代表多边贸易阻力项和误差项。参考黑德和迈耶（Head & Mayer，2013）、海德和拉尔克（Heid & Larch，2016），本书引入进口国、出口国和时间固定效应作为多边贸易阻力因子的近似替代，且保留距离、语言等不随时间变化的项来处理 MRT。

（二）数据来源

本书选取了具有宏观经济不确定指标的44个国家（或地区）作为样本考察对象（见附录），这些国家和地区都是全球贸易的重要参与者，其经济规模和经济发展水平也各不相同，具有代表性。基于数据的可得性，样本期覆盖2002年第1季度～2017年第3季度。出口规模数据来源于国际货币基金组织贸易方向统计数据库（IMF DOTS），以美元计价。宏观经济不确定性数据来源于美国大学官方网站（http://www.american.edu/cas/faculty/sheng.cfm）的个人网站，该指数为月度数据，本书将其加总平均转换为季度数据。GDP数据来源于OECD统计数据库（OECD statistics），使用2010年不变美元价衡量，并且对GDP进行了季节性调整。由于俄罗斯、中国和新加坡在OECD统计数据库中缺乏GDP数据，本书使用IMF IFS中的季度GDP数据并对其进行弥补。名义汇率数据来源于太平洋汇率服务（Pacific Exchange Rate Service）网站，本书根据各国CPI水平和名义汇率对实际汇率进行计算，CPI数据来源于国际货币基金组织国际金融统计数据库（IMF IFS）。距离、边界、语言、货币数据均来源于CEPII数据库。FTA数据来源于世界贸易组织区域贸易协定统计数据库。

表7-1为各变量的平均值、标准差等数据。从输出结果可以看出，本书选取的国家间的贸易规模差异较大，覆盖面广泛。国家间的宏观经济不确定性水平的范围从0.02到1.43，表明不同经济发展水平的国家间存在异质性。

表7-1 变量的描述性统计

变量	平均值	标准差	最小值	最大值	观察值
$export_{ij,t}$	1215.59	4722.38	0.01	117642.3	118126
$pmu_{i,t-1}$	0.37	0.25	0.02	1.43	104490
$pmu_{j,t-1}$	0.37	0.25	0.02	1.43	104644
$gdp_{i,t}$	314586.7	649662.2	1212.44	4940866	116424
$gdp_{j,t}$	315496.4	653507.9	1212.44	4940866	116401
$rex_{ij,t-1}$	202.55	1269.46	0.00	39203.74	115515
$dist_{ij}$	7671.91	5236.75	117.35	19772.34	119008
共同边界	0.05	0.22	0	1	119196

续表

变量	平均值	标准差	最小值	最大值	观察值
FTA 协议	0.32	0.47	0	1	119061
共同语言	0.05	0.22	0	1	119196
共同货币	0	0.06	0	1	119196

资料来源：笔者根据以上各指标数据来源计算所得。

二、实证结果

表 7 - 2 显示了运用面板回归模型，同时控制进口国、出口国和时间固定效应得到的实证结果，控制变量的实证结果均符合理论预期，对被解释变量均有较为显著的影响。其中，模型（4）为同时纳入出口国和进口国宏观经济不确定性指标和其他所有控制变量的基准模型，模型（1）~ 模型（3）则为其他变量的组合。结果表明：进口国和出口国的宏观经济不确定系数显著为负，进口国 PMU 指数每上升 1% 将会使出口国对其出口降低 0.1141%。而出口国 PMU 指数每上升 1%，将会使出口降低 0.0687%。说明进口国和出口国的宏观经济不确定性水平是出口国选择是否进入一国市场的重要因素，出口企业会从沉没成本、贸易融资和自己对未来经济环境的预期等多种渠道调整贸易行为。

表 7 - 2　　　宏观经济不确定性影响国际贸易的基准回归结果

变量	模型（1） FE	模型（2） FE	模型（3） FE	模型（4） FE
出口国 $pmu_{i,t-1}$	- 0. 0613 *** (0. 0126)	- 0. 0907 *** (0. 0086)		- 0. 0687 *** (0. 0089)
进口国 $pmu_{j,t-1}$	- 0. 0669 *** (0. 0127)		- 0. 1207 *** (0. 0083)	- 0. 1141 *** (0. 0088)
出口国 GDP		0. 0622 *** (0. 0099)	0. 0498 *** (0. 0097)	0. 0261 *** (0. 0105)
进口国 GDP		0. 2912 *** (0. 0162)	0. 2394 *** (0. 0149)	0. 1207 *** (0. 0172)
实际汇率		- 0. 0338 (0. 0206)	- 0. 0988 *** (0. 0100)	- 0. 0833 *** (0. 0109)

续表

变量	模型（1）	模型（2）	模型（3）	模型（4）
	FE	FE	FE	FE
地理距离		− 1.2500 ***	− 1.2380 ***	− 1.1982 ***
		(0.0060)	(0.0059)	(0.0061)
共同边界		0.5851 ***	0.4294 ***	0.6079 ***
		(0.0186)	(0.0106)	(0.0186)
FTA 协议		0.4531 ***	0.2036 ***	0.4443 ***
		(0.0107)	(0.0166)	(0.0109)
共同语言		0.2020 ***	0.2036 ***	0.2205 ***
		(0.0168)	(0.0166)	(0.0168)
共同货币		− 1.5817 ***	− 1.5569 ***	− 1.4749 ***
		(0.0507)	(0.0499)	(0.0500)
出口国固定效应	控制	控制	控制	控制
进口国固定效应	控制	控制	控制	控制
时间固定效应	控制	控制	控制	控制
观测值	91795	96277	96289	87152
调整后 R^2	0.6450	0.8498	0.8496	0.8454

注：括号内为普通标准误，***、**、*分别为通过1%、5%、10%的显著性水平检验。

　　我们发现，出口国 PMU 系数也显著为负，这表明出口国的 PMU 上升也会导致贸易的下降。这可能是由于出口国 PMU 的上升不仅会导致出口商对未来经济的期望恶化，增加出口企业的融资困难和融资成本，还会影响出口商的产品供应能力和供应链稳定，从而降低出口意愿和出口能力。事实上，奥兹图克和盛（2018）提供的数据显示，PMU 上升时期通常是经济衰退或经济危机时期，市场情绪低落，出口投资行为谨慎，沉没成本的实际期权价值增加。特别是在金融危机时期，银行和企业破产现象频繁发生，企业获得融资支持的能力下降，也扰乱了正常的生产链。然而，与进口国 PMU 相比，出口国的 PMU 效应相对较弱，这与"假说 7 - 2"一致。本书认为，导致这个结果的原因主要有以下三个：第一，在沉没成本渠道方面，出口商对沉没成本的投入用于进口国市场，而不是出口国市场，只有进口国宏观经济变动才会影响出口商对沉没成本的调整。第二，在预期渠道方面，出口商对本国的宏观经济变化有较为准确和稳定的预期，因此对宏观经济不确定变化的敏感度较低。第三，国际贸易在国民经济发展中处于重要地位,世界各国往往比较重视贸易开展。一旦本国的出口贸易受到国内宏观经济不确定性的冲击,国家会采取出口促进战略以抵消本国宏观经济不确定性对出口的影响,因此出口国宏观经济不确定性指数的影响较之进口国更弱。

出口国 GDP 和进口国 GDP 的系数显著为正,意味着贸易双方的 GDP 越高,越有利于两国的贸易开展。并且进口国 GDP 的系数比出口国更大,说明进口国的市场需求越大,越能带来贸易规模的上升。实际汇率的系数显著为负,说明出口国实际汇率的上升会带来出口规模的下降,符合国际收支弹性分析理论。两国地理距离系数显著为负,表明两国距离越远,贸易规模越小。虚拟变量中,共同边界、FTA 协议、共同语言和共同货币的系数均为正,且在 1% 的置信水平上显著,都符合贸易引力模型的结果。

三、进一步讨论

(一) 贸易转移效应是否存在

理论上,i 国出口商对 j 国的出口水平既可能受到 j 国宏观经济不确定性水平的影响,也可能受到 j 国之外的其他国家宏观经济不确定性水平的影响。相对于宏观经济不确定性水平较高的国家,出口商更愿意向宏观经济不确定性水平更低的国家出口,即当 j 国宏观经济不确定性水平高于其他国家时,出口商倾向于减少对 j 国出口,转向对竞争国出口,从而产生贸易转移效应,放大进口国宏观经济不确定性水平对贸易的抑制程度。为了检验宏观经济不确定性对贸易的转移效应,本书参考阮等 (2018) 的做法,设定的基本回归方程如下:

$$\ln(\text{export}_{ij,t}) = \alpha_0 + \beta_0 \ln\left(\frac{\text{pmu}_{j,t}}{\text{pmu\_othergdp}_{j,t}}\right) + \beta_1 \text{control}_{ij,t} + \text{MRT}_{ij,t} + \varepsilon_{ij,t}$$

$$(7-14)$$

$\dfrac{\text{pmu}_{j,t}}{\text{pmu\_othergdp}_{j,t}}$ 表示进口国 PMU/全球 PMU,是衡量是否存在贸易转移效应的指标。由于本书采用的全球宏观经济不确定性指数是根据各国宏观经济不确定性指标加权平均得到的,如果将该指标直接进行方程回归，会导致严重的内生性。因此，本书以进口国 GDP 为权重，将 meu_othergdp$_{i-j,t}$定义为除进口国 j 以外的其他所有贸易国的宏观经济不确定性指标。meu_othergdp$_{i-j,t}$计算权重为出口国 i 对其他进口国 k（k≠j）的 GDP 占出口国对所有国家总 GDP 的比重，计算等式为：

$$pmu\_othergdp_{j,t} = \left(\sum_{k\neq j} pmu_{kt} \times gdp_{ik,t} \right) \Big/ \sum_{k\neq j} gdp_{ik,t} \qquad (7-15)$$

如果 $\ln\left(\dfrac{pmu_{j,t}}{pmu\_othergdp_{j,t}} \right)$ 的系数为负，则表明存在贸易转移效应，进口国 j 的宏观经济不确定性上升会导致出口国 i 减少对其出口的规模，而增加对其他贸易国的出口规模。

表 7-3 显示了进口国相对 PMU 的贸易转移效应的回归结果。模型（1）是只加入贸易转移效应指标的回归结果，模型（2）是加入控制变量后的回归结果，拟合优度从 0.6604 提高到 0.8496。由表 7-3 的回归结果可知，进口国 PMU/全球 PMU 的指标为负，进口国宏观经济不确定性水平对第三国贸易规模有显著的贸易转移效应，而且显著性水平在 1% 内。这个结论和阮等（2018）关于 FDI 的研究结论是一致的。该结果表明出口国更有可能在相对于进口国的宏观经济不确定性水平较低的第三国开展贸易。进口国宏观经济不确定性水平越高，出口国对进口国的出口规模抑制作用就越大，对第三国的贸易转移效应的促进作用也就越大。

表 7-3　　　　宏观经济不确定性的贸易转移效应回归结果

变量	模型（1） FE	模型（2） FE
$\ln\left(\dfrac{pmu_{j,t}}{pmu\_othergdp_{j,t}} \right)$	-0.1344 *** (0.0117)	-0.0760 *** (0.0083)
控制变量	没控制	控制
出口国固定效应	Yes	Yes
进口国固定效应	Yes	Yes
时间固定效应	Yes	Yes
观测值	103644	96893
调整后 R²	0.6604	0.8496

注：括号内为普通标准误，***、**、*分别为通过1%、5%、10%的显著性水平检验。

（二）PMU 的效应在金融危机前后是否有变化

2008 年从美国开始爆发的金融危机对全球贸易产生了巨大影响，在金融危机期间，全球贸易额下降了 10% 以上，导致了"贸易崩溃"。即使在金融危机之后，全球经济逐渐复苏，全球贸易仍然处于低速增长状态。2012 年以后，全球贸易平均增长率低于全球 GDP 的增长，与危机前形成鲜明对比（IMF，2016 年）。同时，全球经济整体复苏缓慢和贸易保护主义的崛起都有可能通过沉没成本渠道和预期渠道对贸易行为产生影响，从而改变 PMU 的影响。

为了实证检验 PMU 在金融危机前后对贸易的影响是否发生了变化，本书引入 2008 年金融危机作为虚拟变量 GFC，利用雷曼兄弟在 2008 年 9 月的破产申请作为金融危机的表征，在 2008 年 9 月以前取值为 0，之后取值为 1。

回归方程设定为：

$$\ln(\text{export}_{ij,t}) = \alpha_0 + \beta_0 \ln(\text{pmu}_{i,t-1}) + \beta_1 \ln(\text{pmu}_{j,t-1}) + \psi\text{control}_{ij,t} +$$
$$\varphi_0 \ln(\text{pmu}_{i,t-1}) * \text{crisisafter}_t + \varphi_1 \ln(\text{pmu}_{j,t-1}) * \text{crisisafter}_t +$$
$$\text{MRT}_{ij,t} + \varepsilon_{ij,t} \tag{7-16}$$

此时，出口国 PMU 和进口国 PMU 在金融危机后对贸易的影响系数分别为 $\beta_0 + \varphi_0$ 和 $\beta_1 + \varphi_1$。如果 φ_0 和 φ_1 不显著，则 PMU 在 GFC 前后的效应没有发生变化。如果 φ_0 和 φ_1 均大于零且显著，表明 2008 年金融危机后，PMU 的效应下降；如果两者均为负且显著，则表明金融危机后，PMU 的效应显著上升。

表 7-4 显示了式（7-16）的回归结果。无论是只包括出口国 PMU 与金融危机交乘项的模型（1），还是只包括进口国 PMU 与金融危机交乘项的模型（2），或是两者均包括的模型（3），都显示 2008 年金融危机爆发后，PMU 对贸易的负面影响有所下降。

表 7-4　　　　金融危机前后宏观经济不确定性对出口的影响

变量	模型（1）	模型（2）	模型（3）
	FE	FE	FE
$\ln(\text{pmu}_{i,t-1})$	-0.1192^{***} (0.0146)		-0.0921^{***} (0.0158)

续表

变量	模型（1）	模型（2）	模型（3）
	FE	FE	FE
$\ln(\mathrm{pmu}_{j,t-1})$		-0.1483^{***}	-0.0815^{***}
		(0.0135)	(0.0155)
$\ln(\mathrm{pmu}_{i,t-1}) * \mathrm{crisis}$	0.0355^{***}		0.0277^{*}
	(0.0157)		(0.0166)
$\ln(\mathrm{pmu}_{j,t-1}) * \mathrm{crisis}$		0.0357^{***}	0.0396^{***}
		(0.0137)	(0.0152)
控制变量	控制	控制	控制
出口国固定效应	Yes	Yes	Yes
进口国固定效应	Yes	Yes	Yes
时间固定效应	Yes	Yes	Yes
观测值	96277	96289	87152
调整后 R^2	0.8498	0.8496	0.8454

注：括号内为普通标准误，***、**、*分别为通过1%、5%、10%的显著性水平检验。

　　本书认为，这可能有两种解释：第一，根据 PMU 主要衡量分析师和市场参与者对未来宏观经济总体下行风险的看法，该指数在大多数衰退时期达到峰值，在经济扩张时期则保持较低水平。然而，在 2008 年全球金融危机之后，尽管一些经济体（如意大利、希腊等）受到欧洲债务危机的影响，已经经历了一定程度的衰退，但世界大多数国家正在复苏，导致 PMU 指数保持在相对较低的水平，从而通过沉没成本和需求预期渠道削弱了 PMU 的影响。第二，在 2008 年金融危机后，全球贸易增长率大幅下降，各种"黑天鹅"事件频繁发生，逆全球化和贸易保护主义盛行，使贸易商对贸易预期更加悲观。即使进出口国的 PMU 稳定在相对较低的水平，也难以提高贸易信心。另外，交易商可能更关注影响贸易的更直接因素，如贸易政策的不确定性、汇率波动等。

第四节　稳健性检验

一、加入经济政策不确定性的影响

　　首先，一些学者认为，贸易政策不确定性（TPU）（Handley & Limão，

2015、2017）和基于报纸的经济政策不确定性（EPU）（Tam，2018；Jia et al.，2020）也会对贸易产生一些影响。如果不控制这些不确定性的影响，表 7 - 2 的估计结果可能会有偏差。由于 TPU 的相关文献主要使用个别国家的特定事件进行研究，不适合本书的样本特征。因此，我们主要考虑 EPU 的影响。我们将进口国和出口国的 EPU 指数都纳入式（7 - 12）中，得到回归方程如下：

$$\ln(\text{export}_{ij,t}) = \alpha_0 + \beta_0 \ln(\text{pmu}_{i,t-1}) + \beta_1 \ln(\text{pmu}_{j,t-1}) + \beta_2 \ln(\text{epu}_{i,t-1})$$
$$+ \beta_3 \ln(\text{epu}_{j,t-1}) + \psi \text{control}_{ij,t} + \text{MRT}_{ij,t} + \varepsilon_{ij,t} \qquad (7-17)$$

$\text{epu}_{j,t-1}$ 和 $\text{epu}_{i,t-1}$ 是进口国和出口国的经济政策不确定性指数，该指数由贝克等（2016）编制，数据来源于经济政策不确定性网站[①]。在选取样本时，考虑到宏观经济不确定性（PMU）和经济政策不确定性（EPU）数据网站提供的国家（或地区）样本不一致，本书选取两者的共同部分作为研究样本，最终得到 20 个经济体作为研究样本[②]，时间跨度为 2002 年第一季度~2017 年第三季度。奥兹图克和盛（2018）认为 EPU 和 PMU 的相关性非常低，对于美国而言，两者的相关系数仅为 0.18，可以用作两个独立的变量。

表 7 - 5 列示了加入 EPU 变量后的实证检验结果。从表中可以看出，进口国 EPU 系数显著为负，但出口国 EPU 系数不显著，这个结果与贾等（2020）的研究结果类似。与表 7 - 2 相比，虽然进出口国的 PMU 系数在增加 EPU 变量后有一定程度的下降，但对贸易的影响仍显著为负，说明进口国的 PMU 影响较大。研究结果与表 7 - 2 的结果相同，说明加入 EPU 的影响后，PMU 对贸易的影响仍然稳健。

表 7 - 5　　　　　　　　　　加入 EPU 后 PMU 对出口的影响

变量	模型（1）	模型（2）	模型（3）
	FE	FE	FE
$\ln(\text{pmu}_{i,t-1})$	- 0.0398 *** (0.0136)	- 0.0428 *** (0.0136)	- 0.0428 *** (0.0136)

① 网址：http://www.policyuncertainty.com.
② 这些国家或地区包括澳大利亚、巴西、德国、俄罗斯、法国、韩国、荷兰、加拿大、美国、墨西哥、日本、瑞典、西班牙、新加坡、意大利、印度、英国、智利和中国及中国香港地区。

续表

变量	模型（1）	模型（2）	模型（3）
	FE	FE	FE
$\ln(pmu_{j,t-1})$	-0.0837^{***} (0.0139)	-0.0835^{***} (0.0139)	-0.0837^{***} (0.0139)
$\ln(epu_{i,t-1})$	0.0002 (0.0150)		0.0033 (0.0150)
$\ln(epu_{j,t-1})$		-0.0664^{***} (0.0150)	-0.0665^{***} (0.0150)
控制变量	控制	控制	控制
出口国固定效应	Yes	Yes	Yes
进口国固定效应	Yes	Yes	Yes
时间固定效应	Yes	Yes	Yes
观测值	21778	21778	21778
调整后 R^2	0.8322	0.8323	0.8323

注：括号内为普通标准误，*** 、** 、* 分别为通过1%、5%、10%的显著性水平检验。

二、PPML 检验

希尔瓦和特内雷罗（2006）指出，根据詹森（Jensen）不等式[$E(\ln y) \neq \ln E(y)$]，在采用对数线性引力模型进行贸易实证分析时，即使控制出口国、进口国及时间效应，异方差性也会导致估计是有偏的。除此之外，传统的对数线性引力模型无法处理贸易量为零的情况，因此，许多文献建议使用泊松伪最大似然估计（PPML）方法来克服这些问题。PPML 方法是处理贸易量为零问题的一个合理手段，可以对使用双边贸易量作为被解释变量的模型进行 PPML 估计。因此，本书使用 PPML 方法对宏观经济不确定性影响国际贸易进行稳健性检验。事实上，近年来越来越多的文献也使用 PPML 方法进行引力模型估计（Fally，2015；Anderson et al.，2016）。PPML 方法的具体设置为：

$$export_{ij,t} = \exp\{\alpha_0 + \beta_0 \ln(pmu_{j,t-1}) + \beta_1 \ln(pmu_{i,t-1}) + \beta_2 control_{ij,t} + MRT_{ij,t}\} + \varepsilon_{ij,t} \tag{7-18}$$

回归结果如表 7-6 所示，模型（1）是 PPML 检验的估计结果，与

表 7 - 2 的结果基本是一致的。此外，模型（3）和模型（4）~ 模型（6）
的估计结果也与表 7 - 3 和表 7 - 4 相似。这意味着在考虑到异方差以及詹
森不等式可能带来的估计有偏问题后，前文的实证结论并没有变化，说明
本书的实证结果稳健。

表 7 - 6 使用 PPML 和配对固定效应的稳健性检验结果

变量	模型（1）	模型（2）	模型（3）	模型（4）	模型（5）	模型（6）
	PPML	PPML	PPML	PPML	PPML	PPML
$\ln(\mathrm{pmu}_{i,t-1})$	-0.0471 *** (0.0101)	-0.0467 *** (0.0049)		-0.0704 *** (0.0170)		-0.0757 *** (0.0172)
$\ln(\mathrm{pmu}_{j,t-1})$	-0.0802 *** (0.0116)	-0.0573 *** (0.0053)			-0.1813 *** (0.0146)	-0.1730 *** (0.0152)
$\ln(\mathrm{pmu}_{i,t-1}) * \mathrm{crisis}$				0.0294 * (0.0178)		0.0362 *** (0.0180)
$\ln(\mathrm{pmu}_{j,t-1}) * \mathrm{crisis}$					0.1246 *** (0.0149)	0.1183 *** (0.0154)
$\ln\left(\dfrac{\mathrm{pmu}_{j,t}}{\mathrm{pmu\_othergdp}_{j,t}}\right)$			-0.0446 *** (0.0095)			
控制变量	控制	控制	控制	控制	控制	控制
出口国固定效应	是	是	是	是	是	是
进口国固定效应	是	是	是	是	是	是
配对固定效应	否	是	否	否	否	否
时间固定效应	是	是	是	是	是	是
观测值	87246	87246	97024	96408	96401	87246
调整后 R^2	0.921	0.988	0.920	0.920	0.922	0.921

注：括号内为普通标准误，*** 、** 、* 分别为通过 1%、5%、10% 的显著性水平检验。

三、MRT 的替代处理

学术界一般使用两种方式来处理 MRT，一是引入进口国、出口国和时
间固定效应，作为多边贸易阻力因子的近似替代，但保留距离、语言等不
随时间变化的项。二是根据安德森和范·温科普（2003）以及巴尔塔吉
（Baltagi et al. , 2003）的观点，引入一整套虚拟变量，包括进口国、出口

国、时间和配对固定效应，但此方法会妨碍对如实际汇率等变量的估计。因此更折中的解决方案是增加配对固定效应，但不保留距离、语言等不随时间变化的项。

本书根据巴尔塔吉等（2003）处理 MRT 的方法，除去距离、语言等不随时间变化的项，并加入配对固定效应对方程进行了回归，结果和海德和拉尔克（2016）得出的结论基本一致，具体结果见表 7 - 6 中的模型（2）。可以看到，各类变量系数均符合预期，说明本书的实证结果稳健。

第五节　结论

本书认为宏观经济不确定性会通过沉没成本、贸易融资和预期渠道影响贸易行为。我们的研究结果表明，进出口国的 PMU 水平对出口都有重大影响。基于对第三国贸易转移效应的分析，发现出口国的出口规模既受到进口国宏观经济不确定性的影响，也受到进口国之外的其他国家宏观经济不确定性的影响。当进口国宏观经济不确定性高于其他国家时，出口国倾向于减少对进口国的出口，转向对第三国出口。

本书认为在目前国际贸易水平相对较低的情况下，降低宏观经济不确定性水平是实现世界贸易稳定增长、克服现有困境的重要途径。本书的研究不仅有助于解释 2008 年金融危机后世界贸易增长缓慢的现状，而且还具有一定的政策含义：一是要坚决抵制和反对逆全球化思潮。逆全球化会推动全球宏观经济不确定性上升，不但会破坏本国的贸易发展，也对全球贸易复苏和持续增长产生负面影响。各国必须高度警惕其危害，坚决抵制逆全球化行为，稳定和降低全球范围内的宏观经济不确定性水平。二是要加强国际间宏观经济政策协调，共同维护多边贸易机制，抵御新冠肺炎疫情的影响。自新冠肺炎疫情暴发以来，全球经济陷入深度衰退，全球和国家宏观经济的不确定性急剧上升，导致全球贸易出现衰退。各国应停止围绕新冠肺炎疫情的相互指责和政策摩擦，共同控制疫情的传播。通过协调国际货币、财政和资本流动政策，稳定市场预期，降低宏观经济的不确定性，从而促进国际贸易的复苏和发展。

　　各国政府在汇率政策、贸易政策、货币政策和财政政策等宏观经济政策上应该与有关国家展开磋商和协调，以促进和维护各国与全球经济的稳定发展。当前，全球经济下行压力依然明显，各种矛盾交织在一起，各国宏观经济的持续分化也导致宏观经济政策的分化，难以形成政策合力。另外，各国政府应积极推动全球贸易自由化便利化，共同维护多边贸易机制。当前，全球经济面临的风险挑战明显增多，特别是保护主义、单边主义给世界经济增长带来不确定性，亟须各方支持多边贸易体制，维护全球自由贸易。尤其需要发挥 WTO、G20 峰会等国际经济合作组织的作用，利用自身专业优势和组织能力，帮助各国共同应对困境和危机，维护争端解决机制有效运转。

　　本书虽然从理论和实证两个方面探讨了宏观经济不确定性对贸易的影响，但这种探讨还处于初级阶段，无论是从方法上还是内容上都存在深入研究的空间。一是在实证上需要区分宏观经济不确定性对贸易的影响渠道。宏观经济不确定性是一个综合性的指标，对国际贸易影响的具体作用机理较复杂，本书从总效应的角度实证研究了宏观经济不确定性对国际贸易影响，但未能对每个机制进行具体分析。二是 PMU 指数涵盖了相同权重的 8 个变量，但根据贸易理论，一些变量，如 GDP 增长率、消费和投资的增长率等，对贸易流量的影响可能比通货膨胀水平、短期和长期利率更多，这意味着，为了更好地解释贸易流动，需要对现有的 PMU 指数进行进一步的调整和优化，以构建一个类似于 TPU 的与贸易相关的 PMU 指数，这些都是未来研究的方向。

第八章

经济政策不确定下中国贸易结构转型升级的政策建议

第一节 全球贸易格局重构给中国贸易结构调整带来了机遇和挑战

当今世界正经历百年未有之大变局。当前,新冠肺炎疫情使这个大变局加速变化,保护主义、单边主义上升,世界经济低迷,全球产业链供应链因非经济因素而面临冲击,国际经济、科技、文化、安全、政治等格局都在发生深刻调整,世界进入动荡变革期。在此背景下,中国适时提出"以国内大循环为主体,国内国际双循环相互促进的新发展格局",一方面以扩大内需,畅通国民经济循环为主构建新发展格局;另一方面加强全球抗疫合作,同时推动中国积极参与到全球产业链重构当中,充分发挥中国在全球产业链供应链中的重要作用。"双循环"经济发展格局下,中国在全球价值链上的国际分工地位必将发生变化,由此也会对中国贸易结构的调整产生深刻影响。

一、世界经济深度衰退,数字经济迅猛发展,正在促发全球产业链重构

当前,新兴市场国家和发展中国家的崛起速度之快前所未有,新一轮科

技革命和产业变革带来的新陈代谢和激烈竞争前所未有，全球治理体系与国际经济形势的变化前所未有，世界正经历百年未有之大变局。新冠肺炎疫情使得这一变局加速，国际经济、科技、文化、安全、政治等格局面临深刻调整。世界经济陷入"二战"以来最严重的大衰退。在此背景下，电子商务、在线教育、远程医疗、远程办公等新模式新业态快速发展，传统产业加快数字化转型步伐，数字经济成为新冠肺炎疫情之下支撑经济发展的重要力量。各国发展的重心逐步从关注土地、人力、机器的数量质量转移至数字技术、数字化发展水平，从物理空间加速向数字空间转移，并将很快呈现出以数字空间为主导的格局，数字经济将成为各国实现经济复苏、推动转型发展的关键抓手。

随着数字经济的发展，产业链数字化趋势明显，数字技术在产业链改造与重构中发挥的作用愈加深刻。以物联网、人工智能、云计算、大数据、5G、区块链等为代表的新一代数字技术迅猛发展，传统产业数字化转型成为创新发展的主要驱动力、实现高质量发展的内燃机。随着全球范围内数字技术的创新发展与深度融合，数字技术已逐渐成为产业链"标准化"的流通媒介，全球价值链中传统产业的简单劳动环节持续萎缩，中间品贸易额持续下降，服务经济获得逆势增长，产业分工格局加速重构。

在此背景下，中国可以抓住数字经济发展的契机，实现弯道超车，使数字经济与实体经济深度融合，使中国在产业链上的分工沿微笑曲线向两端攀升（见图 8 - 1）。

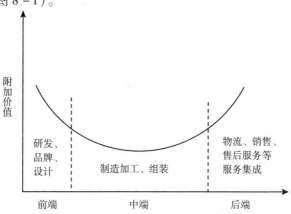

图 8 - 1 中国产业链分工微笑曲线示意

资料来源：Mudambi R. Location, Control and Innovation in Knowledge-intensive Industries [J]. Journal of Economic Geography, 2008, 8（5）：699 - 725，作者进行了翻译整理而得。

二、传统产业价值链重塑为中国产业和贸易结构调整带来机遇

自20世纪50年代以来，全球生产结构发生了深刻变化，突出表现为发达国家制造业"逆向回流"和发展中国家制造业"高端跃升"并存。与此同时，全球价值链成为构建国际分工体系的新方式。新冠肺炎疫情进一步催化产业链的逆全球化和内向化发展。全球产业链在疫情的冲击下表现出较大脆弱性，其中，对外依存度高的产业链环节受到较大冲击，诱发全球产业链回缩和布局调整转移，部分国家支持重要、关键产业回流本国。疫情使得国际供应链和市场供需收缩，叠加世界经济宏观调控矛盾和国家间利益博弈影响，全球产业链出现阻隔甚至断裂风险。

从供给角度来看，德国和美国作为欧洲和北美洲两大区域生产网络的中心均受到疫情的严重影响，多条国际物流通道关闭，导致全球供应链、产业链和价值链出现断裂风险。产业链危机由供给端扩散至需求端，新冠肺炎疫情造成的劳动收入减少引发需求萎缩，最终形成的供需两端同时萎缩局面进一步冲击产业链。全球价值链体系出现断裂、萎缩乃至价值贬值现象。疫情对全球产业链形成冲击，尤其对汽车、电子和机械设备等全球价值链融合程度较高的行业影响更为明显。新冠肺炎疫情使得一些产品的跨国生产、流通、储备、分配、消费等环节出现障碍，导致全球性价值创造及价值实现能力下降，全球公共福利水平受到损害。

中国在疫情初期也受到较大影响，为恢复发展生产，中国适时提出了"以国内大循环为主体，国内国际双循环相互促进的新发展格局"，一方面以扩大内需，畅通国民经济循环为主构建新发展格局；另一方面加强全球抗击新冠肺炎疫情合作，同时推动中国积极参与到全球产业链重构当中，充分发挥中国在全球产业链供应链中的重要作用。在此背景下，传统产业价值链重塑在亚洲可能形成以中国、日本、韩国为首的头雁，以东盟国家和亚洲"一带一路"沿线发展水平较高的国家为第二雁阵，以亚洲"一带一路"沿线发展水平较低的国家为第三雁阵的亚洲新雁阵模式，为中国产业和贸易结构调整带来新机遇。

三、"一带一路"倡议和 RCEP 实施为中国贸易结构重构提供了新契机

"一带一路"倡议自 2013 年起开始实施，与传统的区域经济一体化组织不同，该倡议致力于构建一个以沿线国家为基础的多边、多区域的开放合作平台，从而加快中国与沿线国家和地区的交流与合作、促进贸易便利化和投资自由化。"一带一路"倡议实施以来，一大批具有标志性的早期成果开始显现，区域内基础设施建设、经济贸易合作均取得重大进展。其中，区域经济合作方面，中国与格鲁吉亚、马尔代夫、韩国、东盟国家、新加坡等国家或地区签署或升级了原有的自贸协定，与沿线国家的自由贸易区网络体系逐步形成。贸易合作上，2013～2018 年，中国与沿线国家货物贸易额超过 6 万亿美元，占中国对外贸易总额的比重由 2013 年的 25% 提升到 2018 年的 27.4%①。2020 年新冠肺炎疫情暴发以来，欧美国家疫情急剧恶化，受疫情和中美贸易摩擦的影响，前 2 个季度中国对亚洲的贸易比重上升，东盟成为中国的第一大贸易伙伴，对欧盟和美国的贸易额均有所下降，其中对美国出口的下降幅度最大，"一带一路"国家的支撑作用凸显。

2020 年 11 月 15 日，由东盟十国发起，邀请中国、日本、韩国、澳大利亚、新加坡 5 国共同参加的旨在建立西太平洋地区 15 国统一市场的自由贸易协定区域全面伙伴关系协定（RCEP）的成功签署，引发世界强烈关注。RCEP 覆盖人口约 22 亿人，成员方 GDP 总量占全球近 30%，贸易额占世界总贸易额约 25%，是当今世界覆盖人口最多，也是最具发展潜力的自贸区。中国作为最大的成员方，在推动 RCEP 成功签署的过程中，发挥了关键作用。与"一带一路"倡议不同，RCEP 是具有更加紧密制度安排的自由贸易协定，涉及成员方之间的关税减让、非关税壁垒的削减以及规则的统一。RCEP 下货物贸易最终零关税产品数整体将超过 90%，服务贸易和投资总体开放水平也明显高于原有的"10＋1"自贸协定，并且中国、

---

① 资料来源：笔者根据联合国贸易统计数据库计算所得。

日本、韩国之间也首次达成自由贸易协定，域内企业有望能够更大程度、更便捷地享受优惠政策，从而产生巨大的贸易创造和贸易转移效应，对全球价值链的重构也将产生重大影响①。

RCEP可以通过促进中国参与全球价值链分工从而促进中国贸易结构转型升级。中国可以通过一系列措施鼓励企业到RCEP成员方生产布局。根据比较优势，将一批已丧失劳动力比较优势的产业转移到越南等东南亚国家。同时通过与日本、韩国、澳大利亚、新西兰等区域内发达国家合作，推动较高价值的上游产业链保留在本地，增强产业竞争力，优化出口贸易结构。同时也要防范RCEP签订后可能带来的产业空心化问题以及对非技术劳动力的就业冲击问题。中国应充分利用RCEP带来的良好机遇，通过原产地累积规则实现区域内贸易的扩大，鼓励使用区域内中间品进行生产，着力扩大中间品生产，巩固在区域内的产业链、供应链，提升供应链安全。优化营商环境，增强技术创新力，通过制度环境和配套措施吸引跨国公司，成为其对区域投资布局的首选，从而通过FDI的技术溢出效应提高中国企业的自主创新能力，促进贸易结构转型升级。加大对人力资源的培训，推动从劳动密集型行业转出的工人融入更高价值链生产环节，助推中国在GVC分工地位的提高。加快发展现代服务业，越来越多的贸易增加值来自服务部门，开放服务部门进行贸易和投资深入一体化是未来推动中国贸易结构转型升级的重要方向。

第二节　外部环境不确定下促进中国
外贸结构转型升级政策建议

当前，世界经济力量的变化也对现有国际经济治理格局提出挑战，国家经济力量的变化促使多边机制陷入博弈困境。根据2018年IMF发布的全球经济数据，中国和美国的经济发展速度超越全球经济平均增幅，世界

---

① 资料来源：根据商务部《区域全面经济伙伴关系协定》（RCEP）线上专题培训班资料整理而得。

经济的马太效应正不断增强，特别是中国经济的崛起不断拉近中美之间差距。2010～2020 年，中国 GDP 增长幅度高达 147%，已经成为世界重要的经济一极和潜在的超级大国①。各国经济力量的变化势必影响现有的国际贸易秩序。一方面，以美国为首的发达国家为巩固其国际规则制定权和话语权，从全球多边机制的倡导者转变为俱乐部合作机制的倡导者；另一方面，以中国等金砖国家为代表的新兴市场力量基于自身的发展能力和内在要求，参与全球经济治理的意愿日益强烈，特别是作为世界第二大经济体和第一贸易国的中国已经从全球经济治理的"跟随者"和"边缘参与者"向"核心参与者"乃至"规则制定者"转变，两种力量在全球经济治理上的博弈日趋复杂化。现阶段，全球经济秩序正处于新旧动能、新旧格局的转换时期，全球经济不确定性增强，美国、欧盟等发达国家和经济体基于自身利益提出各自的全球贸易领域治理方案，旨在抢夺贸易领域的话语权。

当前中美博弈处于关键期，美国把中国视为战略竞争对手，在关键领域处处打击和压制，加之新冠肺炎疫情影响，德尔塔（Delta）等变异病毒尚未能得到有效克制，国际贸易商品流通和人员流动领域的障碍重重，未来外部环境不确定性增强。中国自 2001 年加入世界贸易组织以来较为宽松的外部环境面临极为严峻的挑战。在此背景下，如何化"危"为"机"，促进中国贸易结构转型升级是值得思考的问题，为此我们提出政策建议如下：

第一，建立高效的信息监管机制。中国政府必须重视国内外经济政策的稳定性，及时关注国外经济政策的波动情况，以便采取及时的措施来应对国外经济政策不确定性波动给中国出口贸易带来的不利影响，不同国家的政府部门之间也应该加强信息交流，避免出现信息孤岛的现象。同时，国内政府还应向企业提供一个权威的信息共享平台，保证政府间的信息公开，及时向企业提供贸易伙伴国的政策波动情况，对国内企业出口进行有效的指导和帮助，使得企业能够在第一时间采取措施来应对国外经济政策不确定性增加带来的冲击，降低国外经济政策的波动给企业带来的损失。

---

① 资料来源：根据《中国统计年鉴2021》中历年 GDP 数据计算，GDP 为按当年价格计算国内生产总值。

第二，加强国际间的交流与合作。中国政府应当加强双边、多边贸易合作，建立有效的双边、多边对话机制，给出口企业提供稳定的国际经济环境。中国加入国际经济组织或与其他贸易伙伴签订区域贸易协定是降低经济政策不确定性负面效应的重要举措，中国政府应遵循共商共建共享的原则，把握"一带一路"等建设的战略机遇期，积极推动与其他贸易伙伴国签订贸易合作协议，通过双边合作、多边合作等形式促进贸易和投资的便利化，有效缓解国内外各种不确定性因素带来的经济波动。另外，还要积极应对当前国际市场上的严峻挑战，坚决抵制逆全球化的思想和行为，以贸易保护主义等为代表的逆全球化思想的传播会导致全球经济政策不确定性的增加，这不仅会影响该国对外贸易的发展，同时也会给其他贸易伙伴国的进出口贸易带来负面效应。

第三，增加出口产品的多样性。根据前文研究结论，国外经济政策不确定性对中国出口贸易的冲击主要体现在集约边际上，而中国的产品出口又主要是通过集约边际的增长来拉动的，说明中国产品出口极易受到外部经济政策不确定性波动的冲击，因此，企业应当重视产品的研发与创新，通过出口产品的多样性来拉动中国对外贸易的发展，通过促进扩展边际的发展来应对外部冲击带来的负面效应，这不仅有利于企业提高抵御外部冲击的能力，同时还有利于中国出口贸易产品结构的优化。如果中国的出口更多地依赖扩展边际而不是集约边际来拉动的，那么，在面临诸如国际金融危机、欧洲债务危机、英国脱欧等带来的经济政策不确定性的上升时，国内经济应当会表现得更为稳健。

第四，提高企业的风险防范意识。企业应当密切关注国内外经济政策的变动，建立完善的风险预警机制和防控机制，不断提高企业的风险防范意识，同时增强与政府部门之间的沟通，保证信息获取的及时性和完备性，增强对国内外经济政策变动的预判，并在此基础上做好冲击应对工作，最大限度地降低外部冲击对企业出口造成的负面影响，全面提高自身应对外部风险的能力。同时，企业还可以通过采取诸如套期保值、分散投资等手段来降低经济风险带来的损失，以规避经济政策不确定性风险上升带来的冲击。在防范不确定性风险的同时，应努力提升全要素生产率，使自己在出口贸易市场占据有利地位，逐步从低端贸易转向高端贸易。

第三节　内部环境不确定下促进中国外贸结构转型升级政策建议

当前中国国内也面临着严峻的经济结构转型升级、人口老龄化、土地等要素成本上升，传统优势逐渐丧失，新的优势尚未形成等诸多挑战，不确定性较大。以不变应万变的方法就是提高自己的生产效率和核心竞争力。根据经典贸易理论和新结构经济学，一国出口产品的结构，最终由本国要素禀赋结构所决定。要素禀赋结构决定了要素的成本，从而影响了出口产品的成本。可以通过资本积累、人力资本升值和技术投入实现要素结构升级，从而促进出口产品结构的提升。因此，可以凭借产业政策，实现资本、劳动和技术投入等要素的升级。通过消除要素扭曲和体制机制创新等措施，建立有效市场，构成出口产品结构升级的内在驱动力。

一、依托比较优势制定产业政策，促进产业形成竞争优势

出口产品结构的提升，是以要素禀赋结构升级带来的产业结构升级为前提，而产业结构处于不断变化的过程中。应结合比较优势，有针对性地制定产业政策，发展比较优势产业，实现产业结构的不断升级。当前，中国已成为世界第二大经济体，资本、劳动力和技术的绝对与相对数量都已发生巨大变化。应在要素禀赋结构比较优势的基础上，科学划分产业类型，合理制定产业政策，增强产业竞争力，实现产业结构升级，促进出口产品结构的提升。

增加内资企业在高新技术产品出口中所占的比重，扶持高新技术产业的发展。改革开放以来，虽然中国出口商品结构得到了很大的改善，工业制成品出口占总商品出口的比例不断增加，高新技术产品出口占总商品出口的比例也有所提高，但中国在高新技术产品出口的同时缺少高新技术产业。根据中华人民共和国科学技术部网站，2002～2018年中国高新技术产品出口企业类型中，外商独资企业出口平均占比为60.8%，2006年占比高

达 68.6%，2018 年下降至 50.4%。中外合资企业出口占比则从 2002 年的 23.8% 下降至 2018 年的 14.9%。由此可以看出，中国高新技术产业的出口主要是由外资企业实现的，中国缺乏真正属于自己的高新技术产业。增加内资企业在高新技术产品出口中所占的比例，可以通过高新技术产业的发展带动中国传统产业的转型升级。值得注意的是，2010 年以来，以民营企业为主的其他企业出口占比逐年上升，2018 年其占比上升至 27.6%。民营企业在高新技术产品出口方面的优势不断增加，逐渐成长为中国对外贸易的重要力量。

当前中国关键设备与先进技术进口来源国大多为发达国家，而发达国家常以维护"国家安全"的名义，对中国实施出口管制。随着中美两国科技竞争日趋激烈，美国开始越发滥用《出口管理条例》等法律制裁中国的高科技企业，例如，华为、科大讯飞、中兴等多家中国科技龙头企业被美国商务部工业与安全局列入"实体清单"，禁止美国企业对其出口技术、设备和零部件（赵家章和丁国宁，2021）。2020 年，美国商务部工业与安全局总共将 279 家企业列入实体清单，其中包含 134 家与中国相关的企业实体，占比为 48%，其中科技型企业数量占 85% 以上[①]。此外，美国《2019 财年国防授权法案》和 2020 年 3 月出台的《安全可信通信网络法》对华为与中兴两家公司生产的产品、设备进行严厉打击，遏制中国通信制造业的发展。

以美国为首的发达国家实施的出口管制手段，使得中国高新技术产品贸易面临海外资源配置的风险，正常贸易由于外部环境冲击陷入困境（姜辉，2020），甚至会严重冲击供应链的稳定性与安全性。当前国际环境中的负面因素等问题集中浮现，中国想以引进方式获得"跟跑"之中的尖端技术，难度越来越大（江小涓等，2021）。因此减少关键元器件的对外依赖，建立全产业链的生产制造是当前中国亟须突破的难题。

二、加强研发投入，突破核心技术

大卫·李嘉图认为"增加资本和劳动的投入可能导致投入要素的收益

---

① 资料来源：美国商务部工业与安全局 2020 财年出口管制及 232 调查等相关职权事项的年度报告公布的相关数据。

递减",只有通过技术进步,才能实现出口的稳定增长和转型升级。出口商品结构优化的根本途径是劳动力素质的提高和企业的自主创新能力,而劳动力素质的提高和企业的自主创新能力又依赖于技术进步。因此,政府应加大基础研发经费的投入比例,促进自主研发,掌握核心技术。虽然中国研发经费投入在逐年增加,但中国基础研发经费投入比例还太小,长期以来,中国的研发投入强度低于2%的国际参照水平。现代高科技革命的成果约90%来自基础科学研究[①],对基础研究的忽视会造成中国对技术引进和技术模仿的依赖,不利于中国核心竞争力的提高。中兴通讯事件表明,必须依靠自主研发,突破核心技术,才能在发展中不受制于人。新技术的创新需要相关基础科学的突破,而这种突破是以大规模前期投入为基础的,基础研究投入能够增强中国的综合技术实力,增强中国自主创新的能力。

企业应根据市场需求积极进行技术创新,发展自己的核心竞争力。在中国土地、劳动力等生产要素价格上涨的背景下,技术水平已经成为制约中国制造业出口增长和转型升级的重要因素,中国出口企业必须通过技术创新才能持续经营下去。改革开放以来,中国的出口增长主要靠大量的人力和资源投入,随着中国出口的快速增长,中国的"人口红利"和"土地红利"优势逐渐削弱,原先"三高一低"的贸易模式难以为继。必须改变旧有的贸易模式,中国的出口才能保持稳定增长。只有依靠企业的技术创新推动战略新兴产业、先进制造业健康发展,加快传统产业转型升级,才能实现中国贸易模式的转变。

三、提高教育投入,提升人力资本

人力资本是一项重要的投入要素,经济的创新型驱动依靠的是创新型人才,而教育是培养人才、提高人力资本积累的主要方式。中国财政性教育经费占 GDP 的比重长期低于发展中国家4%的平均水平,而发达国家这一数值为5.3%。近年来,东北老工业基地区域产业结构和出口产品结构

---

① 郭强,杨维灵等. 知识与经济一体化 [M]. 北京:中国经济出版社,1999.

升级缓慢，人才流失严重是重要的原因之一。应加大教育投入，不断提高劳动者教育文化程度，加快人力资本积累。

根据中国科技统计数据，近年来，中国的研发人员数量在逐年增加。2005年，中国研发人员总数量为136.5万人，每万就业人员中研发人员的数量为18.28人。到2010年，中国研发人员总数量增加到255.4万人，每万就业人员中研发人员的数量增加至33.56人。2017年，中国科技人力资源总量继续增长，达到8705万人，研发人员总量达到403.4万人，万名就业人员中研发人员为52人。中国研发人力规模居全球首位，研发人力投入强度仍低于西方发达国家，但差距有所减小①。随着中国劳动力成本上升，中国要向人口素质要红利，通过提高劳动者素质，提高劳动生产效率、加快产业转型升级，最终使中国出口商品由以低价取胜转向以质优取胜，使中国出口结构转型升级。

四、建立创新体系，完善制度环境

应积极建设有效市场，逐步调整和完善法律、金融等制度，使之与当前要素禀赋和产业结构相适应，更好地促进产业结构升级，带动出口产品结构的提升。政府应完善知识产权保护制度，建立完善的创新体系。要带动企业进行技术创新的积极性，就必须保护企业进行技术创新的成果，使企业充分享受技术创新带来的利益。完善的知识产权保护制度是保护企业技术创新成果的必要条件。虽然中国也已经出台了一系列关于保护知识产权的法律文件，但这些法律制度还不够完善。此外，中国部分企业的知识产权保护意识不强，因此中国政府应完善相关知识产权保护的法律制度，向企业宣传知识产权的重要性，提高企业的知识产权保护意识。

另外，中国政府还应根据企业需求建立完善的技术创新体系。第一，应该为企业的技术创新提供融资渠道，为企业提供国际市场需求导向的信息。面临国内外经济形势的回落，中国很多企业，尤其是中小企业面临生存压力，而进行技术创新需要投入大量的资金，如果没有融资渠道，中小

---

① 中国科技统计网站。

企业即使愿意进行技术创新，也心有余而力不足。因此，中国政府有必要建立为技术创新服务的金融体制，为企业的技术创新提供便利的融资渠道。技术创新还面临很大的风险，企业进行技术创新之后的另一个后顾之忧就是技术创新失败后的风险承担问题，政府可以通过发展技术创新风险投资机构，由风险投资机构为企业分担部分投资风险，解决企业进行技术创新的后顾之忧。第二，政府可以通过推进产学研体系的建立和运行，帮助企业进行科技攻关，提高科研成果的转化率。

第四节　双循环新发展格局下促进中国外贸结构转型升级政策建议

新冠肺炎疫情终将结束，然而在全球保护主义不断抬头的催化下，全球价值链由暂时中断走向重新恢复可能出现性质、形态、方式的新变化，其显著特征表现为依托国际分工的全球价值链在一定程度上走向更为依靠国内分工的国家价值链，在此背景下，中国也顺应时代变化，提出构建双循环新发展格局，当外界环境较好时，以外循环带动内循环，进而推动系统的发展；当外界环境不佳，但内部环境较好时，通过政策调整，减少和避免外循环造成的损失，以内循环带动系统的发展；当外界环境和内部环境都良好时，可以发挥两者的协调优势，达到"1 + 1 > 2"的目的；当外界、内部环境都不理想时，两者互补可以减少损失。在双循环新发展格局下，我们提出促进中国外贸结构转型升级的政策建议如下。

一、依托"一带一路"和 RCEP 构建以我为主的区域产业价值链

（一）遵循比较优势原则，正确引导生产替代型产业转移

对于部分处于国际生产网络中的低端制造业企业而言，由中国经济发展水平的提高而引起人力资源成本、企业经营管理成本也相应提高。中国

国内生产成本的提高，使这些以价格竞争为主的低端制造业不再具有比较优势。根据小岛清的边际产业扩张理论，应积极引导这部分企业将生产转移到能够维持产品比较优势的国家或地区，如可以将一批已丧失劳动力比较优势的产业转移到越南等东南亚国家，同时通过与 RCEP 区域内成员方，如日本、韩国、澳大利亚、新西兰等发达国家合作，推动价值较高的上游产业链保留在本地，增强产业竞争力，优化出口贸易结构。

目前中国国内部分低端制造业受国内人力资源成本上升以及人民币升值等因素的影响，生产经营成本大幅上升。而这部分企业产品以价格竞争为主，生产经营成本的上升严重挤压这部分企业的利润空间，部分企业的生产经营活动难以为继。对企业而言，通过产业转移能够保持原有的比较优势，同时实现正常的生产利润，可以通过利润回流渠道、资本循环积累作用，促进母国经济和贸易结构的调整升级。

（二）积极推进价值链延伸型对外直接投资

对于部分具有比较优势的中高端制造业企业而言，这部分企业在国际市场具有一定的竞争优势，但在全球价值链体系中处于中间位置，这部分企业通过和发达国家跨国公司的供应—采购关系被纳入国际生产网络。应积极引导这部分企业通过直接投资进入发达国家具有较高生产技术的制造业，通过提高较高技术水平制造业部门的资本和知识存量，促进本国这一部门技术及创新水平的发展，实现国内生产结构向较高技术水平产品的转型升级。

由于要素禀赋的不同，不同国家资本品的价格也有较大差异。从现实情况看，不同部门的资本不能完全自由流动，资本在技术水平不同的部门具有一定的专用型。因此，通过对较高技术水平生产部门的直接投资，可以增加本国该部门资本和知识的存量，促进较高技术水平生产部门技术和创新的发展，从而推动本国经济结构的转型和升级。

（三）完善中国价值链体系，提高中国国际分工地位

多年的改革开放已经使中国的制造业深深融入全球价值链中，在全球价值链分工体系下，各个国家都会根据自己的比较优势参与全球价值链某

一个环节的分工，使世界形成一个错综复杂的全球价值链体系，"一荣俱荣，一损俱损"。然而，此次新冠肺炎疫情使大家认识到，当面临巨大的公共卫生事件冲击时，全球价值链显示出了其脆弱性。华为遭遇的关键电子元器件的禁运也表明，建立一个完善的中国价值链体系显得尤为重要。因此，应引导处于中国国内价值链体系中的部分企业与已完成全球价值链对接的企业加强生产的关联性，完善中国的价值链体系，构建中国完整的价值链体系。

二、政府行为相关政策建议

从宏观角度上看，受进口国经济政策不确定性绝对水平及增速上升的影响，双边贸易规模逐步下降，进而导致全球贸易的低速增长（许锐翔等，2018）。从微观角度上看，进口国经济政策不确定性的上升通过提高参与出口贸易企业的生产率阈值来减少企业数量，重新配置资源；同时，为了应对不确定性的上升，出口企业采取提升高技术产品质量的策略，进而得出进口国经济政策不确定性上升有利于中国出口贸易结构优化的结论。综合来看，贸易伙伴国经济政策不确定性对中国出口贸易的影响有利有弊，我们需理性看待。

虽然进口国经济政策不确定性能从"质"和"量"两方面促进中国企业高端产品的出口，但从系数大小可以看出，其促进作用有限；同时，鉴于经济政策不确定性的上升会使参与出口企业的数量下降，导致宏观出口规模的下降，而有限的促进作用恐不能弥补宏观出口规模下降带来的损失。因此，在宏观经济政策制定层面，一方面，政府应在密切关注国外经济政策不确定性对中国出口贸易影响的同时，建立反馈及时的预警机制，当外部经济政策不确定性陡然上升时能够作出迅速有效的应对。另一方面，政府应加强与本国企业的沟通和与贸易伙伴国的政策交流，降低经济政策不确定性带来的不利影响。

多边阻力衡量了一个国家对外贸易的总成本，多边阻力越大越不利于中国出口贸易结构的优化，因此，中国应在深化已有自贸区谈判的基础上，积极倡导并推进与条件成熟的国家建立多边自贸区，降低与其他国家的贸易成本，促进对外贸易合作和贸易结构优化。

三、企业行为相关政策建议

企业应加强合作，通过供应—采购关系构建国际生产网络，完成本国价值链的延长和完善，从而在国际范围内实现资源的最优配置，提高抗风险能力。同时，应根据市场需求进行技术创新，增强核心竞争力。不仅高新技术产业离不开技术创新，传统产业也只有通过技术创新才能从根本上增强自身的竞争力。出口劳动力密集型产品的企业通过技术创新可以将本企业出口商品的低成本优势转化为国际上的竞争优势，对传统的劳动密集型产品进行深加工、细加工，提高其附加值，形成易被市场接受的产品。通过研发和出口新型高技术商品，企业能提高出口商品附加值，获得更多的利润，而且能够跨越来自国外的"合规性"贸易壁垒，还能弥补汇率波动给企业带来的损失。

当然，技术创新面临很大的风险，且前期投入较大，根据中国国情，中国大多数企业为中小型企业，独立创新能力不足，在现阶段采取合作创新的模式有利于企业技术效率的提升。吴延兵等（2011）根据对中国制造业非国有企业的调研数据分析了合作创新、模仿创新和独立创新三种产品开发模式对企业技术效率的影响，发现合作创新对企业技术效率的促进作用最大。因此，中国企业间应进行合作创新，不仅能节约研发投入费用和实现创新资源共享，还能提高技术效率。

参 考 文 献

［1］陈国进，王少谦．经济政策不确定性如何影响企业投资行为［J］．财贸经济，2016（5）：5－21．

［2］陈虹，徐阳．贸易政策不确定性会增加企业就业人数吗——来自中国加入WTO的企业微观数据［J］．宏观经济研究，2018（10）：121－133，175．

［3］陈俊聪，黄繁华．对外直接投资与贸易结构优化［J］．国际贸易问题，2014（3）：113－122．

［4］陈伟光，蔡伟宏．逆全球化现象的政治经济学分析——基于"双向运动"理论的视角［J］．国际观察，2017（3）：1－19．

［5］陈怡，孙文远．贸易开放、出口商品结构与收入不平等——基于南北贸易模型的经验分析［J］．国际贸易问题，2015（10）：152－164．

［6］戴翔，金碚．产品内分工、制度质量与出口技术复杂度［J］．经济研究，2014，49（7）：4－17，43．

［7］杜修立，王维国．中国出口贸易的技术结构及其变迁：1980—2003［J］．经济研究，2007（7）：137－151．

［8］樊海潮，郭光远．出口价格，出口质量与生产率间的关系：中国的证据［J］．世界经济，2015，38（2）：58－85．

［9］范兆斌，周颖．特惠贸易协定对出口复杂度的影响：基于中国的反事实分析［J］．国际贸易问题，2019（2）：83－99．

［10］高柏，草苍．为什么全球化会发生逆转——逆全球化现象的因果机制分析［J］．文化纵横，2016（6）：22－35．

［11］高丽钦．浅析WTO贸易报复措施的缺陷与完善［J］．法制与社会，2009（18）：122－123．

[12] 龚联梅，钱学锋. 贸易政策不确定性理论与经验研究进展 [J]. 经济学动态，2018 (6)：106 – 116.

[13] 龚艳萍，周维. 我国出口贸易结构与外国直接投资的相关分析 [J]. 国际贸易问题，2005 (9)：5 – 9.

[14] 郭浩淼. 中国出口产品结构优化路径研究——基于要素禀赋结构演进的理论与实证 [D]. 沈阳：辽宁大学，2013.

[15] 郭磊，任佳文. 我国对外贸易的发展历程、现状及对策 [J]. 现代商业，2019 (21)：72 – 74.

[16] 何春燕. 贸易大国背景下优化我国贸易结构的政策选择 [D]. 杭州：浙江工商大学，2006.

[17] 胡均民. 人民币汇率变动对中国贸易结构的影响 [J]. 广西民族大学学报（哲学社会科学版），2006，28 (6)：92 – 96.

[18] 黄宁，郭平. 经济政策不确定性对宏观经济的影响及其区域差异——基于省级面板数据的 PVAR 模型分析 [J]. 财经科学，2015 (6)：61 – 70.

[19] 黄晓凤. 贸易模式的转型与贸易摩擦的化解 [J]. 国际经贸探索，2010 (3)：11 – 16.

[20] 江小涓，孟丽君. 内循环为主、外循环赋能与更高水平双循环——国际经验与中国实践 [J]. 管理世界，2021，37 (1)：1 – 19.

[21] 江小涓. 我国出口商品结构的决定因素和变化趋势 [J]. 经济研究，2007 (5)：4 – 16.

[22] 姜辉. 美国出口管制与中国高技术产业全球资源配置风险 [J]. 中国流通经济，2020，34 (7)：87 – 96.

[23] 姜少敏. 经济全球化、反全球化与逆全球化力量的博弈：过程、现状与趋势 [J]. 教学与研究，2019 (11)：77 – 89.

[24] 焦方义，刘立娜. 全球金融危机下的中国经济走势分析 [J]. 理论探讨，2009 (1)：79 – 83.

[25] 金雪军，钟意，王义中. 政策不确定性的宏观经济后果 [J]. 经济理论与经济管理，2014 (2)：19 – 28.

[26] 鞠建东，林毅夫，王勇. 要素禀赋、专业化分工与贸易的理论

与实证 [J]. 经济学 (季刊), 2004 (4): 27-53.

[27] 孔庆峰, 陈蔚. 基于要素禀赋的比较优势理论在我国贸易实践中适用性的经验检验 [J]. 国际贸易问题, 2008 (10): 9-15.

[28] 黎司泫. 四万亿元经济刺激计划的经济学分析 [J]. 经济研究参考, 2010 (17): 9-13.

[29] 李凤羽, 杨墨竹. 经济政策不确定性会抑制企业投资吗? ——基于中国经济政策不确定指数的实证研究 [J]. 金融研究, 2015, 418 (4): 119-133.

[30] 李惠娟, 蔡伟宏. 离岸生产性服务中间投入对中国制造业出口技术复杂度的影响 [J]. 世界经济与政治论坛, 2016 (3): 122-141.

[31] 李佳. 经济政策不确定性与银行资产证券化 [J]. 上海财经大学学报, 2020 (4).

[32] 李金城, 周咪咪. 互联网能否提升一国制造业出口复杂度 [J]. 国际经贸探索, 2017, 33 (4): 24-38.

[33] 李坤望. 改革开放三十年来中国对外贸易发展评述 [J]. 经济社会体制比较, 2008 (4): 35-40.

[34] 李小平, 周记顺, 王树柏. 中国制造业出口复杂度的提升和制造业增长 [J]. 世界经济, 2015, 38 (2): 31-57.

[35] 李秀芳, 施炳展. 中间品进口多元化与中国企业出口产品质量 [J]. 国际贸易问题, 2016 (3): 106-116.

[36] 李旭鹏, 蒋丽华. 我国出口贸易结构问题研究 [J]. 改革与战略, 2005 (12): 41-45.

[37] 李玉山, 陆远权, 王拓. 金融支持与技术创新如何影响出口复杂度? ——基于中国高技术产业的经验研究 [J]. 外国经济与管理, 2019, 41 (8): 43-57.

[38] 廖晓明, 刘晓锋. 当今世界逆全球化倾向的表现及其原因分析 [J]. 长白学刊, 2018 (2): 28-37.

[39] 林毅夫, 李永军. 必要的修正—对外贸易与经济增长关系的再考察 [J]. 国际贸易, 2001.

[40] 刘洪铎, 陈和. 目的国经济政策不确定性对来源国出口动态的

影响 [J]. 经济与管理研究, 2016 (9): 18 - 26.

[41] 刘建丽. 中国出口贸易结构、竞争力变动与贸易政策分析 [J]. 经济体制改革, 2009 (1): 12 - 16.

[42] 刘竹青, 佟家栋. 内外经济政策不确定对中国出口贸易及其发展边际的影响 [J]. 经济理论与经济管理, 2018 (7): 16 - 30.

[43] 鲁晓东, 李荣林. 中国对外贸易结构、比较优势及其稳定性检验 [J]. 世界经济, 2007 (10): 39 - 48.

[44] 逯宇铎, 孙博宇. 技术进步、效率增进对我国出口贸易结构影响机制研究——基于技术含量角度的实证分析 [J]. 世界经济研究, 2012 (2): 27 - 32.

[45] 毛其淋, 方森辉. 创新驱动与中国制造业企业出口技术复杂度 [J]. 世界经济与政治论坛, 2018 (2): 1 - 24.

[46] 孟庆斌, 师倩. 宏观经济政策不确定性对企业研发的影响: 理论与经验研究 [J]. 世界经济, 2017 (9): 77 - 100.

[47] 聂辉华, 江艇, 杨汝岱. 中国工业企业数据库的使用现状和潜在问题 [J]. 世界经济, 2012 (5): 142 - 158.

[48]《欧洲主权债务危机对全球经济与国际金融体系的影响研究》课题组. 欧洲主权债务危机对全球经济与全球金融市场的影响分析 [J]. 金融发展评论, 2013 (6): 24 - 37.

[49] 潘家栋, 韩沈超. 经济政策不确定性对我国出口贸易影响的实证分析 [J]. 浙江学刊, 2018 (6): 105 - 115.

[50] 逄锦聚. 加入 WTO 后的中国经济 [J]. 经济学家, 2003 (1): 12 - 18.

[51] 裴长洪. 次贷危机与中国经济走势 [J]. 改革, 2008 (11): 31 - 33.

[52] 裴长洪. 中国贸易政策调整与出口结构变化分析: 2006 - 2008 [J]. 经济研究, 2009 (4): 4 - 16.

[53] 彭刚, 胡晓涛. 欧美逆全球化背景下国际经济格局调整 [J]. 政治经济学评论, 2019, 10 (1): 195 - 207.

[54] 齐俊妍, 王永进, 施炳展, 盛丹. 金融发展与出口技术复杂度

[J]. 世界经济, 2011, 34 (7): 91 - 118.

[55] 祁飞. 中国对外贸易模式经验研究——"母市场效应" vs. 比较优势效应 [J]. 世界经济研究, 2011 (1): 5 - 9, 89.

[56] 钱学锋, 龚联梅. 贸易政策不确定性、区域贸易协定与中国制造业出口 [J]. 中国工业经济, 2017 (10): 81 - 98.

[57] 钱学锋, 熊平. 中国出口增长的二元边际及其因素决定 [J]. 经济研究, 2010 (1): 65 - 79.

[58] 钱学锋. 企业异质性、贸易成本与中国出口增长的二元边际 [J]. 管理世界, 2008 (9): 48 - 56, 66, 187.

[59] 饶品贵, 岳衡, 姜国华. 经济政策不确定性与企业投资行为研究 [J]. 世界经济, 2017, 40 (2): 27 - 51.

[60] 任晓聪, 和军. 当代逆全球化现象探析——基于马克思恩格斯经济全球化理论 [J]. 上海经济研究, 2019 (4): 110 - 118.

[61] 盛斌, 毛其淋. 进口贸易自由化是否影响了中国制造业出口技术复杂度 [J]. 世界经济, 2017, 40 (12): 52 - 75.

[62] 施炳展, 曾祥菲. 中国企业进口产品质量测算与事实 [J]. 世界经济, 2015 (3): 57 - 77.

[63] 施炳展, 张雅睿. 贸易自由化与中国企业进口中间品质量升级 [J]. 数量经济技术经济研究, 2016, 33 (9): 3 - 21.

[64] 史智宇. 出口相似度与贸易竞争: 中国与东盟的比较研究 [J]. 财贸经济, 2003 (9): 53 - 57, 97.

[65] 宋勇超, 徐东燕. 全球价值链视角下中国加工贸易转型升级路径分析 [J]. 对外经贸, 2019 (5).

[66] 苏理梅, 彭冬冬, 兰宜生. 贸易自由化是如何影响我国出口产品质量的? ——基于贸易政策不确定性下降的视角 [J]. 财经研究, 2016, 42 (4): 61 - 70.

[67] 隋月红, 赵振华. 出口贸易结构的形成机理: 基于我国 1980 - 2005 年的经验研究 [J]. 国际贸易问题, 2008 (3): 9 - 16.

[68] 孙亚轩. 对外产业转移与母国贸易技术结构升级——基于日本的经验分析 [D]. 上海: 复旦大学, 2014.

[69] 孙一平, 许苏皓, 卢仕. 贸易政策不确定性对企业工资不平等影响研究: 中国经验 [J]. 宏观经济研究, 2018 (12): 30 – 39, 66.

[70] 孙玉琴, 郭惠君. 全球价值链背景下我国制造业出口技术结构升级的思考 [J]. 国际贸易, 2018 (7): 26 – 31.

[71] 谭文华. 浅析我国出口商品结构存在的问题及对策 [J]. 民营科技, 2013.

[72] 谭裕华, 冯邦彦. 动态比较优势研究新进展 [J]. 经济学动态, 2008 (4) 84 – 88.

[73] 唐保庆, 黄繁华. 国际贸易结构对经济增长的影响路径研究——基于货物贸易与服务贸易的比较分析 [J]. 世界经济研究, 2008 (9): 32 – 39.

[74] 佟家栋, 何欢, 涂红. 逆全球化与国际经济新秩序的开启 [J]. 南开学报 (哲学社会科学版), 2020 (2): 1 – 9.

[75] 佟家栋, 李胜旗. 贸易政策不确定性对出口企业产品创新的影响研究 [J]. 国际贸易问题, 2015 (6): 25 – 32.

[76] 佟家栋, 谢丹阳, 包群, 黄群慧, 李向阳, 刘志彪, 金碚, 余淼杰, 王孝松. "逆全球化" 与实体经济转型升级笔谈 [J]. 中国工业经济, 2017 (6): 5 – 59.

[77] 佟家栋. 当前态势不是逆转, 是重构 [J]. 世界经济研究, 2018 (3): 9 – 11.

[78] 万广华, 朱美华. "逆全球化": 特征、起因与前瞻 [J]. 学术月刊, 2020, 52 (7): 33 – 47.

[79] 汪亚楠, 周梦天. 贸易政策不确定性、关税减免与出口产品分布 [J]. 数量经济技术经济研究, 2017, 34 (12): 127 – 142.

[80] 王瑞华, 张晋婕, 熊沁茹. 宏观经济政策稳定性对进出口贸易影响研究——基于贸易引力模型的实证分析 [J]. 价格理论与实践, 2018 (3): 95 – 98.

[81] 王玉, 刘媛媛. 出口贸易结构存在的问题及优化对策 [J]. 山西农经, 2019 (23): 28 – 29.

[82] 韦茜. 贸易政策不确定性对我国出口影响研究——基于中国企

业层面数据的分析 [J]. 价格月刊, 2018 (7): 46-50.

[83] 魏浩, 毛日昇, 张二震. 中国制成品出口比较优势及贸易结构分析 [J]. 世界经济, 2005 (2): 21-33, 80.

[84] 魏浩. 中国对外贸易出口结构存在的问题 [J]. 经济理论与经济管理, 2007 (10): 21-26.

[85] 魏友岳, 刘洪铎. 经济政策不确定性对出口二元边际的影响研究——理论及来自中国与其贸易伙伴的经验证据 [J]. 国际商务 (对外经济贸易大学学报), 2017 (1): 28-39.

[86] 魏友岳. 经济政策不确定性对出口二元边际的影响研究 [D]. 广州: 暨南大学, 2018.

[87] 吴芳. 经济政策不确定性对国际资本流动的影响效应分析 [J]. 金融理论与教学, 2020 (3): 53-59.

[88] 吴飞飞, 邱斌. 金融成长, 外商投资与出口结构优化——基于我国省级面板数据的实证分析 [J]. 经济经纬, 2015, 32 (5): 49-54.

[89] 吴延兵等, 创新、模仿与企业效率——来自制造业非国有企业的经验证据 [J]. 中国社会科学, 4: 77-94.

[90] 席艳乐, 汤恒运, 魏夏蕾. 经济政策不确定性波动对中国出口技术复杂度的影响——基于 CEPII-BACI 数据库的实证研究 [J]. 宏观经济研究, 2019 (5): 20-32.

[91] 冼国明, 严兵, 张岸元. 中国出口与外商在华直接投资——1983~2000 年数据的计量研究 [J]. 南开经济研究, 2003 (1): 45-48.

[92] 谢长安, 丁晓钦. 逆全球化还是新全球化? ——基于资本积累的社会结构理论 [J]. 毛泽东邓小平理论研究, 2017 (10): 95-101, 108.

[93] 邢斐, 王书颖, 何欢浪. 从出口扩张到对外贸易 "换挡": 基于贸易结构转型的贸易与研发政策选择 [J]. 经济研究, 2016 (4): 89-101.

[94] 熊晓梅. 中美贸易摩擦的发展态势及对我国经济的影响分析 [J]. 现代商业, 2020 (16): 60-61.

[95] 徐卫章, 李胜旗. 贸易政策不确定性与中国出口企业加成率——基于企业异质性视角的分析 [J]. 商业研究, 2016, 62 (12): 150-160.

[96] 许锐翔, 许祥云, 施宇. 经济政策不确定性与全球贸易低速增

长——基于引力模型的分析 [J]. 财经研究, 2018, 44 (7): 60 - 72.

[97] 许志伟, 王文甫. 经济政策不确定性对宏观经济的影响——基于实证与理论的动态分析 [J]. 经济学 (季刊), 2019, 18 (1): 23 - 50.

[98] 杨汝岱, 朱诗娥. 中国对外贸易结构与竞争力研究: 1978 - 2006 [J]. 财贸经济, 2008 (2): 117 - 223.

[99] 姚洋, 张晔. 中国出口品国内技术含量升级的动态研究——来自全国及江苏省、广东省的证据 [J]. 中国社会科学, 2008 (2): 67 - 82, 205 - 206.

[100] 姚战琪. 服务业开放对中国出口技术复杂度的影响研究 [J]. 学术论坛, 2019, 42 (1): 79 - 87.

[101] 姚枝仲. 中国贸易结构的变动: 2001—2008 [J]. 国际经济评论, 2008 (11 - 12): 28 - 30.

[102] 尹翔硕. 试论技术进步与贸易失衡 [J]. 世界经济研究, 2007 (2): 23 - 28.

[103] 余淼杰, 祝辉煌. 贸易政策不确定性的度量、影响及其政策意义 [J]. 长安大学学报 (社会科学版), 2019, 21 (1): 1 - 8.

[104] 余淼杰. 中国的贸易自由化与制造业企业生产率 [J]. 经济研究, 2010 (12): 97 - 110.

[105] 曾铮, 张亚斌. 人民币实际汇率升值与中国出口商品结构调整 [J]. 世界经济, 2007 (5): 16 - 24.

[106] 翟晓英, 杨严钧. 经济政策不确定性与股票市场收益的动态关系研究——基于 G7 国家和金砖国家分析 [J]. 经济问题, 2020 (8): 37 - 45.

[107] 张艾莉, 尹梦兰. 技术创新、人口结构与中国制造业出口复杂度 [J]. 软科学, 2019, 33 (5): 29 - 34.

[108] 张平南, 徐阳, 徐小聪. 贸易政策不确定性与企业出口国内附加值: 理论与中国经验 [J]. 宏观经济研究, 2018 (1): 57 - 68.

[109] 张秋菊. 出口稳定增长的制约因素及对策研究 [M]. 北京: 经济管理出版社, 2016 (1).

[110] 张少辉. 现行出口退税政策的理性思考——论出口退税对贸易结构优化的影响 [J]. 商业经济, 2008 (17): 79 - 81.

［111］张夏，施炳展，汪亚楠.经济政策不确定性真的会阻碍中国出口贸易升级吗？［J］.经济科学，2019（2）：40－52.

［112］张莹，朱小明.经济政策不确定性对出口质量和价格的影响研究［J］.国际贸易问题，2018（5）：12－25.

［113］张宗新等.经济政策不确定性如何影响金融市场间的流动性协同运动？——基于中国金融周期的视角［J］.统计研究，37（2）.

［114］赵家章，丁国宁."双循环"新发展格局下中国高新技术产品贸易困境与策略选择［J］.国际贸易，2021（11）：31－43.

［115］郑春荣.欧盟逆全球化思潮涌动的原因与表现［J］.国际展望，2017，9（1）：34－51，145－146.

［116］郑后建.中国对外贸易结构存在的问题及其影响［J］.对外经贸实务，2008（2）：26－28.

［117］郑昭阳，孟猛.中国对外贸易的相对技术水平变化分析［J］.世界经济研究，2009（10）：45－52，88.

［118］周长锋，孙苗.美国经济政策不确定性对中国金融市场波动的影响［J］.福建金融，2020（7）.

［119］周定根，杨晶晶，赖明勇.贸易政策不确定性、关税约束承诺与出口稳定性［J］.世界经济，2019，42（1）：51－75.

［120］朱长清.机遇与挑战——加入 WTO 对我国经济的影响与对策［J］.山东行政学院山东省经济管理干部学院学报，2000（3）：20－22.

［121］朱孟楠，闫帅.经济政策不确定性与人民币汇率的动态溢出效应［J］.国际贸易问题，2015（10）：111－119.

［122］庄宗明.经济全球化没有逆转，也不可能逆转［J］.世界经济研究，2018（3）：11－13.

［123］Abel, A. B., 1983, Optimal investment under uncertainty［J］. *American Economic Review*, 73（1）：228－233. https：//www.jstor.org/stable/1803942.

［124］Amurgo-Pacheco, A. and M. D. Pierola, 2008, "Patterns of Export Diversification in Developing Countries：Intensive and Extensive Margins"［J］. *World Bank Policy Research Working Paper* No. 4473.

［125］Anderson J E, Vesselovsky M, Yotov Y V. , 2016, Gravity with scale effects. *Journal of International Economics*, 100: 174 – 193.

［126］Anderson J E. The Gravity Model ［J］. Nber Working Papers, 2011, 19 (3): 979 – 981.

［127］Anderson, J. E. and E. van Wincoop, 2003, "Gravity with Gravitas: A Solution to the Border Puzzle" ［J］. *American Economic Review*, 93: 170 – 192.

［128］Anderson, M. , 2007, "Entry Costs and Adjustments on the Extensive: An Analysis of How Familiarity Breeds Exports" ［J］. *CESIS Working Paper* No. 81.

［129］Baker, S R, Bloom N, Davis S J, 2016, Measuring Economic Policy Uncertainty ［J］. *Quarterly Journal of Economics*, 131 (4): 1593 – 1636.

［130］Baley, I. , Veldkamp, L. , Waugh, M. , 2020, Can global uncertainty promote international trade?［J］. *Journal of International Economics*, 126, 103347.

［131］Baltagi B. H. , Song S H, Koh W. , 2003, Testing panel data regression models with spatial error correlation ［J］. *Journal of Econometrics*, 117 (1): 123 – 150.

［132］Baltagi, B. H. , Egger, P. , Pfaffermayr, M. , 2003, A generalized design for bilateral trade flowmodels ［J］. *Economics Letters*, 80 (3): 391 – 397.

［133］Bergstrand J. H. , 1985, The gravity equation in international trade ［J］. *Review of economics and stats*, 67 (3): 474 – 481.

［134］Bernanke B. S. , 1983, Irreversibility, uncertainty, and cyclical investment ［J］. *Quarterly Journal of Economics*, 98 (1): 85 – 106.

［135］Bernard, A. B. , Redding, S. J. and Schott, P. K. , 2011, Multiproduct Firms and Trade Liberation ［J］. *The Quarterly Journal of Economics*, 126 (3).

［136］ Bloom N. , 2009, The impact of uncertainty shocks ［J］. *Econometrica*, 77 （3）: 623 –685.

［137］ Bloom N. , 2014, Fluctuations in Uncertainty ［J］. *The Journal of Economic Perspectives*, 28 （2）: 153 – 176.

［138］ Bomberger W. A. , 1996, Disagreement as a Measure of Uncertainty ［J］. *Journal of money credit and banking*, 28 （3）: 381 – 392.

［139］ Bond, E. W. , Trask, K. , & Wang, P. , 2003, Factor accumulation and trade: dynamic comparative advantage with endogenous physical and human capital ［J］. *International Economic Review*, 44 （3）: 1041 – 1060.

［140］ Brandon Julio, Youngsuk Yook, 2012, Political Uncertainty and Corporate Investment Cycles ［J］. *The Journal of Finance*, 67 （1）.

［141］ Brandt L, Biesebroeck J V, Zhang Y, 2012, Creative Accounting or Creative Destruction? Firm – level Productivity Growth in Chinese Manufacturing ［J］. *Journal of Development Economics*, 97 （2）: 339 – 351.

［142］ Brandt, Adam R. , 2011, Variability and Uncertainty in Life Cycle Assessment Models for Greenhouse Gas Emissions from Canadian Oil Sands Production ［J］. *Environmental Science & Technology*, 46 （2）: 1253 – 1261.

［143］ Caballero J, Hale G, Candelaria C. , 2018, Bank linkages and international trade. *Journal of International Economics*, 115: 30 – 47.

［144］ De Sousa, J. , Disdier, A. – C. , Gaigné, C. , 2020, Export decision under risk ［J］. *European Economic Review*, 121, 103342.

［145］ Dixit, A. K. , Pindyck, R. S. , 1994, Investment under uncertainty ［J］. *Economics Books*, 39 （5）: 659 –681.

［146］ Dixit, A. , 1989, Entry and exit decisions under uncertainty ［J］. *Journal of Political Economy*, 97 （3）: 620 –638.

［147］ Elhana Helpman. , 1984, The Factor Content of Foreign Trade ［J］. *The Economic Journal*, 94 （373）: 84 –94.

［148］ Elhanan Helpman, P. Krugman. , 1985, Market Structure and Foreign Trade ［M］ Cambridge: MIT Press, 1985.

［149］ Elhanan Helpman. , 1985, Multinational Corporations and Trade

Structure [J]. *The Review of Economic Studies*, 52 (3): 443 –457.

[150] Elhanan Helpman. , 1999, The Structure of Foreign Trade [J]. *Journal of Economic Perspectives*, 13 (2): 121 –144.

[151] Fabio Ghironi, Marc J. Melitz. , 2007, Trade Flow Dynamics with Heterogeneous Firms [J]. *The American Economic Review*, 97 (2): 356 –361.

[152] Fally, T. , 2015, Structural gravity and fixed effects. *Journal of International Economics*, 97 (1): 76 –85.

[153] Feenstra RC, Romalis J, 2014, International Prices and Endogenous Quality [J]. *Quarterly Journal of Economics*, 129 (2): 477 –527.

[154] Feenstra R. , Kee H. L. , 2008, Export variety and country productivity: Estimating the monopolistic competition model with endogenous productivity [J]. *Journal of International Economics*, 74 (2): 500 –518.

[155] Feng, L. Z. Li and D. L. Swenson. , 2017, Trade Policy Uncertainty and Exports: Evidence from China's WTO Accession [J]. *Journal of International Economics*, 106: 20 –36.

[156] Giordani P, Sderlind P, 2000, Inflation Forecast Uncertainty [J]. *Cepr Discussion Papers*, 47 (6): 1037 –1059.

[157] Grossman, G. , Razin, A. , 1985, The Pattern of Trade in a Ricardian Model with Country-Specific Uncertainty [J]. *International Economic Review*, 26 (1): 193 –202.

[158] Gulen H, Ion M, 2016, Policy Uncertainty and Corporate Investment [J]. *The review of financial studies*, 29 (3): 523 –564.

[159] Handley K, Limao N, Ludema R, Yu Z. , 2018, Policy Credibility and Firm Imports: Theory and Evidence from Chinese Trade Reforms [J]. Working Paper.

[160] Handley K, Limao N, Ludema R, Yu Z. , 2018, Policy Credibility and Firm Productivity: Theory and Evidence from Chinese Trade Reforms [J]. Working Paper.

[161] Handley K, Limao N. , 2017, Policy Uncertainty, Trade and Welfare: Theory and Evidence for China and the US [J]. *American Economic*

Review, 107 （9）: 2731 - 83.

［162］ Handley K. , 2014, Exporting under trade policy uncertainty: Theory and evidence ［J］. *Journal of International Economics*, 94 （1）: 50 - 66.

［163］ Handley, K, Limao N. , 2015, Trade and investment under policy uncertainty: Theory and firm evidence ［J］. *American Economic Journal: Economic Policy*, 7 （4）: 189 - 222.

［164］ Hartman, R. , 1972, The effects of price and cost uncertainty on investment ［J］. *Journal of Economic Theory*, 5 （2）: 258 - 266.

［165］ Hausmann, R. , and B. Klinger. , 2007, The Structure of the Product Space and the Evolution of Comparative Advantage ［J］. *Cid Working Papers*.

［166］ Head K, Mayer T. , 2014, Gravity equations: Workhorse, toolkit, and cookbook ［J］. *Handbook of International Economics*, 4: 131 - 195.

［167］ Heid B, Larch M. , 2016, Gravity with unemployment ［J］. *Journal of International Economics*, 101: 70 - 85.

［168］ Helpman E, Razin A. , 1978, Uncertainty and international trade in the presence of stock markets ［J］. *The Review of Economic Studies*, 45 （2）: 239 - 250.

［169］ Herman E. Daly, 1999, Globalization versus internationalization- Some implications ［J］. *Ecological Economics*, 31 （1）: 31 - 37.

［170］ Hummels, D. and Klenow, P. , 2005, The Variety and Quality of a Nation's Exports ［J］. *American Economic Review*, 95 （2）: 704 - 723.

［171］ Imbruno, M. , 2019, Importing under trade policy uncertainty: Evidence from China ［J］. *Journal of Comparative Economics*, 47 （4）: 806 - 826.

［172］ Johnson R C, 2012, Trade and prices with heterogeneous firms ［J］. *Journal of International Economics*, 86 （1）: 43 - 56.

［173］ Krugman, P. R. , 1979, International Returns, Monopolistic Competition and International Trade ［J］. *Journal of International Economics*,

1979, 9 (4): 469 – 479.

[174] Krugman, P. R. , 1980, Scale Economies, Product Differentiation, and the Pattern of Trade [J]. *American Economic Review*, 70 (5): 950 – 959.

[175] Lall, Sanjaya, 2000, The Technological Structure and Performance of Developing Country Manufactured Exports, 1985 – 98 [J]. *Oxford Development Studies*, 28 (3): 337 – 369.

[176] Lall, S. , Weiss, J. A. , & Zhang, J. , 2006, The sophistication of exports: a new trade measure [J]. *World Development*, 34 (2): 222 – 237.

[177] Maloney, W. F. , & Azevedo, R. R. , 2004, Trade reform, uncertainty, and export promotion: Mexico 1982 – 88 [J]. *Journal of Development Economics*, 48 (1): 67 – 89.

[178] Mankiw, N. G. G. , Reis, R. A. M. R. , & Wolfers, J. , 2003, Disagreement about inflation expectations [J]. *Social Science Electronic Publishing*.

[179] Melitz M J, 2003, The Impact of Trade on Intra-Industry Reallocations and Aggregate Industry Productivity [J]. *Econometrica*, 71 (6): 1695 – 1725.

[180] Michael W. Klein, Jay C. Shambaugh, 2006, Fixed exchange rates and trade [J]. *Journal of International Economics*, 70 (2): 359 – 383.

[181] Nieuwerburgh, S. V. , & Veldkamp, L. , 2011, Inside information and the own company stock puzzle [J]. *Journal of the European Economic Association*, 4.

[182] Oniki, H. , & Uzawa, H. , 1965, Patterns of trade and investment in a dynamic model of international trade [J]. *Review of Economic Studies*, 32 (1).

[183] Pierce, J. R. and Schott, P. K. , 2016, The Surprisingly Swift Decline of US Manufacturing Employment [J]. *American Economic Review*, 106 (7).

[184] PK Schott. , 2008, Relative Sophistication of Chinese Exports [J]. *Economic Policy*, 23 (53): 5 – 49.

［185］ Xiaokai Yang and Jeff Borland. , 1991, A Microeconomic Mecha-
nism for Economic Growth ［J］. *Journal of Political Economy*, 99 （3）: 460 –
482.

［186］ Zheng Song, KJETIL Storesletten, Fabrizio Zilibotti. , 2011, Grow-
ing Like China ［J］. *American Economic Review*, 101: 202 –241.

附录：

本书所涉及的 EPU 和 PMU 指标样本国

本书所涉及样本国或地区列表

PMU 指标所有样本经济体	EPU 指标所有样本经济体	选取同时具有 EPU 指标和 PMU 指标的经济体
阿根廷	澳大利亚	澳大利亚
澳大利亚	巴西	巴西
巴西	加拿大	加拿大
保加利亚	智利	智利
加拿大	中国	中国
智利	法国	法国
中国	德国	德国
哥伦比亚	中国香港地区	中国香港地区
克罗地亚	印度	印度
捷克	意大利	意大利
爱沙尼亚	日本	日本
法国	墨西哥	墨西哥
德国	荷兰	荷兰
中国香港地区	俄罗斯	俄罗斯
匈牙利	新加坡	新加坡
印度	韩国	韩国
印度尼西亚	西班牙	西班牙
意大利	瑞典	瑞典
日本	英国	英国
拉脱维亚	美国	美国
立陶宛	比利时	
马来西亚	哥伦比亚	

续表

PMU 指标所有样本经济体	EPU 指标所有样本经济体	选取同时具有 EPU 指标和 PMU 指标的经济体
墨西哥	克罗地亚	
荷兰	希腊	
新西兰	爱尔兰	
挪威	巴基斯坦	
秘鲁		
菲律宾		
波兰		
罗马尼亚		
俄罗斯		
新加坡		
斯洛伐克		
斯洛文尼亚		
韩国		
西班牙		
瑞典		
瑞士		
泰国		
土耳其		
英国		
乌克兰		
美国		
委内瑞拉		
44 个经济体	26 个经济体	20 个经济体